中国与中东欧关系研究丛书 / 王学东主编

"一带一路"框架下
中国—中东欧国家合作发展报告
（2019—2020）

骆雪娟　欧阳芳晖　主编

中山大学出版社

·广州·

版权所有　翻印必究

图书在版编目（CIP）数据

"一带一路"框架下中国—中东欧国家合作发展报告：2019—2020/骆雪娟，欧阳芳晖主编. —广州：中山大学出版社，2022.8

（中国与中东欧关系研究丛书/王学东主编）

ISBN 978-7-306-07565-9

Ⅰ.①一… Ⅱ.①骆… ②欧… Ⅲ.①区域经济合作—国际合作—研究报告—中国、中欧—2019—2020 ②区域经济合作—国际合作—研究报告—中国、东欧—2019—2020 Ⅳ.①F125.55

中国版本图书馆 CIP 数据核字（2022）第 108005 号

出 版 人：	王天琪
策划编辑：	熊锡源
责任编辑：	熊锡源
封面设计：	曾　婷
责任校对：	林　峥
责任技编：	靳晓虹
出版发行：	中山大学出版社
电　　话：	编辑部 020-84110283，84113349，84111997，84110779，84110776
	发行部 020-84111998，84111981，84111160
地　　址：	广州市新港西路 135 号
邮　　编：	510275　传　真：020-84036565
网　　址：	http://www.zsup.com.cn　E-mail: zdcbs@mail.sysu.edu.cn
印 刷 者：	广州市友盛彩印有限公司
规　　格：	787mm×1092mm　1/16　12 印张　285 千字
版次印次：	2022 年 8 月第 1 版　2022 年 8 月第 1 次印刷
定　　价：	40.00 元

如发现本书因印装质量影响阅读，请与出版社发行部联系调换

目 录
CONTENTS

绪论:"一带一路"框架下中国—中东欧次区域合作与发展研究
.... 王学东　骆雪娟／1

中国与中东欧国家教育交流与合作发展研究
——以匈牙利、罗马尼亚、捷克为例 .... 欧阳芳晖／28

中东欧次区域经济形势分析与各国发展概况研究 .... 黄宇芝／45

法国对中国—中东欧次区域合作的认知
——法国主流媒体视角 .... 夏笑笑／76

欧盟主要成员国对中国—中东欧次区域合作的认知
——以德国媒体为例 .... 徐　娴／88

西班牙对中国与中东欧合作态度分析
——智库视角 .... 陈美玲／99

波兰总统大选背景下中波经贸关系的演变与发展分析 ...... 王志岩／107

"一带一路"框架下中国与希腊经贸合作研究
——"政治文化距离"视角的解读 .... 骆雪娟／123

"多层级治理"视角下中国与塞尔维亚合作浅析 ...... 马菁雪　陈　硕／138

中国与匈牙利经济与政治互动研究：合作与发展 .... 李　卓／154

"中国—中东欧次区域合作"视角下中国和捷克的商贸与投资再研究
.... 廖　悦／168

中国—中东欧国家合作机制视域下的中国与罗马尼亚经贸合作交流 ... 张　弛／177

绪论:"一带一路"框架下中国—中东欧次区域合作与发展研究

王学东　骆雪娟[*]

摘要:无论是从地理位置而言,还是就其文化属性、宗教分布来谈,中东欧地区都可以称得上是欧洲地区的一个次区域。从历史地理的角度来说,中东欧地区缺少天然疆界,因此该地区既对来自东部的游牧民族开放,又吸引了西欧地区的人前来定居。各民族长期交往的结果是,尽管其面积并不特别广阔,却成为一个容纳丰富多彩民族文化的家园。中东欧次区域特殊的地理位置,使其成为欧洲的东大门,更是欧亚板块中的"铰链"部分,为欧亚大陆上市场互通、文化交流的桥梁;该区域是古代丝绸之路文明交汇、货物流通的必经之地,也是近现代东西方文明沟通、制度碰撞的前沿阵地;全球化时代,该区域是南北合作、东西互补的适宜之地;"一带一路"背景下,更是链接中国与欧洲各国,推动多边包容型增长的着力空间。

自古以来,中国与中东欧次区域的诸多民族之间就存在着文化与经贸方面的交往。中华人民共和国成立之后,与中东欧国家之间的经贸往来和制度性交流逐渐成熟起来。21世纪,中国全力支持全球化,主张在伙伴关系框架下重建双边关系的政治基础,积极拓展双方的经贸合作,而且为彼此间的合作从双边走向多边提供了"机会窗口"。在此情形之下,中国与中东欧次区域间关系的加强势必是全球化的重要组成部分。中国与中东欧国家之间的产业互补性较高,发展潜力巨大;多边经贸合作致力于开拓市场潜力、打通亚欧互联互通的关键节点。作为多边主义指导下的区域合作,自2012年中国—中东欧次区域合作建立以来,双边与多边贸易均呈现稳定上升的趋势,展现了勃勃的生机和活力,与全球低迷的贸易增长形成鲜明对比。中国—中东欧次区域合作不预设任何政治条件,以关注经济利益为基础,通过加强互联互通、提升贸易投资规模和水平等方式,打破全球经济发展乏力和发展失衡的困境,推动世界经济健康、稳定、持续发展。

20世纪90年代社会体制转型之初,中东欧次区域内的国家不同程度地存在以下问题:政治结构不稳,社会活力不强,经济结构不合理且长期依赖农业经济,持续的宗教认同问题与宗教间紧张关系,民族构成复杂多样,以及民族认同多元化,等等。经过30多年的磨合与转型,该区域基本上走上了良性循环的轨道。从近年来世界银

---

[*] 王学东,中山大学国际关系学院副教授,中山大学"一带一路"研究院研究员。骆雪娟,中山大学国际翻译学院教师,学院国际舆情研究中山负责人,中山大学"一带一路"研究院研究员。

行发布的世界年度商业报告《世界营商环境报告》(*Ease of Doing Business*)来看,中东欧次区域的经济发展方兴未艾,对世界投资具有持续的吸引力:区域内社会关系融洽、政治制度稳定、宗教关系明确;各国通货膨胀率呈逐年下降趋势,货币供给逐年增长、货币政策较为宽松,对外来投资比较友好;国民受教育水平相对较高,劳动力的知识、技能及经验突出;尽管各国在科技领域存在一定的差距,但区域的整体科技水平稳步提升,科技创新对生产贡献率大幅度提高;区域内普遍对基础设施建设与工业成套设备供给具有突出的需求。

近年来,中东欧次区域各国逐步摆脱了2008年全球金融危机的影响,均实现了经济的逐步回升与良性增长。2018—2019年,全球经济受到世界主要国家间的贸易摩擦及地缘政治等因素带来的冲击,发展步伐开始放缓。部分中东欧国家的经济增速显著低于过去几年,但基本上维持了较为稳定的增长。2020年,全球疫情的影响与冲击巨大,由于外部需求收缩,同时区域内各国国内因防疫需要导致停工停业,加上区域内各国国内消费暂停导致有效需求严重不足,中东欧次区域各经济发展普遍不佳。2021年,区域内各国的经济发展有待恢复,任重道远。

中国—中东欧次区域推崇合作的开放性,这意味着合作是一种包容性的合作,并未设定内与外的绝对界限。中国始终强调,中国—中东欧次区域的关系嵌入在中欧关系的框架之中,成为中欧战略对接的重要内容。中国与中东欧合作既是经贸合作,更是文化交汇。以"中国—中东欧次区域"机制为平台,加快多元文化与区域文化交融、汇通。研究表明,双边、多边合作主导下的各层级文化互动频繁深入,可以有效地缩短彼此间的政治文化距离,对双边与多边贸易关系产生积极的推动作用。

正如中国国家主席习近平所指出的,中国—中东欧次区域间的合作是中欧关系的重要组成部分,而中欧关系的积极发展也一定会为中国—中东欧国家合作带来新机遇。当前,百年未有之大变局和百年不遇疫情交织叠加,深刻地改变着世界格局,人类社会共同面临巨大挑战。中国—中东欧次区域合作所呈现出的良好发展势头,必将为疫情后各方的经济复苏注入新的动力。

关键词:中国—中东欧次区域;"一带一路"倡议;合作发展;文化交流

2021年2月9日,"一带一路"框架下中国—中东欧国家领导人峰会顺利举行。中国国家主席习近平以视频方式主持会议,众多中东欧国家元首、政府首脑和高级代表集体出席。习近平主席发表了《凝心聚力,继往开来,携手共谱合作新篇章》的主旨讲话,首先回顾了中欧关系在疫情中逆势前行的壮举,并对双方如期完成中欧投资协定谈判,签署中欧地理标志协定,打造中欧绿色合作、数字合作伙伴关系等表示高度赞赏。①习近平主席认为,中国与中东欧次区域国家间的合作引领风尚,率先探索了跨区域合作共建同"一带一路"倡议对接,率先实现"一带一路"合作协议在

---

① 习近平:《中欧关系积极发展为中国—中东欧国家合作带来新机遇》,凤凰网,2021年2月9日,https://news.ifeng.com/c/83j9dkurV52。

该区域全覆盖。习近平主席指出，中国—中东欧国家之间的合作是中欧关系的重要组成部分，中欧关系积极发展也为中国—中东欧国家合作带来了新机遇。①

一、中国—中东欧次区域国家间合作：历史进程与发展动因

（一）中国—中东欧次区域国家间合作：历史进程

众所周知，几千年来，中东欧地区一直是古丝绸之路上文明交汇、货物流通的必经之地；近现代历史上，中东欧地区是东西方制度与文化沟通、碰撞的前沿阵地；全球化时代，中东欧地区是南北合作、东西互补的桥梁纽带；在"一带一路"倡议背景下，中东欧地区更是链接中国与欧洲、实现包容增长的次区域样板。那么，中国与中东欧次区域国家间的合作究竟是如何逐步生成、发展定型的呢？借用一位研究者的话说，中国与中东欧国家间的"次区域合作"是欧洲发展的次区域化趋势、中国对欧战略认知的深化以及中欧各自发展特点等诸多因素共同合力的结果呈现。②

无论是从地理位置而言，还是就其文化属性、宗教分布来谈，中东欧地区都是欧洲地区的一个次区域，也是欧洲的东大门，更是欧亚板块中的"铰链"部分。从历史地理的角度来说，中东欧地区缺少天然疆界，因此该地区既对来自东部的游牧民族开放，又吸引了西欧地区的人前来定居。各民族长期交往的结果是，尽管其面积并不特别广阔，却成为一个容纳丰富多彩民族文化的家园。③ 十几个国家在地理位置上彼此接近，但在文明形态上却呈现出宗教多样化、民族多元化、文化多彩化的特点，包括天主教、基督教、东正教、伊斯兰教、犹太教等各种文化和文明复合交叉，错综复杂。就当下而言，"中东欧国家"这一地缘政治的概念依然模糊不清，但其实践意义相对明确：泛指冷战时期欧洲大陆地区的东欧国家，再加上苏联解体之后除俄罗斯之外的欧洲部分成员国，包括波罗的海三国（立陶宛、拉脱维亚、爱沙尼亚）、乌克兰、白俄罗斯、摩尔多瓦等国家。中东欧地区所处的特殊地理位置，使其成为欧亚之间市场互通、文化交流的桥梁，一个个中东欧国家汇成了"一带一路"纽带上的一颗颗璀璨明珠。20世纪90年代开始，中东欧国家都经历了持续的经济转型与制度变迁。当今，该地区的众多国家呈现出良好的发展势头：社会趋于稳定、经济日益繁荣、生活逐渐富足。2000年之后的一段时期，"欧盟东扩"势头强劲，短时间内接纳了十几个中东欧国家入盟。2008年金融危机爆发后，世界主要经济体面临经济发展困境和深层次的结构性难题，从而引发欧洲社会与政治的不稳定性。欧债危机、难民

---

① 习近平：《中欧关系积极发展为中国—中东欧国家合作带来新机遇》，凤凰网，2021年2月9日，https://news.ifeng.com/c/83j9dkurV52。
② 步少华：《中欧"次区域"合作：动力与未来方向》，载《国际政治研究》2016年第2期。
③ ［英］艾伦·帕尔默：《夹缝中的六国：维也纳会议以来的中东欧历史》，于亚伦等译，商务印书馆1997年版，第3页。

危机接踵而来，欧洲国家局部与整体利益的摩擦明显上升（比如波兰、捷克、匈牙利和斯洛伐克等国反对欧盟提出的安置难民的强制配额制等议题）。全球经济危机在欧洲表现为严重的主权债务危机，不仅引发了在中东欧国家的西欧资本加速回流，还使得主要用于加速中东欧成员发展的结构基金份额也受到削减，最终促使中东欧国家与欧盟的"蜜月期"提早结束，两者在内政外交等一系列问题上的分歧日趋明显。中东欧国家思考再三、权衡利弊的结果是，一方面在政治上避免过度刺激西欧大国与欧盟，另一方面希望能够通过"向东看"来扩大经贸合作的伙伴范围。与此同时，中国的综合实力稳步增强，国际地位显著提升，代表着新兴市场国家在全球性问题中逐渐发挥出新型建构性作用。在国际金融危机和欧洲债务危机的双重压力下，中国与中东欧国家增进相互了解、加强经贸投资领域合作的意愿十分强烈，某种形式的双边或者多边合作机制应运而生。

自古以来，中国与中东欧区域的诸多民族之间就存在着文化与经贸的交往。新中国成立以后，与中东欧国家之间的经贸往来和制度性交流逐渐成熟起来。冷战结束之后一段时期，随着中东欧国家以"回归欧洲"为方向的政治经济转轨进程，双方的政治关系出现了短暂的停滞，经济联系有所疏远。在21世纪第一个十年中，中国先后提出"布达佩斯原则"与"布加勒斯特原则"，主张在伙伴关系框架下重建双边关系的政治基础，积极拓展双方的经贸合作，在这种情况下，中国与中东欧之间关系的加强势必是新型全球化的重要组成部分，[①] 而且为中国与中东欧国家的合作从双边走向多边提供了"机会窗口"。以此为契机，中国与中东欧国家于2012年4月在波兰举行了首次领导人会晤。会上，中国提出了促进与中东欧国家友好合作的十二项举措。这些举措是双方处于多边合作探索阶段的有益尝试，确立了双方以平等协商、自愿参与为特征的合作形式。随后，中国—中东欧国家合作正式启动。从2012年启动至今，中国与中东欧国家的合作取得了诸多成果：机制建设层面，"中国—中东欧次区域合作"实现了经贸合作论坛与领导人会晤的常态化，并形成了领导人、部长和地方官员等多个施政层级的对话机制；合作内容层面，"中国—中东欧次区域合作"以互联互通为起点，形成了包括基础设施、金融、贸易、农林、卫生科技和地方等多个领域的全面合作体系；合作方式层面，中国与中东欧国家通过共同拟定年度纲要与中期规划对接彼此的合作需求，并在自主自愿的原则下，鼓励各方立足自身优势承接相关领域的合作平台。"中国—中东欧次区域"合作框架是根据中国同中东欧国家之间为了实现共同愿望而合作打造的跨区域合作平台。"中国—中东欧次区域"框架的成型发展是全球化进入新阶段、全球经济深度调整的客观结果，也是中国推动的、尝试性地探索构建的一种符合时代特性的区域合作机制，旨在有效地化解和应对全球性风险与挑战。

"中国—中东欧次区域"合作在各领域机制建设中没有强制性规定的制度安排，

---

① 周弘：《新中国欧洲研究回顾与展望》，中国社会科学网，2020年7月7日，http://news.cssn.cn/zx/bwyc/202007/t20200707_5152126.shtml。

尤其重点关注经济利益，通过加强跨国互联互通、提升贸易投资规模和水平等方式，打破全球经济发展乏力和发展失衡的困境，实现世界经济健康、稳定、持续发展。总之，"中国—中东欧次区域"合作的主要目标是为中国与中东欧国家合作提供稳定高效的合作平台，使之成为推动中欧四大伙伴关系的重要媒介，在中欧关系中发挥建设性作用。同时也为发展中国特色社会主义、实现中华民族的伟大复兴、推动人类社会的共同进步贡献中国方案。① 当前，百年未有之大变局和百年不遇疫情交织叠加，深刻改变着世界格局，人类社会共同面临巨大挑战。虽然疫情带来严峻挑战，但中国—中东欧国家合作仍处在良好的发展势头之中，必将为疫情后中东欧国家经济复苏注入新动力。

（二）中国—中东欧次区域国家间合作：发展动因

为什么中国与中东欧次区域国家之间的经贸合作能够实现良性发展、高开高走？

首先，中国与中东欧国家产业互补性较高，发展潜力巨大。中东欧国家在基础设施建设与工业成套设备供给领域具有需求，但却受困于西欧企业的产能不足与高昂价格。中国企业的规模与成本优势，是吸引中东欧国家与中国合作的重要因素。此外，中国与中东欧国家的贸易额在合作启动伊始，均不及彼此对外贸易额的4%，因而拓展合作所能释放的发展动能十分可观。

其次，合作共赢，共同开拓彼此市场潜力。"中国—中东欧次区域合作"并非单纯的"走出去"，而是实现"引进来"与"走出去"的平衡发展，使中国与中东欧国家能够以共赢的方式开拓彼此市场潜力。

再次，中国—中东欧次区域合作打通了亚欧互联互通的关键节点，有助于建设均衡发展的中欧伙伴关系。在传统的地缘政治背景下，中东欧国家是受强国挤压的夹缝地带，但从推动亚欧互联互通的维度看，中东欧应被视为实现亚欧间物、人、钱、智互通有无的关键节点：中东欧国家是中欧班列的必经之地，为物资以海铁联运形式进入欧洲腹地提供了以比雷埃夫斯港为代表的深水良港，同时也承载着欧洲的能源生命线。

为此，中国与中东欧国家贸易呈逆势增长趋势，总额从2010年的439亿美元增至2017年的680亿美元，2017年占中欧贸易总额的比重达11%。作为中国次区域合作外交的重要组成部分，中国—中东欧次区域国家间的合作扮演了中欧"次区域合作"的先行示范区的作用：无论是合作理念的创新，还是以经贸关系发展、人文教育关系的沟通与交流等层面来看，都显著地、整体上、系统性地提升了中欧间的整体合作水平。中国—中东欧国家合作是"一带一路"倡议融入欧洲经济圈的重要承接带，各国与中国增进互联互通的需求奠定了双方务实合作的底色。匈塞铁路、克罗地亚佩列沙茨大桥、塞尔维亚E763高速公路等"中国—中东欧次区域合作"重要项目

---

① 徐菁忆：《"一带一路"与"中国—中东欧次区域合作"内在耦合关系分析》，载《国际商贸》2020年第13期，第84-87页。

不仅方便了国与国之间的来往互通，也为当地民众带去了实在的利好。中欧班列快速发展，2020年全年开行超1.2万列，向中东欧国家送去了急需的抗疫物资和生活必需品，也为中国运来了丰富的农副产品，已成为抗疫救援生命线和"一带一路"补给线。"中国—中东欧次区域合作"取得的成果多达三百多项。这些务实合作提升了"中国—中东欧次区域合作"的韧性和灵活性，即使在疫情阴霾笼罩下的2020年，中国与中东欧各国贸易额也逆势上扬，突破千亿美元，同比增长8.4%，同期增速是中国外贸整体增速的4倍以上。①

（三）中国—中东欧国家合作的全球意义

第一，中国—中东欧国家合作按照历史与地缘因素来划定合作对象，丰富了中欧合作内涵，为中欧合作提供了新的增长点，赋予了中欧合作新维度。

第二，中国与中东欧之间的"次区域合作"更有利于欧洲一体化进程。长期以来，中国同西欧大国与欧盟机构的双边与多边关系占据了中欧关系的核心议题，而如今通过开展"中国—中东欧次区域合作"，改变了中东欧在中欧经贸关系中的边缘地位，将原先的大陆腹地变为亚欧互联互通的重要节点与欧洲门户。②

第三，"中国—中东欧次区域合作"实现了双边与多边的良性互动，促使中东欧国家与欧盟向东看，在亚欧互联互通框架下开展合作。双边是区域合作的基础，而区域合作是双边合作的正向增益反馈。

第四，"中国—中东欧次区域合作"为构建人类命运共同体提供了切实有效的实践方案，让人类命运共同体的具体实践形式变得更加清晰。

第五，在当前疫情持续蔓延、世界经济深陷衰退的背景下，中国—中东欧次区域国家合作，携手抗疫，共促经济复苏，践行多边主义，共同应对各种全球性挑战。

二、中国—中东欧次区域的合作状况概览：国别情况与区域互动

（一）中东欧次区域的经济土壤：区域与国别

1. 经济表现③

2008年金融危机以来，除希腊受主权债务危机影响外，欧洲各国均实现了经济的逐步回升与增长。2019年，主要国家间的贸易摩擦及地缘政治等因素带来的不确定性让全球经济开始放缓，部分中东欧国家如波兰、捷克、斯洛伐克、斯洛文尼亚、

---

① 李京泽、邢翀：《数看"17+1"速速了解中国—中东欧国家合作》，中国新闻网，2021年2月9日，https://www.chinanews.com/cj/2021/02-09/9408574.shtml。

② 王义桅、汪圣钧：《"17+1合作"：携手中东欧对华"朋友圈"》，《人民画报》，2019年8月7日，http://www.rmhb.com.cn/zt/ydyl/201908/t20190807_800175281.html。

③ 对于中东欧次区域国家经济发展的详细研究，可参见本书黄宇芝副研究员撰写的相关章节。

拉脱维亚、匈牙利等的经济增速显著低于2018年（2018年中东欧国家的增长率为3%~5%）。尽管如此，波兰、匈牙利、罗马尼亚等中东欧国家经济增长仍较为迅猛，增速均超过4%。①受全球疫情的影响与冲击，2020年中东欧各国经济发展状况不佳，第二、三季度GDP增长为负。由于外部需求收缩，加上中东欧各国国内因防疫需要停工停业，资本形成总额出现下降；国内私人消费也出现不同程度下降，家庭负债增加更是一个重要原因。在各个国家当中，波兰经济增速显著。2018年波兰GDP增长5.1%，是欧盟增速最快的国家。受经济周期及全球经济放缓等因素影响，2019年波兰GDP的增速降至4.1%，但在次区域中仍属于高增长率国家。

2. 营商与投资环境

学术界一般运用PEST模型简单阐述中东欧国家的宏观投资环境，PEST（Politics，Economy，Society，Technology）分别代表影响投资经营的政治、经济、社会及技术要素。

首先是政治要素，即政治环境对投资经营的影响。世界银行发布的全球年度商业报告《世界营商环境报告》（*Ease of Doing Business*）中，政治环境对投资经营的影响属于"一票否决制"。世界银行根据各国政策与政治环境综合分析的十大要素计算出的一国经商难易程度（也称商业环境友好度）得分，1分为最不友好，100分为最友好。由表1可知，2018—2019年所有的中东欧国家得分都在65分以上。近五年商业环境友好度波动不大，整体呈上升趋势，说明各国国内环境稳定，有利于投资经营。2019年爱沙尼亚、北马其顿、拉脱维亚与立陶宛得分在80分以上，其中立陶宛得分最高。2020年《世界营商环境报告》中，波罗的海三国立陶宛、爱沙尼亚、拉脱维亚分别排在全球第11、18、19位，北马其顿排在第17位。②政治环境的另一因素为政府债务。部分中东欧国家存在一定程度负债。与2018年相比，2019年欧盟27国政府的赤字和债务将增加。

表1 中东欧国家商业环境友好度（1~100分）

	2015年	2016年	2017年	2018年	2019年
阿尔巴尼亚	58.1	64.2	66.8	67.0	67.7
爱沙尼亚	80.5	80.7	80.8	80.8	80.6
保加利亚	72.5	71.6	71.7	71.8	72.0
北马其顿	77.9	80.6	80.3	80.7	80.7
波黑	64.1	64.8	65.2	65.4	65.4
波兰	76.9	77.7	77.9	76.9	76.4

---

① 数据来自中国驻爱沙尼亚领事馆经济商务处，http://ee.mofcom.gov.cn/article/jmxw/202012/20201203021269.shtml。

② 参见世界银行：《世界营商环境报告2020》（*Ease of Doing Business 2020*），https://chinese.doingbusiness.org/zh/doingbusiness。

续表1

	2015年	2016年	2017年	2018年	2019年
黑山	70.6	71.2	73.8	73.7	73.8
捷克	76.1	76.4	76.4	76.3	76.3
克罗地亚	71.4	72.2	72.6	73.0	73.6
拉脱维亚	79.1	80.6	80.0	80.3	80.3
立陶宛	79.0	79.2	80.6	81.0	81.6
罗马尼亚	72.7	72.9	73.0	72.5	73.3
塞尔维亚	70.0	73.3	73.8	73.9	75.7
斯洛伐克	74.8	75.0	75.2	75.4	75.6
斯洛文尼亚	74.7	75.4	76.4	76.4	76.5
希腊	66.9	67.1	67.1	67.4	68.4
匈牙利	71.1	71.4	72.7	73.2	73.4

［数据来源：根据世界银行2015—2019年数据自编，参见：https://data.worldbank.org/。］

其次是经济要素，这里主要分析货币政策及利率水平。由表2可知，近几年中东欧各国货币供给逐年增长，普遍采用宽松的货币政策。前面提到，2018年与2019年中东欧各国通货膨胀率整体呈下降趋势，2019年通胀率不高，平均在2%上下。加上宽松的货币政策，对投资经营较为有利。另根据表3中的数据，中东欧大部分国家实际利率水平不高，甚至出现负利率的情况，投资成本不高。

表2 中东欧国家货币供给增长率　　　　　　　　（单位：%）

	2014年	2015年	2016年	2017年	2018年
阿尔巴尼亚	4.0	1.8	3.9	0.3	-0.2
爱沙尼亚	n/a	n/a	n/a	n/a	n/a
保加利亚	1.1	8.8	7.6	7.7	8.8
北马其顿	8.9	7.7	6.0	4.6	10.8
波黑	7.3	8.0	8.3	9.5	9.4
波兰	8.2	9.1	9.6	4.7	9.2
黑山	n/a	n/a	n/a	n/a	n/a
捷克	5.9	8.0	6.5	10.4	6.3
克罗地亚	0.9	4.7	4.6	3.8	8.3
拉脱维亚	n/a	n/a	n/a	n/a	n/a
立陶宛	n/a	n/a	n/a	n/a	n/a
罗马尼亚	8.3	9.4	9.7	11.4	8.9

续表2

	2014年	2015年	2016年	2017年	2018年
塞尔维亚	8.7	7.2	9.9	3.6	14.5
斯洛伐克	n/a	n/a	n/a	n/a	n/a
斯洛文尼亚	n/a	n/a	n/a	n/a	n/a
希腊	n/a	n/a	n/a	n/a	n/a
匈牙利	2.5	5.7	7.2	7.8	11.8

[数据来源：根据世界银行世界发展指标（WDI）数据库数据自编，参见：https://datacatalog.worldbank.org/dataset/world-development-indicators。]

表3 中东欧国家实际利率水平 （单位：%）

	2014年	2015年	2016年	2017年	2018年
阿尔巴尼亚	7.00	8.12	10.35	5.04	4.94
爱沙尼亚	n/a	n/a	n/a	n/a	n/a
保加利亚	7.76	5.13	4.06	1.97	1.30
北马其顿	6.23	5.35	3.43	3.08	1.72
波黑	5.58	4.36	3.77	1.60	1.01
波兰	n/a	n/a	n/a	n/a	n/a
黑山	8.10	6.17	2.23	2.88	3.04
捷克	2.11	3.08	2.61	2.12	0.97
克罗地亚	8.42	n/a	n/a	n/a	n/a
拉脱维亚	n/a	n/a	n/a	n/a	n/a
立陶宛	n/a	n/a	n/a	n/a	n/a
罗马尼亚	6.61	4.05	3.18	0.85	0.88
塞尔维亚	4.20	3.14	n/a	n/a	n/a
斯洛伐克	n/a	n/a	n/a	n/a	n/a
斯洛文尼亚	n/a	n/a	n/a	n/a	n/a
希腊	n/a	n/a	n/a	n/a	n/a
匈牙利	0.83	0.44	1.11	-2.14	-2.93

[数据来源：根据世界银行世界发展指标（WDI）数据库数据自编，参见：https://datacatalog.worldbank.org/dataset/world-development-indicators。]

再次是社会资本与国民素质。20 世纪 90 年代转型以来，中东欧国家的发展呈现出本土政治结构不稳、经济活力不强且长期依赖农业经济、持续的宗教认同问题与宗教间紧张关系、集体化的政治遗产犹在、民族构成复杂多样，以及民族认同多元化等特征。① 人口受教育水平高一直是中东欧各国的优势。由于人力资本各年间变化不大，这里取 2017 年为代表（见表 4）。各国受过高等教育劳力占总劳力的比重都在 70% 以上，人力资本指数（最低为 0、最高为 1）在 0.7 上下波动，由此可以看出各国人力资本水平高，有力推动了经济长期增长。物质资本指一国对机械设备、厂房、学校、基础设施等的投资，是经济发展重要因素之一。中东欧各国近三年（2017—2019 年）固定资本投资持续增长，促进了经济发展。②

表 4 　 2017 年中东欧国家人力资本水平

	人力资本指数（0～1）	受过高等教育劳动力比例（%）
阿尔巴尼亚	0.621	73.30
爱沙尼亚	0.747	81.92
保加利亚	0.676	74.52
北马其顿	0.534	81.35
波黑	0.618	77.48
波兰	0.747	80.14
黑山	0.615	78.40
捷克	0.782	76.20
克罗地亚	0.723	72.26
拉脱维亚	0.724	84.11
立陶宛	0.712	82.75
罗马尼亚	0.601	82.67
塞尔维亚	0.755	71.94
斯洛伐克	0.694	74.01
斯洛文尼亚	0.788	79.70
希腊	0.681	75.91
匈牙利	0.703	72.82

［数据来源：根据世界银行人力资本指数（HCI）自编，参见：https://www.shihang.org/zh/publication/human-capital。］

---

① 彭枭：《中东欧的民粹主义基础及其影响》，载《国际展望》2021 年第 1 期，第 130－152 页。

② 详细研究可参见本书黄宇芝副研究员撰写的相关章节。

最后是技术要素。2017年以来,绝大部分中东欧国家高科技产品服务出口实现增长,各国在科技领域取得了进步。此外,世界银行数据显示,2019年投资于研发的企业在各国所有企业中所占比重较往年有了大幅提高。具体包括:塞尔维亚60%、克罗地亚47.8%、波黑37.4%、黑山20.6%、阿尔巴尼亚15.4%;相比2013年,分别增长了292.2%、116.3%、133.8%、119.1%、1440%。另一方面,各国在专利领域存在一定差异,具体体现在常住居民与非常住居民专利申请人数有较大差异(见表5、表6)。2018年常住居民申请专利人数最多的是波兰,达到4207人;其次是罗马尼亚与捷克,分别是1100人与678人。专利申请常住居民人数最少的阿尔巴尼亚与黑山分别是15人与3人。而在非常住居民专利申请方面,可发现希腊2014年至2018年的申请人数逐步上升,从19人稳步上升至149人;逐渐从债务危机中复苏的希腊,正吸引着越来越多的境外人士到本国进行科研开发。由此可见,中东欧国家在整体科技水平稳步提升的同时,各国在科技领域存在一定的差距。

表5 专利申请人数(常住居民)

	2014年	2015年	2016年	2017年	2018年
阿尔巴尼亚	10	14	20	16	15
爱沙尼亚	44	30	29	37	24
保加利亚	218	280	230	202	180
北马其顿	n/a	n/a	n/a	n/a	n/a
波黑	41	n/a	60	87	84
波兰	3941	4676	4261	3924	4207
黑山	13	23	10	n/a	3
捷克	910	880	792	794	678
克罗地亚	170	169	175	148	121
拉脱维亚	103	136	95	90	86
立陶宛	123	101	95	81	81
罗马尼亚	952	975	1005	1098	1100
塞尔维亚	202	178	192	171	163
斯洛伐克	211	228	220	183	217
斯洛文尼亚	n/a	n/a	n/a	n/a	255
希腊	651	550	606	498	430
匈牙利	546	569	616	496	407

[数据来源:根据世界银行人力资本指数(HCI)自编,参见:https://www.shihang.org/zh/publication/human-capital。]

表6 专利申请人数（非常住居民）

	2014年	2015年	2016年	2017年	2018年
阿尔巴尼亚	3	5	5	8	3
爱沙尼亚	6	6	1	4	6
保加利亚	16	11	11	23	18
北马其顿	n/a	n/a	n/a	n/a	n/a
波黑	2	n/a	6	12	12
波兰	155	139	135	117	115
黑山	n/a	n/a	n/a	n/a	n/a
捷克	62	72	47	66	54
克罗地亚	30	17	13	11	15
拉脱维亚	4	1	18	7	24
立陶宛	42	18	58	46	24
罗马尼亚	84	78	58	80	47
塞尔维亚	10	13	21	13	11
斯洛伐克	23	28	15	23	14
斯洛文尼亚	n/a	n/a	n/a	n/a	23
希腊	19	23	40	91	149
匈牙利	73	64	49	36	36

［数据来源：根据世界银行人力资本指数（HCI）自编，参见：https://www.shihang.org/zh/publication/human-capital。］

基于对投资环境PEST各要素的分析，本报告进一步探讨中东欧各国国外直接投资情况。由表7可见，近五年来基本上各国国外直接投资流出大于流入，净额为负。结合以上世界银行对各国政治商业环境的评判与经济社会与技术要素的分析，可知中东欧国家急需资本流入，投资吸纳潜力巨大。

表7 中东欧国家国外直接投资净额　　　　（单位：百万美元）

	2014年	2015年	2016年	2017年	2018年
阿尔巴尼亚	-1074	-910	-1037	-1129	-1209
爱沙尼亚	-646	140	-561	-1070	-1421
保加利亚	-211	-2074	-645	-1510	-350
北马其顿	-261	-230	-349	-199	-713
波黑	-535	-288	-309	-367	-509
波兰	-12977	-10152	-4398	-7836	-14789

续表7

	2014年	2015年	2016年	2017年	2018年
黑山	-469	-687	-412	-550	-379
捷克	-4015	2026	-7711	-1834	-4099
克罗地亚	-1743	-176	-2150	-1398	-838
拉脱维亚	-368	-668	-105	-549	-787
立陶宛	188	-687	-150	-612	-54
罗马尼亚	-3600	-3287	-4996	-5567	-5840
塞尔维亚	-1649	-1999	-2103	-2745	-3749
斯洛伐克	642	-102	-669	-2727	-920
斯洛文尼亚	-807	-1404	-969	-565	-1088
希腊	319	314	-4462	-3283	-3506
匈牙利	-3820	-2891	-2984	-2497	-3241

［数据来源：根据世界银行世界发展指标（WDI）数据库数据自编，参见：https://datacatalog.worldbank.org/dataset/world-development-indicators。］

此处需要指出的是，受疫情影响，匈牙利2020年第一季度国外直接投资比上一季度下降22.8亿欧元（占上一季度0.9%）。

（二）中国与"中国—中东欧次区域"国家间的经贸往来

在中国和中东欧关系发展过程中，经贸合作起到了举足轻重的作用，开展互利共赢合作是双边关系发展的主旋律。

1. 贸易方面

有关研究表明，2012年中国—中东欧次区域合作机制建立以来，双边贸易呈现稳定上升的趋势，与全球低迷的贸易增长形成鲜明对比，展现了勃勃的生机和活力。数据表明，2007—2018年，中国与中东欧各国的贸易总额由2007年的332.51亿美元增长到2018年的894.63亿美元，年增长率达9.41%（见表8）。其中，中国自中东欧各国的进口额从2007年的49.26亿美元增长到2018年的236.13亿美元，年增长率达15.31%；中国对中东欧各国的出口额从2007年的283.26亿美元增长到2018年的658.50亿美元，年增长率达7.97%。[①]

中国海关总署数据显示，近五年中国与中东欧国家货物进出口总额总体呈增长趋势，特别是近三年整体增长明显（见表9、表10）。中美贸易摩擦背景下，中东欧国家中依然有15个国家与中国的双边贸易总额实现增长。2019年，在欧洲经济普遍低

---

① 廖佳、赵灿蒙：《"一带一路"背景下中国—中东欧贸易投资合作问题研究》，载《对外经贸》2020年第12期，第40-43页。

迷的状态下，中国与6个中东欧国家间贸易出现负增长，分别是爱沙尼亚、黑山、克罗地亚、拉脱维亚、斯洛文尼亚与匈牙利，其中与黑山和斯洛文尼亚的双边货物贸易总额分别下滑28.9%和22.3%。

表8 中国—中东欧国家货物进出口总额增长率 （单位：%）

	2015年	2016年	2017年	2018年	2019年
阿尔巴尼亚	-1.8	15.8	0.8	-0.2	7.8
爱沙尼亚	-13.3	-0.8	6.1	2.1	-4.9
保加利亚	-17.0	-8.3	29.5	21.5	4.4
北马其顿	33.7	-39.3	21.6	-5.0	79.6
波黑	-63.9	-6.2	25.8	37.8	1.7
波兰	-0.6	4.0	20.0	15.4	13.0
黑山	-24.9	-10.4	40.2	10.9	-28.9
捷克	0.2	-0.0	13.4	30.7	7.4
克罗地亚	-2.6	8.4	12.5	15.3	-0.8
拉脱维亚	-20.2	3.9	9.3	4.2	-7.8
立陶宛	-25.6	8.5	26.7	13.0	1.0
罗马尼亚	-5.6	9.7	13.9	19.4	2.9
塞尔维亚	2.3	8.4	27.3	25.7	45.4
斯洛伐克	-18.9	4.9	0.8	46.8	13.5
斯洛文尼亚	2.5	14.5	24.1	48.8	-22.3
希腊	-12.8	15.9	14.5	36.1	18.6
匈牙利	-10.6	10.2	14.1	7.4	-6.5

［数据来源：据中国海关总署数据编制，参见：http://online.customs.gov.cn/。］

表9 中东欧国家货物进出口总额增长率 （单位：%）

	2014年	2015年	2016年	2017年	2018年
阿尔巴尼亚	-0.7	-21.3	4.7	12.3	14.0
爱沙尼亚	0.8	-19.3	4.6	9.0	10.9
保加利亚	-1.3	-13.4	1.3	18.5	9.4
北马其顿	12.0	-10.9	11.9	14.6	20.6
波黑	5.6	-16.4	4.0	18.8	13.1
波兰	7.3	-10.8	2.6	16.7	13.9
黑山	-1.4	-15.1	11.0	13.9	15.6
捷克	6.4	-12.0	1.0	11.8	11.7

续表9

	2014年	2015年	2016年	2017年	2018年
克罗地亚	6.0	-9.3	0.7	22.3	3.7
拉脱维亚	4.3	-16.5	-1.3	14.0	12.2
立陶宛	-6.9	-17.8	9.8	19.8	12.3
罗马尼亚	6.9	-11.5	6.9	13.8	14.4
塞尔维亚	0.7	-12.7	8.0	14.3	16.0
斯洛伐克	0.4	-12.4	2.7	8.6	12.7
斯洛文尼亚	4.8	-13.0	3.7	16.8	15.3
希腊	1.7	-25.9	-0.4	15.4	20.0
匈牙利	6.1	-12.3	-0.0	12.7	10.6

[数据来源：根据世界银行世界发展指标（WDI）数据库数据自编，参见：https://datacatalog.worldbank.org/dataset/world-development-indicators。]

表10　中国—中东欧国家货物进出口总额占该国货物进出口总额比重　（单位：%）

	2014年	2015年	2016年	2017年	2018年
阿尔巴尼亚	10.52	13.13	14.52	13.04	11.41
爱沙尼亚	4.48	4.82	4.57	4.45	4.10
保加利亚	3.65	3.49	3.16	3.45	3.84
北马其顿	1.69	2.54	1.38	1.46	1.15
波黑	2.18	0.94	0.85	0.90	1.10
波兰	4.04	4.50	4.57	4.70	4.76
黑山	7.61	6.73	5.43	6.69	6.42
捷克	3.89	4.43	4.38	4.45	5.21
克罗地亚	3.28	3.52	3.79	3.49	3.88
拉脱维亚	4.75	4.54	4.77	4.58	4.25
立陶宛	3.24	2.94	2.90	3.07	3.09
罗马尼亚	3.58	3.81	3.91	3.92	4.09
塞尔维亚	1.59	1.87	1.87	2.09	2.26
斯洛伐克	3.82	3.53	3.61	3.35	4.36
斯洛文尼亚	3.91	4.61	5.09	5.41	6.99
希腊	4.50	5.29	6.16	6.11	6.93
匈牙利	4.67	4.76	5.25	5.31	5.16

[数据来源：据中国海关总署进出口数据以及世界银行数据整理]

2. 投资层面

2009—2010年，中国对中东欧次区域的投资呈现出跳跃式增长，随后在一个较高位置上平稳发展。2010年，中国对中东欧投资流量同比增加972.8%，达到4.19亿美元。之后，2014年和2017年有两次大幅度的投资流入，特别是2017年在中国对世界其他国家投资收缩的时候，对中东欧国家的投资却逆势增加226.7%，可见中国在中东欧国家的投资力度不断加大。其结果是，从2007年到2018年间，中国对各国的投资存量由最初的3.01亿美元增长到2018年的25.13亿美元，年均增长率达到21.3%。① 具体分析中国与中东欧国家双边投资情况，可以得出以下几点：

第一，双边投资整体向好，局部面临挑战。据中国—中东欧国家投资促进机构资料显示，2018—2019年中国对中东欧国家投资继续保持增长势头，主要集中在基础设施及能源材料方面。

第二，双边基础设施领域合作成果显著。爱沙尼亚与中国签署铁路合作协议；塞尔维亚和中国交建签署7050万美元高速公路工程协议；中国路桥启动塞尔维亚高速公路建设工程；中国水利水电夺标罗马尼亚公路维修工程；山东对外经济技术合作集团将负责波黑共和国高速公路工程；中国企业签约建设克罗地亚跨海大桥项目；海航获得保加利亚普罗夫迪夫机场运营权；航新航空科技计划收购爱沙尼亚航空维修公司Magnetic MRO AS、收购爱沙尼亚磁电飞机维修有限公司，旨在加强中国与爱沙尼亚航空工业领域合作，提升国内航空科技水平；中国电建承诺以五年时间完成贝尔格莱德地铁工程；中匈合作生产首辆纯电动公交车亮相匈牙利；等等。中国为东道国基础建设项目和影响国民经济的重要领域提供融资，具体有：塞尔维亚与中国进出口银行签署融资协议建造普黠纳（Preljina）至波热加（Požega）高速公路，塞尔维亚财政部称将与中国签署10亿美元贷款修整铁路系统，保加利亚海运公司与中国进出口银行签约，黑山共和国批准中国提供的1900万欧元贷款以支持中小企业发展，等等。

第三，双方合作延伸到各个领域。在能源及材料方面，中国—中东欧合作主要包括供电、钢铁和其他材料行业。如海信收购斯洛文尼亚Gorenje家电公司约95%的股份，中国北方国际将在克罗地亚投资1.6亿欧元建设风能发电厂，波黑共和国和塞尔维亚共和国与中国航空技术国际工程公司签署水力电站协议，河钢集团投资1.2亿美元在塞尔维亚建造烧结厂，中国山东石大胜华与波兰PCC Rokita公司合作锂电材料项目，等等。值得一提的是，2019年7月，由中国通用技术集团所属中国机械进出口（集团）有限公司投资兴建的匈牙利100兆瓦光伏电站正式在考波什堡市破土动工。该项目总建设资金约1亿欧元，是目前匈牙利最大的光伏电站项目。此外，合作的领域还延伸至高科技、电商与移动支付、物流、通信、金融领域和食品等行业。

第四，双边合作受第三方因素影响。受中美贸易战影响，中国—中东欧投资合作存在挑战，具体体现在对待华为5G的态度上。部分东道国欢迎华为5G，但也有个别

---

① 廖佳、赵灿蒙：《"一带一路"背景下中国—中东欧贸易投资合作问题研究》，载《对外经贸》2020年第12期，第40-43页。

国家受美国舆论影响及政治胁迫，出现犹疑。

三、中国与中东欧合作交流面临的问题及远景

（一）中国—中东欧合作面临的问题

第一，文化差异与融合问题。中东欧次区域的概念是一种实践需要的政治建构。① 中东欧国家彼此之间多样性显著，与传统西欧国家整体上也有较大差异，且某些国家内部和国家之间依然存在着纷争。相互横向比较而言，次区域内的国家地理形态差距较大、人口分布不均衡，民族文化与宗教关系错综复杂，经济发展层次千差万别，甚至各国民众对待外部事物的看法也是各持己见。因此，如何提升次区域内部的同质性、认同感以及联度，是我们所面临的问题。中国—中东欧次区域合作机制无疑是国际关系中的多边机制建设的一种积极的探索与创新。然而，与此同时，这一机制设计带来的多重挑战也是前所未有的，特别是来自欧盟方面的负面态度和现实障碍。中国和中东欧国家都高度重视与欧盟的关系，在官方话语中持续尝试增信释疑，并积极寻求与欧洲战略的对接；然而，中国—中东欧国家间的合作不仅持续受到欧洲政界、舆论界甚至学术界的种种质疑，在实践中也面临欧盟规则和决策的阻碍，从而成为国内外学界和政策界持续共同关注的问题。

第二，大国利益的交织。中东欧历来是大国利益交织的地区。2017 年以来，美国借助能源外交新工具和新设巴尔干事务特使凸显美国在欧洲的地缘战略利益，不断强化与波、捷、罗等为代表的中东欧国家在防务、经贸、能源领域的合作，扩大其在欧亚大陆心脏地带的影响力。中东欧虽具有地域上的整体性，但次区域及国家间的差异性明显，有较发达工业经济体与欠发达农业经济体，欧盟经济体与非欧盟经济体，欧元区国家与非欧元区国家，其最富裕国家与最落后国家的人均收入相差近 10 倍。在"中国—中东欧次区域"机制框架内，中东欧国家经济社会发展的差异性和多样性增加了提升中国—中东欧经贸合作水平的现实难度。中东欧国家情况不同，诉求各异，对机制的评估与希冀存在差异。这需要以促进普遍性原则和利益为指导，在尊重差异性与不平衡性的基础上，确定中国与中东欧不同次区域经济体和国家合作的重点与优先方向。中方重视捷克等中东欧国家对"中国—中东欧次区域"合作的目标期待，并希望增强与中东欧国家关系发展的内生动力，充分发挥合作机制的创新性和建设性作用。只要双方继续共同努力并尊重彼此的重大关切，双边关系发展将会迈上新台阶。在当前"中国—中东欧次区域"合作面临更多内外部因素影响的情况下，双边关系与合作中出现的新问题也要求双方采取切实措施进一步提升双边关系发展的稳定性和成熟度。欧盟是中国最大的贸易伙伴，在 2018 年至今美国发起的中美贸易摩

---

① 孔寒冰：《中东欧的差异性、复杂性和中国与之合作的"精准性"》，社会科学文献出版社 2018 年版。

擦中，欧盟各国特别是德国、法国、英国等美国的传统盟友反应较为理性，均明确表达了反对贸易保护和贸易限制的立场。构筑新中东欧的"大通道"，缩短中国与欧盟的贸易距离是促进中欧贸易的关键所在。从地理位置上来看，中东欧国家成为实现中国与欧盟经济能量交换的最关键一环。中欧合作与中国—中东欧次区域合作互为推动因素：中欧关系为后者提供背景，后者是前者的典范与案例。中国与中东欧地区的互联互通助力中欧关系的持续、健康、全面发展，其最终目标是推动中欧和平、增长、改革、文明四大伙伴关系的发展，落实《中欧合作 2020 战略规划》。与此同时，"中国—中东欧次区域合作"作为中国首次主导推进的次区域合作，有利于中欧关系的全面均衡发展，也为"一带一路"倡议在欧洲乃至全球范围内互动合作机制的形成提供经验借鉴。①

第三，双边与多边贸易领域内部问题。首先，作为后起之秀，中国投资者面临着是否能够处理好与其他早期投资国家（如德国、法国、俄罗斯、日本等）之间的关系的问题。其次，中东欧次区域内贸易与投资分布极端不均衡。再次，由于基础设施等问题的存在，中国投资与贸易的便利性有极大的提升空间，贸易与投资潜力还有待进一步释放。② 尽管中东欧国家对中国的投资持欢迎态度，双方有着较为坚实的政治合作基础，但依然面临着很多制度风险。特别是近年来，欧盟及一些成员国对中国在该地区的投资表现出警觉和担忧，并继而采取了一些"软法"和"硬法"规范来保护欧盟的利益。在欧盟愈加强调"规范性力量"来调整中欧经贸关系的背景下，中国对中东欧国家的贸易和投资面临的欧盟法律风险凸显，需要引起重视并采取相应的应对措施。一方面，中国应积极利用欧盟法在中东欧合理布局贸易和投资；另一方面，要谨慎防范欧盟法律风险，以保证中国"一带一路"倡议在该地区的落实能够行稳致远。③ "中国—中东欧次区域合作"的深化始于在合作中发现的问题。当前，"中国—中东欧次区域合作"主要面临双方市场规则存在差异、贸易不平衡以及利益如何分享的问题。首先，中国提供的 100 亿元专项资金需要主权担保，然而这会导致中东欧国家的政府财政赤字与债务水平无法满足《稳定与增长公约》的要求。对于已经加入欧盟的中东欧国家而言，来自中国的资金就其使用条件和便利性而言也难以同欧盟结构基金相提并论。其次，中国在同中东欧国家的贸易关系中存在较大顺差，而顺差的部分原因是中东欧国家的对外贸易结构导致的：由于中东欧国家同德国的产业链融合度较高，其工业品需要借助德国企业实现对华出口，被计入德国对华出口额之中。再次，中国企业在中东欧国家的投资触动了中东欧本地商业集团与西欧企业的

---

① 徐菁忆：《"一带一路"和"中国—中东欧次区域合作"内在耦合关系分析》，载《国际商贸》2020 年第 13 期，第 84 - 87 页。
② 廖佳、赵灿蒙：《"一带一路"背景下中国—中东欧贸易投资合作问题研究》，载《对外经贸》2020 年第 12 期，第 40 - 43 页。
③ 蒋小红：《中国企业在中东欧国家贸易和投资面临的欧盟法风险及应对》，载《欧亚经济》2020 年第 2 期，第 102 - 110 页。

利益分配格局，在利益集团的游说下，务实的经济问题被安全化，且成为要求中国市场对等开放的筹码。

（二）中国—中东欧次区域国家合作前景

挑战带来机遇。中国深化"中国—中东欧次区域合作"的思路是以跨区域合作超越次区域合作，以开放与分享把握合作机遇。跨区域合作，首先表现为对务实的深入理解。中国在推动尚未入盟的巴尔干五国继续充分利用专项资金的同时，提议建立中国—中东欧国家协同投融资合作框架，灵活采用专项资金、PPP合作、在华发行人民币债券等多种形式解决融资瓶颈。对于资金相对充裕的欧盟中东欧成员国，则积极推动企业参与承包由结构基金资助的互联互通项目工程，如承建克罗地亚的佩列沙茨大桥。其次，跨区域合作还表现为中国主动采取措施，以扩大进口和吸纳投资的方式缓解经贸关系不平衡的负面影响。再次，中东欧国家对维持中欧关系稳定与合作趋势存在共识，其既对欧盟具有高度的认同感，支持欧洲一体化进程，又主张与中国深入开展务实合作，反对欧盟在其对华合作中过度捆绑的政治诉求。利益分享问题是中国深化"中国—中东欧次区域合作"的重点，具体可以从合作的开放性与合作的自愿性两个维度进行理解。

合作的开放性意味着"中国—中东欧次区域合作"并未设定内与外的绝对界限。从一开始，欧盟便质疑中国在谋划一个独立于欧洲一体化进程的"中东欧集团"，然而这种疑虑缺乏事实依据。自中国与中东欧国家领导人首次会晤开始，中国和中东欧国家的关系就嵌入在中欧关系的框架之中，成为中欧战略对接的重要内容。而三年后的苏州峰会上，合作各方共同邀请欧盟以观察员身份出席"中国—中东欧次区域"框架下最高级别的领导人会晤。除欧盟之外，与中东欧国家经贸合作关系较为密切的奥地利、白俄罗斯、瑞士和欧洲复兴开发银行也受邀成为"中国—中东欧次区域合作"的观察员，而通常被视为南欧国家的希腊被吸纳成为合作机制的新成员，更证明了"中国—中东欧次区域合作"旨在推动务实的互联互通合作，而非实现某种政治目标。

合作的自愿性意味着"中国—中东欧次区域合作"需要被建立在尊重差异的基础上。对于中东欧国家而言，其按照文化与经济贸易关系的紧密程度可以被分为三个次级地理空间，包括波罗的海三国、维谢格拉德集团和巴尔干国家。面对中东欧国家的差异性，"中国—中东欧次区域合作"充分发挥了各国的积极性，鼓励各国立足自身优势与发展方向牵头组建专业性合作平台。如拉脱维亚交通基础设施较为完善且拥有波罗的海东部的重要良港，其对于中国的优惠贷款、基础设施建设合作等议题兴趣不大，但其牵头建立物流合作联合会后，确立了以里加为物流枢纽的亚欧互联互通合作策略。在其推动下，新的中欧班列线路（义乌—里加）得以开通，而以里加港为中转点的乌鲁木齐至鹿特丹海铁多模联运与其他中欧班列线路相比更具时间效率。

商务部数据显示，2020年中国与中东欧国家贸易额达到1034.5亿美元，首次突破千亿美元，增长8.4%；中欧班列全年开行1.24万列，增长50%，首次突破"万列"大关。截至2020年年底,中国累计对中东欧国家全行业直接投资31.4亿美元,同期中东欧国家累计对华投资17.2亿美元。自2012年中国—中东欧国家合作机制成立以来,中国同中东欧国家贸易额增长近85%,年均增速8%。中国与中东欧国家的经贸合作展现出蓬勃活力和强大韧性。①

1. 数字经济加速、企业商机无限

当前全球经济增长乏力,但数据作为生产要素的重要作用日益凸显,以数字经济为代表的新经济成为经济增长新引擎。数字经济正在引领新经济发展,数字经济覆盖面广且渗透力强,与各行业融合发展,如大数据、云计算、互联网、人工智能等。因此,数据成为关键生产要素。聚焦互联互通,畅通联动发展的合作动脉,不断完善融通格局,携手高质量共建"一带一路",深化海关贸易安全和通关便利化合作,开展"智慧海关、智能边境、智享联通"合作试点。

2. 多边文化交汇大放异彩

中国与中东欧合作既是经贸合作,更是文化交汇。以"中国—中东欧次区域"机制为平台,多元文化与区域文化加快交融汇通。波兰的琥珀产品、捷克的水晶制品、匈牙利的葡萄酒等充满文化内涵的产品在中国国内市场大放异彩;而传统的中医中药也全面走向世界。传统中医药走出国门,就是中国国家主席习近平指出的"推动中医药走向世界"。这一要求对于弘扬中华优秀传统文化、增强民族自信和文化自信、促进文明互鉴和民心相通、推动构建人类命运共同体具有重要意义。

3. 绿色发展、着眼未来

"2021中国—中东欧国家合作绿色发展和环境保护年"活动在京启动。十多场多边交流和推介会、主题研讨会将陆续举办,继续挖掘中国与中东欧国家在绿色发展与生态环境保护方面的合作潜力和合作领域,共享绿色发展新机遇。着眼绿色发展,打造面向未来的合作动能。坚定不移推进应对气候变化国际合作,以"2021中国—中东欧国家合作绿色发展和环境保护年"为契机,深化绿色经济、清洁能源等领域交流合作。中方倡议成立中国—中东欧国家创新合作研究中心,举办中国—中东欧国家青年科技人才论坛,拓展在数字经济、电子商务、健康产业等领域合作。推动建立中国—中东欧国家电子商务合作对话机制和中国—中东欧国家公众健康产业联盟。②

正如习近平主席所强调的那样,中国持续发展和开放将为世界经济复苏和增长注入强大动能,也将为中国—中东欧国家合作开辟更广阔空间。展望不远的未来,中国必将同中东欧国家凝聚新共识、绘制新蓝图,以合作助力各自发展、丰富中欧全面战

---

① 《中国与中东欧国家贸易额再创新高、投资领域不断拓宽》,人民日报,2021年3月21日,转引自"中国—中东欧国家合作"官网,http://www.china-ceec.org/chn/zdogjhz/t1863039.htm。

② 《习近平:中欧关系积极发展为中国—中东欧国家合作带来新机遇》,凤凰网,2021年2月9日,https://news.ifeng.com/c/83j9dkurV52。

略伙伴关系内涵,携手构建开放型世界经济,建设新型国际关系。[①]

五、本书的框架结构及各章节内容简介

本书的主要内容与结构大致如下:首先对中国与中东欧次区域国家合作的情况做出概要性的介绍,然后介绍中东欧国家的国别与区域经济概况。在综述之后,本论文集从国别的次序来介绍次区域内有关国家与中国间的合作交流情况。最后,本论文集还选择了欧盟传统大国中的代表如德国、法国、西班牙等国家,介绍欧盟大国对中国与中东欧合作的看法与态度。

(一)中东欧次区域的经济发展概况

黄宇芝副研究员主要从经济层面来分析、研判中东欧次区域国家,首先从各国的经济数据(包括物价水平、就业率等)入手,研判各国的经济要素与投资环境。在失业率方面,自2008年金融危机以后,大多数国家用了5年左右时间从金融危机的影响中恢复过来。2015—2019年,绝大多数国家失业率与青年失业率逐年下降。如:北马其顿从2008年金融危机以来失业率连续11年下降,拉脱维亚失业率连续9年下降,捷克连续7年下降,斯洛伐克连续6年下降,克罗地亚连续6年下降,等等。但由于2020年年初新冠疫情的冲击,大部分国家失业率在2020年出现较明显的上升。2019年中东欧各国通货膨胀率整体呈下降趋势,2019年通胀率平均在2%上下,9个中东欧国家通胀率低于2018年,其余各国如波兰、捷克、匈牙利、保加利亚在2019年的通胀率略微高于2018年。黄宇芝副研究员还考察了"中国—中东欧次区域"框架下中国与中东欧双边贸易与投资情况。

欧阳芳晖研究员主要以匈牙利、捷克以及罗马尼亚三国为例来研究中国与中东欧国家间的人文交流与教育合作。她认为,自从"中国—中东欧次区域"合作机制创立以来,中国和中东欧国家教育合作驶上"快车道",各国交流热情持续高涨,参与程度渐趋深入,受益水平不断提高,合作成果日益扩大。"2019中国—中东欧国家教育、青年交流年"精彩纷呈的主题活动更是将双方教育交流与合作推向一个高潮。但与此同时,双边关系、内部差异、外部压力、舆论环境等多个因素也影响着双方今后的合作发展进程。未来应该充分考虑到中东欧各国教育水平差异和诉求差异,合作继续由"粗放"往"精准"转向,在双方优势领域、互补领域寻找"精准"的合作点,增强双方在全球教育市场中的相互吸引力,并以匈牙利、罗马尼亚等走在合作前沿的国家为辐射点,推进中国与中东欧在整个教育区域更宽领域、更深层次、更高质量的教育交流与合作,实现双方在教育领域的互利共赢、共同发展。

[①] 《习近平主持中国—中东欧国家领导人峰会并发表主旨讲话》,新华网,2021年2月9日,http://www.xinhuanet.com/world/2021-02/09/c_1127086993.htm。

（二）中国—中东欧次区域交流合作：国别视角

对中东欧次区域的经济发展情况，以及该次区域与中国的人文教育交流进展做综述之后，论文集接下来的部分收录了几位国别研究者的研究报告与论文。

1. 中国与希腊

随着希腊加入"中国—中东欧合作"，由"16＋1合作"变为"中国—中东欧次区域合作"，将在很大程度上改变中国—中东欧合作格局，中希关系研究的重要性凸显。但是，现有中希关系研究侧重于中希经贸关系发展的描述和展望，罕有探讨其发展变化背后的影响因素。骆雪娟研究员另辟蹊径，应用张慧敏和刘洪钟（2020）的理论框架，从"文化有益论"出发，尝试从"政治文化距离"视角，探讨中希经贸关系快速发展背后的政治、文化驱动力。研究发现，2019年中希领导人进行了积极的政治交流，各层级文化互动频繁深入，有效缩短了双方的政治文化距离，对双边贸易关系产生了积极的推动作用。

2. 中国与捷克

廖悦副研究员主要研究捷克的发展问题。捷克是欧洲中部内陆国家。2004年加入欧盟，2006年被世界银行列入发达国家行列。在中欧国家中，捷克经济持续增长、财政状况良好、负债率和失业率较低，拥有较高的人类发展指数。近年来，中国与中东欧国家的联系日益密切，中捷经贸往来快速增长，人文交流持续增多。在"一带一路"倡议和"中国—中东欧次区域"合作背景下，加强与捷克的合作是推动中国与中东欧合作的重要抓手。研究着重从经贸和投资两方面分析中捷近年的合作情况，试图找出存在的问题和解决途径，并提出对未来的展望。

3. 中国与波兰

中国和波兰之间的经贸合作由来已久，"一带一路"倡议实施以来，两国多平台、多领域的经贸合作日渐深入。王志岩助理研究员对此进行了详细的论述与分析。2016年6月，中波签署了《中华人民共和国和波兰共和国关于建立全面战略伙伴关系的联合声明》。在声明中，双方着重强调了双边合作的共同意愿："双方致力于在中国提出的'丝绸之路经济带'和'21世纪海上丝绸之路'和波兰提出的'可持续发展计划'框架下共同推动双边合作。"在这一合作精神的引领下，近年来，中国与波兰的经贸合作取得了卓著的成果。目前，波兰是中国在中东欧地区最大的贸易伙伴，中国与波兰之间的进出口总额位列中东欧国家之首。2020年，波兰进行了新一轮的总统大选。经过两轮投票，时任总统杜达以微弱优势获得连任。虽然从表面看来，波兰很有可能会延续当前的各项政策，但是国内民意的极化、新冠疫情的发展、欧盟内部分歧的加剧等因素都让中波经贸合作面临挑战。

4. 中国与匈牙利

李卓副研究员主要研究中国与匈牙利的贸易关系。从2012年4月到2019年4月，中国先后与中东欧各国建立了"中国—中东欧次区域"合作机制，其中，匈牙利在中东欧国家具有重要战略地位，对"一带一路"建设、提升中国与中东欧国家关系意义重大。本文以 2018 和 2019 年中匈两国经贸往来的数据为基础，结合国内产业优势和相关政策，分析和梳理中匈两国投资合作领域分布，在"中国—中东欧次区域"的框架下展望将来合作发展空间，为进一步扩大双方经贸合作与投资做出指引。

5. 中国与塞尔维亚

塞尔维亚位于连接东西方的十字路口，自诞生之日起就对全球主要的几大战略性力量具有重要意义。马菁雪副研究员认为，在"多层级治理"理论视角下，中国与塞尔维亚两国双边政治互信、外交合作、经贸合作、人文交流等领域的合作各具特色，地方性的低层级合作会促进中国与整个中东欧地区的高等级合作，中塞合作将是推动"一带一路"背景下中国与中东欧形成多层级、全方位合作的重要基础。

6. 中国与罗马尼亚

近年来，在"中国—中东欧次区域合作"和"一带一路"倡议的推动下，中罗经贸合作不断向前发展。双边合作关系在许多领域已经展开。罗马尼亚的石油化工、机械、软件等优势产业都是和中国经贸合作的重要领域。张弛副研究员的论文在回顾近年来"中国—中东欧次区域合作"提出的基础上，详细研究中罗两国在经贸合作方面取得的成就，并就出现的问题提出建议。

（三）欧洲传统大国的视角

西班牙是欧盟中的大国，对中国扩大与欧盟的合作，特别是拓展与中东欧次区域国家间的合作有其独自的看法与态度。为此，陈美玲副研究员选择了"智库研究"的视角来分析之。西班牙作为南欧大国，对中国—中东欧合作的态度有着与法、德不一样的视角与立场。该文立足于该国重要智库相关报告和文章，通过话语分析得出：西班牙智库专家对中国—中东欧合作总体论调较为积极；中国—中东欧合作某种程度上对中国—南欧合作有启示作用；同时该国学者对"一带一路"框架下的"中国—中东欧次区域"合作平台仍存有一定疑虑。该文建议增强"五通"的力度与效度，增信释疑，从而减少欧盟有关国家对中国与中东欧合作的疑虑。

徐娴助理研究员选择了"媒体"的视角来追踪德国对中国—中东欧合作的态度。德国作为欧盟创始成员国，基于历史、政治、经济等多种因素的影响，对中国—中东欧合作的关注远高于其他成员国。该文通过对德国媒体的新闻话语分析，发现德国对中国—中东欧合作的基本态度特征为：正负观点参半，疑虑和希望同在，悲观与乐观并存。具体观点包括：承认中国—中东欧合作取得巨大进步的同时，对其带来的经济后果和政治影响抱有一定疑虑；对中欧合作存有一定的冷战思维，但仍支持"双赢"与"团结"。德国媒体从这些观点出发，承认欧洲各国对中国的态度存在难以弥合的分歧，呼吁欧洲应团结一致，以新的视角考量中欧合作前景，同时建议德国作为欧盟创始成员国，应在中国—中东欧合作中发挥更加关键的作用。

夏笑笑研究员侧重于法国的主流媒体，从考察法国主流媒体的视角来研究法国对中国与中东欧国家合作的心理与态度。2019—2020 年，法国主流媒体对中国与中东欧合作的态度并不明确。一方面突出该合作对欧洲团结产生负面影响，另一方面又认为中国可以帮助中东欧各国振兴经济，为各"中国—中东欧次区域"合作的成员国带来实惠。负面声音源于西方媒体"中国威胁论"的一贯报道立场，同时也体现出法国媒体对未来欧洲统一发展的信心不足。在法媒笔下，不仅有中国"战略性进入"欧洲的"入侵者"形象，更有欧洲面对世界大国力不从心的"抱怨者"形象。中国与中东欧国家的合作使欧盟认识到自身竞争力减弱，其推崇的意识形态不被广泛接受，内部制定的准则逐渐被打破，而欧盟缺乏凝聚力，也无有效手段改善自身的影响力，不得不接受现实。正面声音基本上客观反映事实，说明法国媒体普遍对中国国家实力、企业实力持肯定态度，对于民间合作保持乐观。在这种立场下，法媒视中国与中东欧国家合作为推动该地区发展的助推剂，有利于加速建设欧洲相对落后地区，使其有更多机会出现在国际舞台上。因此，中国又具有"拯救者""帮助者"的形象。法国媒体似乎也很乐于看到中东欧国家尤其是部分欧盟成员国成为中、俄、美三国博弈的中心地带之一，认为可以利用这点牵制三国。法国媒体并未从本国利益角度探讨中国—中东欧合作，基本上是以欧洲、欧盟为视角进行评论，也有声音认为，受"中国—中东欧次区域"机制影响最大的国家是德国。总的来说，西方媒体涉华报道的立场倾向不是一时可以改变的，但随着中国与中东欧国家合作成果的逐渐显现，相信未来的报道将会更加客观理性，更有利于中国与欧洲的舆情构建。

参考文献

[1] 步少华. 中欧"次区域"合作：动力与未来方向［J］. 国际政治研究，2016(2)：29-39.

[2] 扈大威，房乐宪. 中国与中东欧国家次区域整体合作：中欧关系的新亮点［J］. 教学与研究，2018(3)：43-51.

[3] 黄平，刘作奎，等. 中国—中东欧国家（16+1）合作五年成就报告：2012—2017［M］. 中国社会科学文献出版社，2018.

[4] 孔寒冰，韦冲霄. 中国与中东欧国家"16+1"合作机制的若干问题探讨［J］. 社会科学，2017(11)：14-23.

[5] 孔寒冰. 中东欧的差异性、复杂性和中国与之合作的"精准性"［M］. 北京：社会科学文献出版社，2018.

[6] 刘作奎. 中东欧在丝绸之路经济带建设中的作用［J］. 国际问题研究，2014(4)：72-82.

[7] 刘作奎. "一带一路"倡议背景下的"16+1"合作［J］. 当代世界与社会主义，2016(3)：144-152.

[8] 刘作奎. 中国—中东欧国家合作的发展历程与前景［J］. 当代世界，2020(4)：4-9.

[9] 牛梦圆. 次区域合作视角下中国—中东欧国家合作研究［D］. 北京外国语大学硕士学位论文，2020.

[10] 彭桑. 中东欧的民粹主义基础及其影响 [J]. 国际展望, 2021 (1): 130-152.

[11] 宋黎磊. 中国—中东欧国家人文交流: 合作进程、影响因素与前景 [J]. 当代世界, 2020 (4): 17-21.

[12] 张迎红. 地区间主义视角下"16+1合作"的运行模式浅析 [J]. 社会科学, 2017 (10): 15-25.

[13] 郑先武. 区域研究的新路径: "新区域主义方法"评述 [J]. 国际观察, 2004 (4): 65-73.

[14] 郑先武. 区域间主义治理模式 [M]. 北京: 社会科学文献出版社, 2014.

Introduction: A Study on the China-CEE Subregion Cooperation and Development Under the Framework of the Belt and Road Initiative

Wang Xuedong & Luo Xuejuan

Central and Eastern Europe (CEE) can be considered as a subregion of Europe according to either its geographical location or its cultural attributes and religious distribution. From the perspective of historical geography, CEE, an area without natural borders, has been open to the nomadic people from the East and also been an appealing settlement to the people from Western Europe. After years of communication among these different peoples, CEE becomes home to various ethnic cultures despite the lack of a vast area. Such unique geographical location makes the CEE subregion "the Eastern Gate" of Europe and "the hinge" of the Eurasian continent, providing a bridge for market access and cultural exchanges between Europe and Asia: in the past, the subregion was an indispensable part of the ancient Silk Road where cultures met and goods passed; in modern times, it is the forefront of the communication and the jostling of civilizations and institutions between the East and the West; in the age of globalization, it is the place for North-South cooperation and the complementarity between the East and the West; in the context of the Belt and Road Initiative, it is indeed the key area that links China and European countries and encourages the multilateral and inclusive growth.

China has a long history of cultural, economic and trade exchanges with the peoples in the CEE subregion. Since the People's Republic of China was founded, China's business ties and institutional exchanges with CEE countries have been fully developed. Entering the 21st century, as a strong supporter of globalization, China advocates reconstructing the political foundation of bilateral relations under the framework of partnership and seeks to promote bilateral economic and trade cooperation. China also provides "a window of opportunity" for countries to bring the bilateral cooperation to a multilateral level. In this case, the enhancement of the China-CEE subregion relations must play an important part in the globalization. There is great potential and complementarity within the industries in China and CEE countries; both sides are also dedicated to unleash market potential and settle key issues to improve Europe-Asia connectivity through multilateral economic and trade cooperation. As a regional cooperation guided by multilateralism, the China-CEE subregion cooperation, since its establishment in 2012, has encouraged the bilateral and multilateral trade in this region to grow steadily, which shows regional vitality in stark contrast to the sluggish global trade growth. The China-CEE subregion cooperation is based on economic interests without any political preconditions. It works to energize the world economy, readdress the imbalance in development and help the world achieve a healthy, stable and sustained economic growth through improving connectivity and increasing the volume and level of trade and investment.

In the 1990s, the CEE countries in their early transition were troubled, to different degrees, by unstable political structure, low social vitality, unreasonable economic structure, long-term dependence on agricultural economy, continuous problems of religious identity and inter-religion tensions, complex ethnic composition, diverse ethnic identity, etc. After 30 years of adjustment and transition, this region has been basically on track for a virtuous circle. According to World Bank's annual business reports *Ease of Doing Business* in recent years, the CEE subregion enjoys an upward trend of economic growth and maintains appeal for investors worldwide for its advantages in many aspects: the region is in good condition with harmonious social relations, stable political systems, and clear religious relations; the CEE countries have a decreasing inflation rate and an increasing money supply from year to year, and adopt a loose monetary policy, becoming a friendly place for foreign investments; citizens in these countries are relatively well educated, and the labor force has an outstanding performance in terms of knowledge, skills and experience; despite the development gap of science and technology among the CEE countries, the science and technology of the whole region has been making steady progresses; the countries over the region also show a high demand for infrastructure construction and complete sets of industrial equipment.

In recent years, countries in the CEE subregion have gradually bailed themselves out of the 2008 global financial crisis and debt crisis, recovering their economy and gaining a healthy economic growth. However, in 2018 and 2019, due to trade conflicts between major countries, geopolitical situation and other factors, the world economic growth started to slow down. The economy of some CEE countries also grew at a particularly lower speed than that in the past few years but basically maintained a stable growth. In 2020, a global pandemic further damaged the economy. The consequent setbacks, including declining external demand, internal business closure for epidemic prevention and a remarkable lack of effective domestic demand due to consumption suspension, depressed the economic development of the CEE countries. In 2021, countries in this region still need time and long-term efforts to recover the economy.

Both China and the CEE subregion appreciate the openness of cooperation, which means the China-CEE cooperation is inclusive and draws no absolute lines between nations in and outside of the certain region. China always emphasizes that the China-CEE subregion relations should be embedded in the framework of China-Europe relations, as a significant component of China-Europe strategic cooperation. The China-CEE cooperation is not only economic and trade cooperation but also cultural communication. With the "China-CEE subregion cooperation" mechanism as a platform, the interchange and intermingling of diverse regional cultures are accelerated. Studies show that when the cultures of different levels have more frequent and in-depth interactions driven by bilateral or multilateral cooperation, the political and cultural distance among countries will be shortened, and the bilateral and multilateral trade relations will also be advanced.

President Xi Jinping has pointed out that the China-CEE subregion cooperation is a crucial component of China-Europe relations, and in turn the development of China-Europe relations will create new opportunities for the cooperation between China and CEE countries. At present, there is an overlap of great changes and a pandemic unseen in a century, which is profoundly changing the world landscape and leaving serious challenges for the whole human society. The China-CEE subregion cooperation, itself gaining momentum, will provide new impetus to the post-pandemic economic recovery.

[**Key Words**] China-CEE subregion cooperation, Belt and Road Initiative, cooperation and development, cultural exchanges

中国与中东欧国家教育交流与合作发展研究
——以匈牙利、罗马尼亚、捷克为例

欧阳芳晖[*]

摘要： 人文交流是实现民心相通的重要途径，是"一带一路"建设的民意基础和社会根基得以夯实的保障。作为人文交流的核心组成部分，教育交流与合作对"一带一路"倡议的顺利推进起着不可替代的作用。近年来，中国与中东欧国家教育交流与合作发展势头良好，规模显著扩大，层次继续提升，活动空前活跃。中国与中东欧国家在机制建设层面实现了教育部部长、高校校长等多层级领导人会晤的常态化，在合作方式层面通过教育交流展等平台充分了解和对接彼此需求，在合作内容层面形成了留学生教育、语言教学合作、校际务实合作、校园体育合作等多领域、较全面的合作体系。与此同时，双方教育合作发展的国别性差异日益凸显，主要体现为以匈牙利为典型国家的高速增长式发展、罗马尼亚的稳步增长式发展、捷克的波动曲折式发展三类模式。未来应该充分考虑到中东欧各国教育水平差异和诉求差异，合作继续由"粗放"往"精准"转向，在双方优势领域、互补领域寻找"精准"的合作点，增强双方在全球教育市场中的相互吸引力，突出匈牙利、罗马尼亚等走在合作前沿的国家的示范带头作用，以其为辐射点推进中国与中东欧在整个教育区域更宽领域、更深层次、更高质量的教育交流与合作，实现双方在教育领域的互利共赢、共同发展。

关键词： 中东欧国家；教育交流与合作；学生流动；语言传播；发展模式

引言

人文交流与政治对话、经贸合作共同构成了中国与中东欧国家合作的三大推动力。其中，人文交流是实现民心相通的重要途径，是"一带一路"建设的民意基础和社会根基得以夯实的保障。作为人文交流的核心组成部分，教育交流与合作对"一带一路"倡议的顺利推进起着不可替代的作用。2015年，中国政府颁布《推动共建丝绸之路经济带和21世纪海上丝绸之路的愿景与行动》，文件明确提出扩大留学生规模、开展合作办学、增加沿线国家奖学金名额、深化沿线国家间人才交流合作等具体措施。2016年，教育部颁布《推进共建"一带一路"教育行动》，进一步明确了教育在"一带一路"倡议中的重要地位，也为在教育领域全面推进"一带一路"

---

[*] 欧阳芳晖，中山大学国际翻译学院教师，中山大学"一带一路"研究院研究员。

提供了政策支持和落实方案。在此背景下，评估中国与中东欧国家教育交流与合作的整体发展状况、分析中国与其中重要国家教育合作的国别化特点、讨论现存问题并提出对策建议，对于实施"一带一路"教育行动、完善教育合作机制、推动未来双方在教育领域的共同发展具有积极意义。

一、文献述评与本文思路

对比中国与"一带一路"国家政治合作和经贸投资研究，中国与"一带一路"国家人文交流研究相对欠缺，针对中国—中东欧人文交流，尤其是教育交流的研究则更少。作为"中国—中东欧国家合作"的核心内容之一，近年来，双方人文交流日益活跃，成果显著，相关讨论有增多的趋势。宋黎磊着眼于中国—中东欧人文交流全局，指出影响双方人文交流成效的主要因素包括传统的差异性、价值观和意识形态的分歧、战略需求的不对等、美欧对华态度的变化，认为应继续推动人文交流合作机制化建设，对接中东欧各国的个性化和差异化需求。[①] 也有部分学者深入留学生教育领域，分析中国和"一带一路"沿线国家，包括中东欧国家留学生教育合作的机遇和挑战。宗晓华、李亭松发现，"一带一路"沿线国家来华留学生的快速增长是推动我国成为亚洲最大留学目的国的主要因素，但沿线各国来华留学生分布不均、增速大不相同，中东欧地区增速较快，位列中亚、南亚之后，东亚、东南亚、西亚和北非之前。[②] 刘筱、崔延强认为，大多数中东欧国家的留学生教育处于发展初期，其所面临的困难源自该地区"先天缺陷"和"后天依附"的社会历史特征，我国应看到双方留学生教育互补性差的现实，采取审慎务实、自上而下、精准对接的合作策略。[③] 马佳妮、周作宇分析了中国与中东欧留学生流动水平偏低的现状，同时还指出双方在高等教育合作平台与机制、学生交流、教师交流、研究合作与合作办学诸方面都较为薄弱，亟待提高。[④] 虽然学生流动方面的研究成果相对较多，但国际上普遍关注的一些重要议题，比如学生流动不平衡带来的问题、[⑤] 国际教育交流项目对双边关系的影响

---

① 宋黎磊：《中国—中东欧国家人文交流：合作进程、影响因素与前景》，载《当代世界》2020年第4期。

② 宗晓华、李亭松：《"一带一路"沿线国家来华留学生分布演变与趋势预测》，载《高教探索》2020年第4期。

③ 刘筱、崔延强：《"一带一路"沿线中东欧国家留学生教育现状及中国的对接战略》，载《高等教育研究》2020年第10期。

④ 马佳妮、周作宇：《"一带一路"倡议下中国与中东欧教育合作：挑战与机遇》，载《高等教育研究》2019年第12期。

⑤ Amélia Veiga, Unthinking the European Higher Education: Area-differentiated integration and Bologna's different configurations. *The European Journal of Social Science Research*, 2019 (32): 495–512.

等,① 仍有待进一步探索。

由此可见,中国—中东欧教育交流与合作研究的现有成果基本上以中东欧整个区域为研究对象,主要从宏观的角度梳理双方教育合作的历史、评估其现状、探讨影响因素、预测发展趋势并给出政策建议。尽管上述研究无不提及中东欧国家内部的巨大差异,包括各国教育背景和实力、合作需求和意愿都不尽相同的事实,但未对具体国家进行个性化分析,导致对教育合作国别化差异的认识模糊不清,对重点国家的关注也严重不足。另外,已有研究主要局限于留学生教育发展情况,较少涉及语言教育合作这一层面。在中东欧国家开办孔子学院和在中国开办中东欧语言专业是实现语言文化传播联通的重要途径,是双方教育合作的主要方式之一。对语言教育合作进行评估是研究双方教育合作发展不可或缺的一环。

本文通过评估学生流动、语言传播、校际合作等层面的发展状况,总结出中国与中东欧各国教育交流合作的三种发展模式,并对分属三种发展模式的典型国家匈牙利、罗马尼亚和捷克展开具体的国别分析与讨论,以期增加对中国与中东欧各国教育合作发展差异性的认识,为未来双方教育合作更加"精准对接"提供一些参考和借鉴。下文将先对中国与中东欧整个区域的教育交流与合作现状进行综合评述,然后对分属快速增长式发展模式的匈牙利、稳步增长式发展模式的罗马尼亚、波动曲折式发展模式的捷克进行国别分析,最后指出中国与中东欧国家教育交流与合作存在的挑战,并提出相应的对策建议。

二、中国与中东欧国家教育交流与合作发展现状

(一)中国与中东欧国家教育交流与合作成果概述

教育交流与合作是中国—中东欧合作最早起步的领域之一,自2012年至今已经取得了丰硕成果。在机制建设层面,通过年度"中国—中东欧国家教育政策对话"和"中国—中东欧国家高校联合会"实现了教育部长、高校校长等多层级领导人会晤的常态化;在合作方式层面,通过中国—中东欧国家教育合作交流展、中东欧国家与地方教育合作交流会等平台充分了解和对接彼此需求;在合作内容层面,形成了留学生教育、语言教学合作、校际务实合作、校园体育合作等多领域、较全面的合作体系。中国已与10个中东欧国家签署了双边教育合作协议,同8个中东欧国家签署了互认高等教育学历学位协议。中国与中东欧国家互派留学生总数已达近万人,中东欧国家的孔子学院和孔子课堂分别增至36个和45个,学员人数达5万以上,来华夏令营、"汉语桥"中文比赛、"孔子新汉学计划"等项目受到各国青年学生热烈欢迎。2022年冬奥会背景下双方的体育教育,特别是冰雪运动的教育合作蓬勃发展。2018

---

① Bradley McConachie, Australia's use of international education as public diplomacy in China: Foreign policy or domestic agenda? *Australian Journal of International Affairs*, 2019 (73): 198–211.

年第七次中国—中东欧国家领导人会议上，为了进一步推进教育合作、促进青年交流、让青年学生彻底发挥其桥梁作用，2019年被确定为中国—中东欧国家教育、青年交流年，双方交流与合作的内涵进一步拓展，规模显著扩大，层次继续提升，活动空前活跃。

（二）中国与中东欧国家学生双向流动情况

自2012年合作机制开启以来，中东欧来华留学人数持续上涨。如果说增幅高达19.7%和31.9%的头两年是快速增长阶段，那么近几年可以说已进入平缓增长期。2017年至2018年，中东欧次区域各国来华留学人数从6240人增至6440人，增幅为3.2%（表1、图1）。在2018年欧洲来华留学总人数下降了1.9%的背景下，中东欧可以说是逆势而上，保持了增长的势头。中欧四国中，斯洛伐克和匈牙利来华留学生基数较大且增幅明显，分别为30.6%和18.6%，留学生最多的波兰则下降8.9%，捷克增加2.2%。波罗的海三国中，只有拉脱维亚留学生增长了10.2%，立陶宛和爱沙尼亚则分别下降14.7%和18.1%。东南欧国家中，留学生基数较大的罗马尼亚和保加利亚分别保持了9.6%和15%的增幅；波黑和黑山的留学生基数少、增幅大，分别为58.2%和67.6%；希腊、阿尔巴尼亚、克罗地亚留学生分别增加了20.6%、27.2%和2.6%；斯洛文尼亚、塞尔维亚、北马其顿均有约10个百分点的下降。

表1　2017年和2018年中东欧次区域各国来华留学人数对比　　（单位：人）

	2017年	2018年	增长率（%）
波兰	2115	1926	-8.9
捷克	598	611	2.2
罗马尼亚	542	594	9.6
匈牙利	495	587	18.6
保加利亚	373	429	15.0
塞尔维亚	446	394	-11.7
斯洛伐克	252	329	30.6
希腊	209	252	20.6
立陶宛	373	233	-14.7
阿尔巴尼亚	173	220	27.2
波黑	122	193	58.2
拉脱维亚	147	162	10.2
黑山	74	124	67.6
斯洛文尼亚	135	123	-8.9
克罗地亚	115	118	2.6
爱沙尼亚	105	86	-18.1
北马其顿	66	59	-10.6
总数	6240	6440	3.2

［数据来源：《2018年来华留学生简明统计》，中华人民共和国教育部国际合作与交流司］

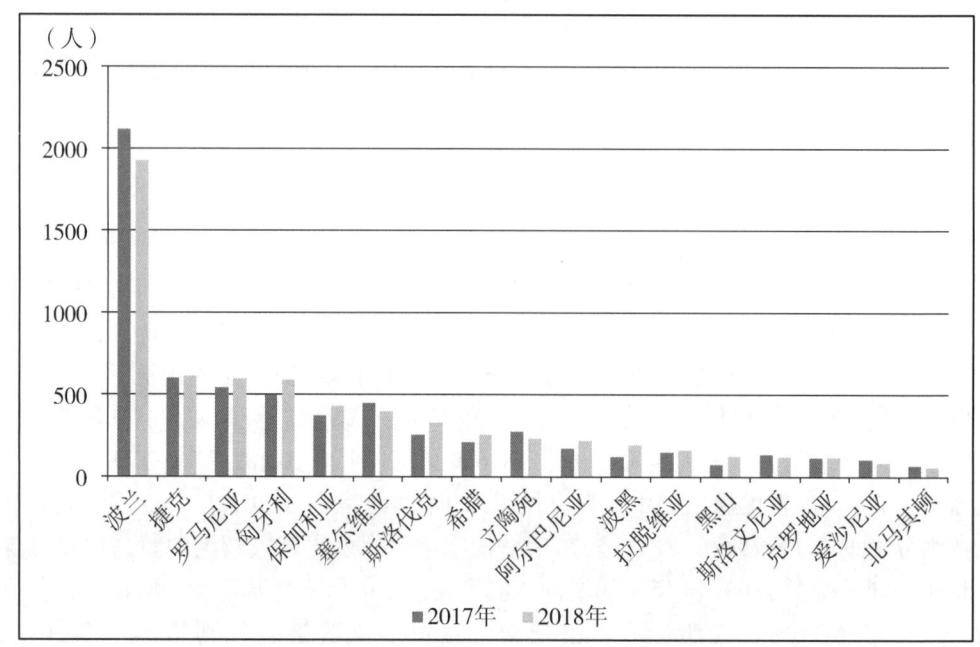

图1 2017年和2018年中东欧次区域各国来华留学人数对比

[数据来源:《2018年来华留学生简明统计》,中华人民共和国教育部国际合作与交流司]

中欧四国依然是中东欧来华留学的主力军(图2)。波兰(29.9%)、捷克(9.5%)、匈牙利(9.1%)、斯洛伐克(5.1%)留学生人数加起来占总数一半以上(53.6%)。罗马尼亚留学生人数仅次于波兰和捷克,与匈牙利相当,占比9.2%。保加利亚和塞尔维亚留学生分别占6.7%和6.1%。其余10个国家的留学生占比均低于5%。

中东欧国家来华留学的学历层次偏低(图3),而且学历生增长缓慢,速度远低于其他国家和地区。① 2018年的情况未见改善,大部分中东欧来华留学生仍然是在语言培训班和进修班学习,学历生仅占26.3%,甚至略低于2017年的水平(27.1%),仅为2018年各国均值52.4%的一半。中东欧留学生中,只有8.4%攻读本科学位,14.4%攻读硕士学位,3.3%攻读博士学位,0.2%攻读专科学位。而且,2018年中东欧来华学历生中高达54.3%的比例获得中国政府奖学金资助,高于2017年的50.8%,是2018年各国均值21.9%的两倍以上。

---

① 马佳妮、周作宇:《"一带一路"倡议下中国与中东欧教育合作:挑战与机遇》,载《高等教育研究》2019年第12期。

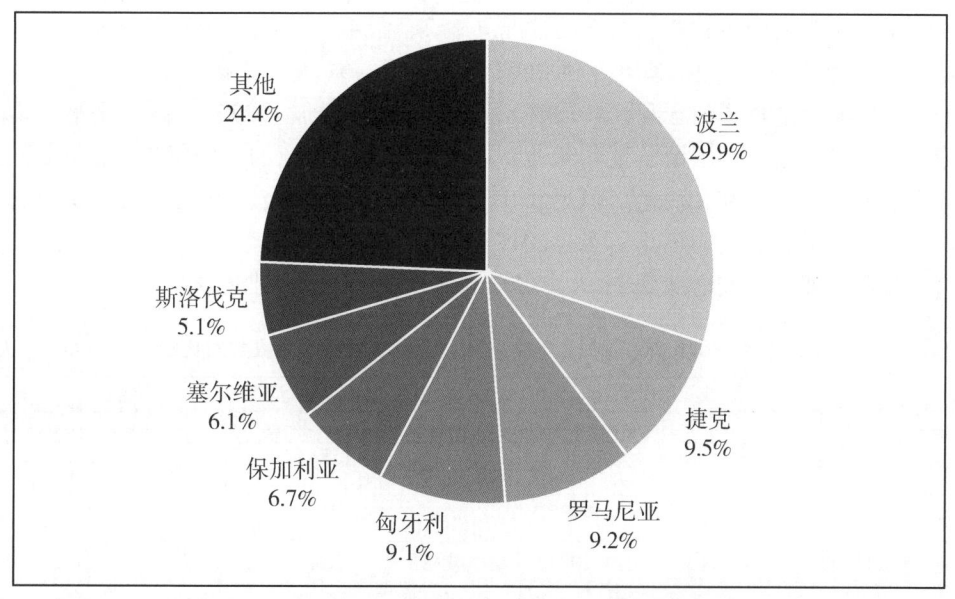

图2 2018年中东欧次区域各国来华留学生国别分布

[数据来源:《2018年来华留学生简明统计》,中华人民共和国教育部国际合作与交流司]

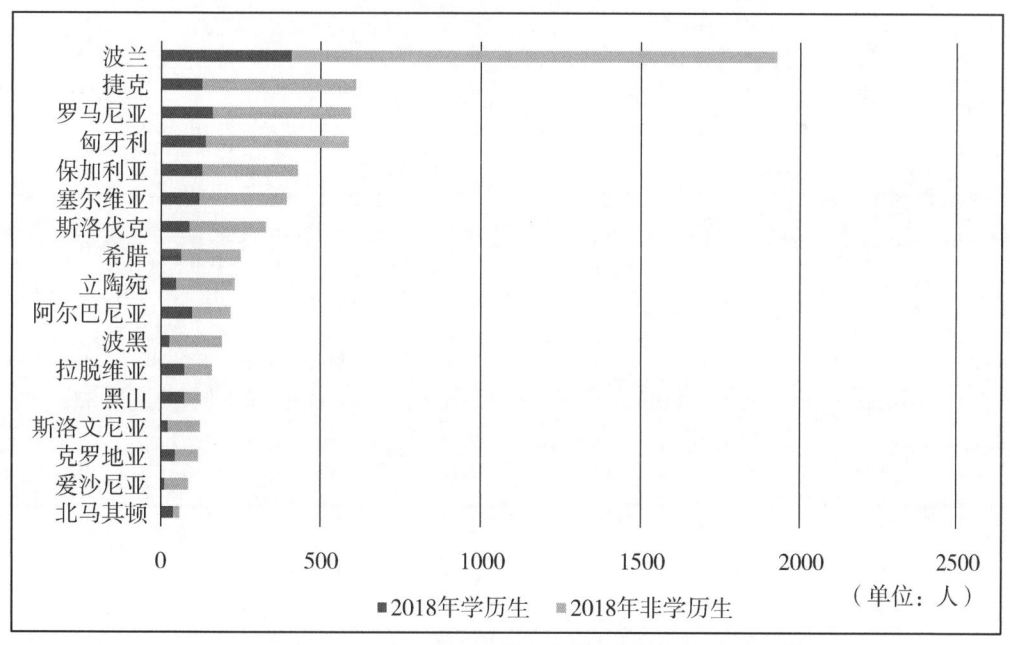

图3 2018年中东欧次区域各国来华留学学历生和非学历生统计

[数据来源:《2018年来华留学生简明统计》,中华人民共和国教育部国际合作与交流司]

从中国学生去中东欧各国留学的情况（表2、图4）来看，2017年中东欧的中国留学生人数为3127人，比2016年的2663人增加了464人，增幅达17.4%。超过一半的中国留学生选择了匈牙利（50.3%），且比前一年增加了27%。波兰是第二热门国家，是近三分之一中国留学生（30%）的目的地。去捷克的中国留学生占8%，虽然人数明显低于匈牙利和波兰，但增长率达到21.3%。其余国家中，除了爱沙尼亚（109人），中国留学生均不足百人。2017年，中国留学生人数陡增的中东欧国家有两个，克罗地亚从1人增加到21人，保加利亚从20人增加到56人。

表2 2016年和2017年中东欧次区域中国留学生人数对比 （单位：人）

	2016年	2017年	增长率（%）
匈牙利	1239	1574	27.0
波兰	814	937	15.1
捷克	207	251	21.3
爱沙尼亚	107	109	1.9
保加利亚	20	56	180.0
立陶宛	35	45	28.6
希腊	42	43	2.4
斯洛伐克	34	29	-14.7
拉脱维亚	27	26	-3.7
斯洛文尼亚	25	21	-16.0
克罗地亚	1	21	2000.0
塞尔维亚	16	13	-18.8
北马其顿	n	1	n
波黑	4	1	-75.0
罗马尼亚	92	n	n
阿尔巴尼亚	n	n	n
黑山	n	n	n
总数	2663	3127	17.4

[数据来源：联合国教科文组织统计研究所（UNESCO Institute for Statistics，UIS），n指未有统计数据]

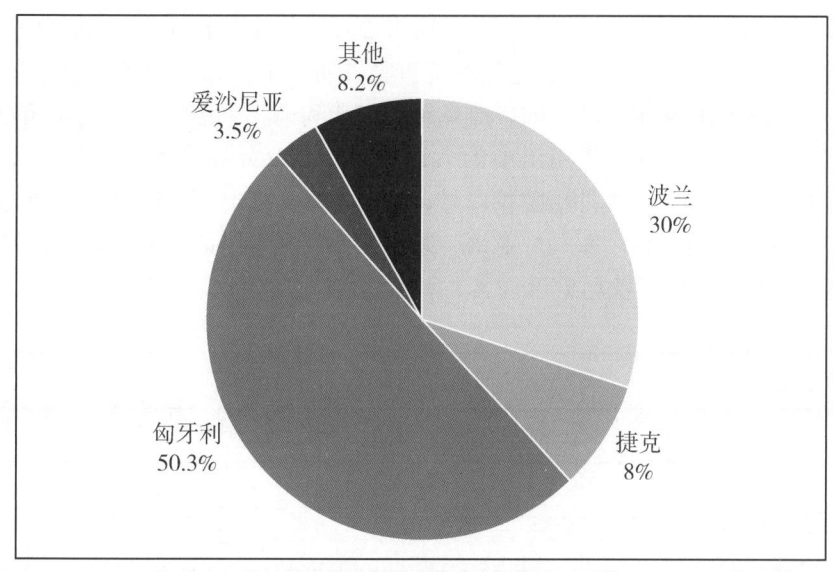

图4　2017年中国留学生在中东欧次区域的分布情况

［数据来源：联合国教科文组织统计研究所UIS］

综合以上数据，中国和中东欧各国学生的双向流动性增加。从人数来看，中东欧来华留学生比中东欧中国留学生高出一倍。从增长率来看，中东欧来华留学已进入平稳发展阶段，中国学生去中东欧留学则仍处于快速增长阶段。主要的中东欧留学生输出国和主要的中国留学生输入国，皆为波兰、匈牙利、捷克三国。其中，匈牙利中国留学生的增长率和匈牙利来华留学生的增长率既是三国中最高的，也是最接近的，说明中国和匈牙利留学生双向流动最为均衡，发展态势良好。

但放眼全球，中国与中东欧次区域学生的双向流动性并不高。中国作为全球留学生的第一大输出国，主要流向英、美、澳等英语国家以及德、法等欧洲大国，来华留学生源国则主要为亚洲国家以及美、俄。中东欧次区域各国学生的主要留学目的地为美国、英国、奥地利、法国、意大利、丹麦、瑞士、澳大利亚、瑞典、西班牙等欧美发达国家，以及罗马尼亚、斯洛伐克、斯洛文尼亚、保加利亚、塞尔维亚、匈牙利、波兰等中东欧内部国家，再就是地域相近的土耳其和俄罗斯等国。[①] 总而言之，中国和中东欧各国互不为对方的留学生主要目的国，双方在留学教育合作上仍有很大的发展空间。

（三）中国与中东欧次区域国家语言双向传播情况

自2012年中国与中东欧国家合作机制创建以来，中东欧非通用语的人才培养受到高度重视。我国各高校积极开设相关语种，2017年年底已基本实现对中东欧各国

---

① 马佳妮、周作宇：《"一带一路"倡议下中国与中东欧教育合作：挑战与机遇》，载《高等教育研究》2019年第12期。

官方语言的全覆盖。① 专业布点数量从 2012 年的 17 个激增至 2019 年的 79 个，发展呈井喷之势。仅 2018 年一年，通过教育部审批并备案的中东欧语种新增本科专业就多达 15 个。截至 2019 年，波兰语、捷克语和匈牙利语 3 个语种开设院校超过（含）10 所（图 5），是中东欧非通用语中的大语种。除北京外国语大学、上海外国语大学、西安外国语大学等传统外语院校以外，还有一些非外语类院校如中国传媒大学、北京体育大学等也有开设。罗马尼亚语、塞尔维亚语和希腊语 3 个语种开设院校均为 7 所。其余语种开设的高校均少于（含）3 所。

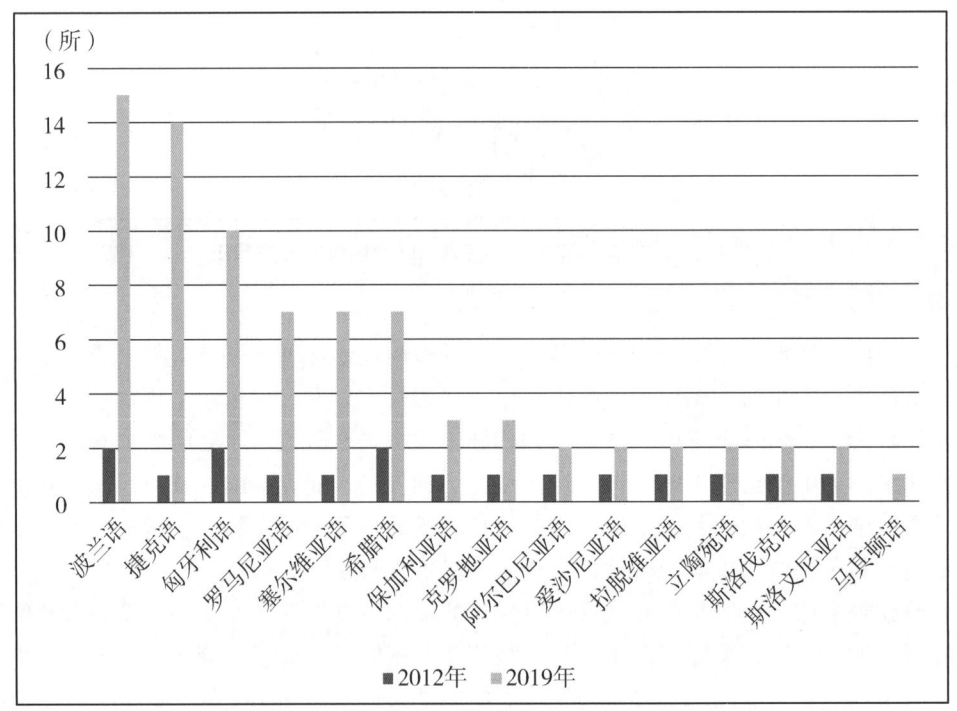

图 5　2012—2019 年中国中东欧语种本科专业发展情况

再来看汉语在中东欧国家的传播情况。汉语国际传播是实现"民心相通"的重要途径，孔子学院则是汉语国际传播的主要平台。根据《孔子学院年度发展报告》（2012—2018 年）（图 6），自 2012 年合作机制开启以来，中东欧国家孔子学院和孔子课堂数量持续增长，2015 年已实现对中东欧 17 国的全覆盖——每个国家至少有一所孔子学院。2017 年至 2018 年发展态势良好，中东欧 17 国孔子学院从 31 所增至 36 所，孔子课堂从 37 个增至 45 个，增幅分别高达 16.1% 和 21.6%，远超全球增幅 4.4% 和 7.2%。增长点主要在罗马尼亚、保加利亚、波兰、匈牙利、拉脱维亚、斯洛伐克、捷克、希腊等国（图 7）。

---

① 董希骁：《中东欧国家语言政策对我国非通用语人才规划的影响》，载《西南民族大学学报（人文社科版）》2018 年第 10 期。

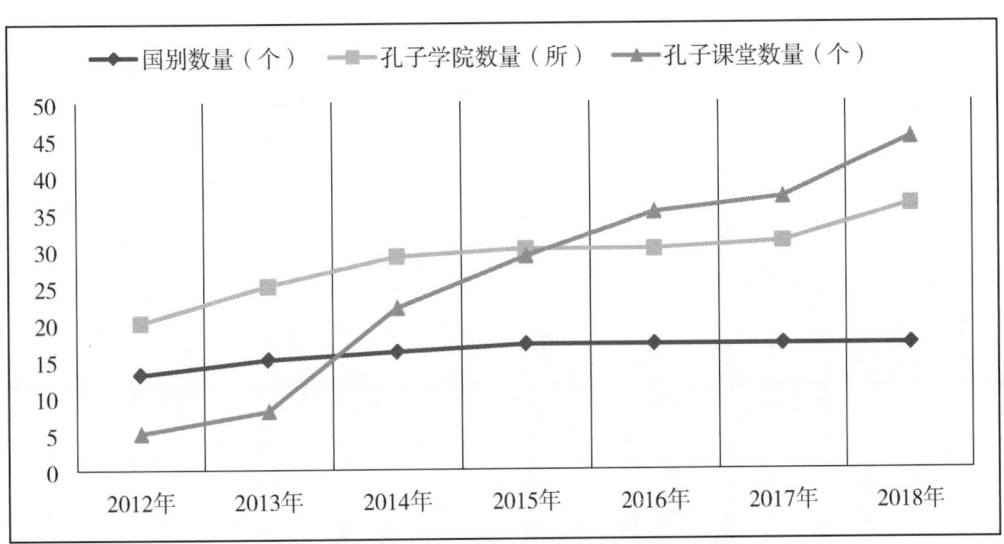

图6　2012—2018年中东欧各国汉语传播情况

［数据来源：国家汉办官方网站］

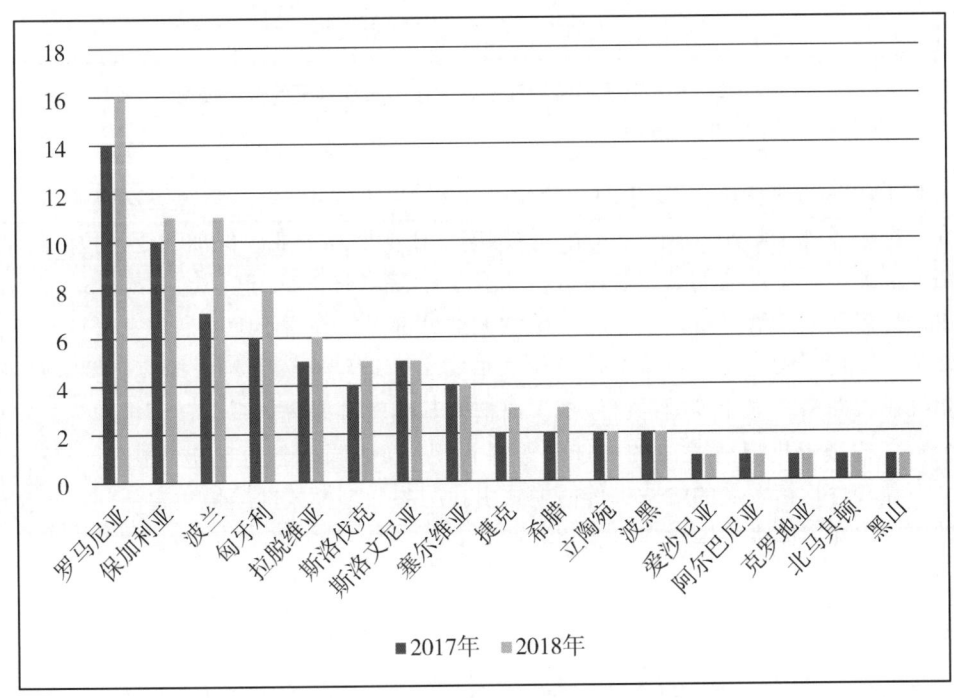

图7　2017—2018年中东欧各国孔子学院和孔子课堂数量增长情况

［数据来源：国家汉办官方网站］

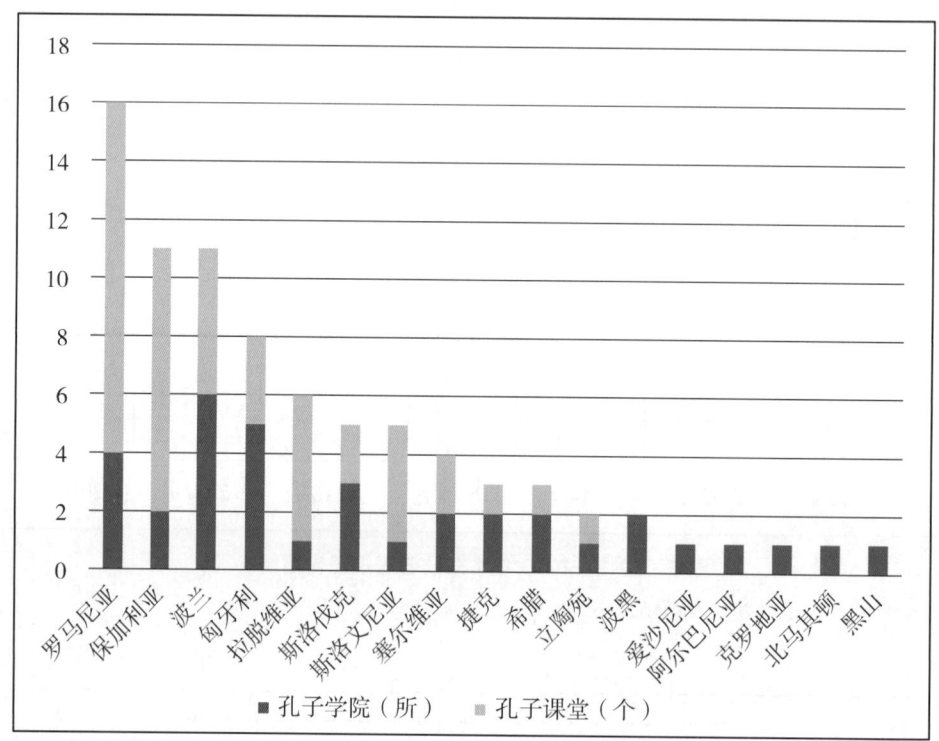

图8 2018年孔子学院和孔子课堂在中东欧各国的分布情况
[数据来源：国家汉办官方网站]

孔子课堂的数量从2012年的5个攀升至2018年的45个，无论是发展速度还是规模，都远超孔子学院（图6）。在一些国家，比如罗马尼亚、保加利亚、拉脱维亚、斯洛文尼亚，孔子课堂的数量更是数倍于孔子学院（图8）。这一趋势与全球范围内的汉语传播发展趋势一致。由于孔子课堂大部分都设立在中小学，所以孔子课堂的快速增长，体现了汉语学习对象的低龄化。事实上，近年来匈牙利、捷克、罗马尼亚、塞尔维亚、斯洛文尼亚等国都已经把汉语纳入基础教育课程体系，甚至被作为高中毕业会考（相当于我国高考）的可选外语科目。① 汉语国际教育已进入由高等教育向初、中等教育均衡发展的阶段，传播模式由我国主导型模式向当地教育部门自主型模式转变，传播主体由中国化向本土化演变。②

---

① 董希骁：《中东欧国家语言政策对我国非通用语人才规划的影响》，载《西南民族大学学报（人文社科版）》2018年第10期。
② 刘旭：《"一带一路"视阈下的汉语国际传播发展策略研究》，载《语言文字应用》2019年第4期。

三、中国与中东欧国家教育交流与合作发展模式

(一) 快速增长式发展:匈牙利

匈牙利奉行"向东开放"政策,是第一个走上"一带一路"的欧洲国家。匈牙利在中匈双边务实合作上意愿强烈,一直积极响应"一带一路"倡议,发挥着引领和先行的作用。在此基础上,中国和匈牙利的教育交流与合作呈现出强劲的发展态势。

从学生流动的情况来看,2013年至2017年五年间,匈牙利中国留学生人数翻了两番,从380人增至1574人,占中东欧各国中国留学生总人数的近十分之一,位列中东欧次区域之首。2017年的增长率更是达到27%,丝毫没有放慢的趋势。[①] 另一边,2014年至2018年五年间,匈牙利来华留学生年均增长率也达到了12.3%,2018年的增长率高达18.6%,以总人数587人位列中东欧各国第四位。[②] 匈牙利中国留学生和匈牙利来华留学生近年来的增长率是中东欧各国中最为接近的,说明中匈学生流动最为均衡,发展态势健康良好。

中国与匈牙利近年来在高等院校合作办学上也有了新的突破和发展。2017年11月,中匈两国政府签署了正式协议,共同支持黑龙江中医药大学在匈牙利办学。同时,《中国—中东欧国家合作布达佩斯纲要》决定在匈牙利设立中东欧中医医疗、教育与研究中心,交由塞梅尔维斯大学进行筹建。2018年10月5日,复旦大学首个海外教学点——复旦大学经济学院匈牙利布达佩斯教学点正式揭牌启用,同时,该教学点的首个合作项目"复旦—考文纽斯硕士双学位项目"也正式开启。[③] 中国和匈牙利在高等教育领域的密切交往和合作,为未来在匈牙利设立中国大学打下了坚实的前期基础。

中匈教育交流全面铺开,并不局限于高等教育领域,基础教育阶段的交流活动也毫不逊色。2019年4月30日,中国—中东欧国家合作人文交流体验(小学教育)基地在北京黄城根小学(后广平校区)正式启动,中国—中东欧合作首次走进中国的小学校园。随后,为纪念中匈建交70周年,基地承办了第一场小学教育文化交流活动——"庆六一中国—匈牙利少年儿童美术创作万人交流展"。中匈共计约1万名小学生被邀参与展览活动,本次活动人员规模之多,在中匈人文交流领域乃至中国—中东欧人文交流领域都尚属首次。[④]

[①] 数据来自联合国教科文组织统计研究所(UIS)。
[②] 数据来自中国教育部国际合作与交流司《来华留学生简明统计》(2013—2018)。
[③] 《中匈高等教育合作成为"一带一路"新亮点》,中国经济网,2018年10月19日,http://www.ce.cn/xwzx/gnsz/gdxw/201810/19/t20181019_30575502.shtml。
[④] 《中国—中东欧国家合作人文交流体验(小学教育)基地在京启动》,CRI Online 国际在线,2019年4月30日,http://news.cri.cn/20190430/990ba185-3d2b-208a-87e2-cb69b630cdcd.html。

匈牙利的汉语传播在中东欧乃至整个欧洲都处于领先水平。从"量"上来看，匈牙利孔子学院和孔子课堂的数量差不多是与其面积和人口相当的捷克的3倍。从"质"上来看，匈牙利可以说已经成为中东欧汉语传播的核心力量，其影响力持续辐射周边地区。2013年，国家汉办在匈牙利罗兰大学成立了中东欧汉语教师培训中心，这是海外第一个也是目前唯一一个以培训本土汉语教师为宗旨的区域性机构，至2018年已开展7期，在推动中东欧本土汉语教师队伍建设上发挥着重要作用。2017年，匈牙利罗兰大学孔子学院和欧洲汉语教学协会联合举办"首届欧洲汉语教学国际研讨会"，吸引了26个国家的130多位与会代表参加。该会议不但促进了欧洲各国汉语教学同行之间的交流，而且在推动汉语在整个欧洲的传播上意义重大。2004年成立的匈中双语学校是整个欧洲唯一一所同时采用汉语和所在国语言授课的公立学校，2016年从小学8年制扩建成含中学部的12年制。2016年中匈双方签署《关于匈中双语学校的合作备忘录》，2018年签署《关于共同促进匈中双语学校发展的合作协议》，并颁发"中国大使奖学金"以表彰优秀的高年级学生。如今，匈中双语学校招生规模不断扩大，在校学生近500人，学生主体已经从中国学生转变为匈牙利学生。虽然匈中双语学校的成功模式有其特殊性，但仍可为其他国家汉语传播的发展提供借鉴。总体来看，中国和匈牙利教育交流与合作的基础好、体量大、质量高、范围广、增长快，对其他中东欧国家来说，具有很强的引领和示范作用。

（二）稳步增长式发展：罗马尼亚

罗马尼亚是参与"一带一路"倡议最积极的欧洲国家之一，是中国同中东欧国家乃至同整个欧洲合作的重要支点，中国与罗马尼亚的教育交流与合作发展态势良好。2012年至2018年，罗马尼亚来华留学生人数持续增加。中国—中东欧次区域合作机制建立初期，罗马尼亚来华留学生人数激增，2014年增幅高达34.6%。随后几年的增幅虽然有所波动（2015年7.4%，2016年4.9%，2017年1.3%），但在其他大多数中东欧国家来华留学生人数时而升高、时而降低的对照下，罗马尼亚不可谓不稳健。2018年，罗马尼亚来华留学生人数达到594人，居中东欧各国第三位，增幅回升至9.6%，①证实了中国对罗马尼亚学生的持续吸引力。

罗马尼亚高等教育国际化发展现仍处于初级阶段。② 罗马尼亚教育部于2015年正式出台了《高等教育国际化战略：框架分析与建议》，积极倡导高等教育的国际化发展，促进高等院校的对外交流，提升罗马尼亚高等教育的国际竞争力。具体措施包括：鼓励高校参与欧洲高等教育一体化进程，面向国际留学生开设罗马尼亚语言课程

---

① 数据来自中国教育部国际合作与交流司《来华留学生简明统计》（2013—2018）。
② 刘筱、崔延强：《"一带一路"沿线中东欧国家留学生教育现状及中国的对接战略》，载《高等教育研究》2020年第10期。

和英语授课课程,加强高校与经济主体之间的交流与合作,等等。① 在此背景下,中罗两国发展出一些别具特色和成效的交流合作项目。中央戏剧学院与罗马尼亚多瑙河下游大学合作开办了音乐剧硕士研究生项目。这不但是中罗校际合作的重要成果、两国人文交流的亮点,而且开创了欧中音乐剧教育合作的先河。参与该项目的罗马尼亚硕士生赴中央戏剧学院学习3个月,得以亲身感受中国文化魅力,有助于未来为中罗友好事业添砖加瓦。多瑙河下游大学表示还将同中国高校就农业、机械等领域进行教学交流和务实合作,推动双方教师和学生交往。② 2018年,罗马尼亚布加勒斯特大学等两所学校与浙江大学竺可桢学院成功对接,开展了浙江大学学生赴罗马尼亚的"一带一路"社会实践计划。参加项目的竺可桢学院学生除了可以去罗马尼亚布加勒斯特大学等高校参观访学以外,还会进行主题调研和社会考察,在拓宽交流维度的同时增强中国学生的社会责任感和使命感。③

汉语在罗马尼亚的传播规模和速度在中东欧17国中名列前茅。罗马尼亚人口在中东欧次区域中排列第二,是波兰人口的二分之一,但孔子学院和孔子课堂总数达到16个之多,孔子课堂从2012年的1个发展到2018年的12个,占孔子学院和课堂总数的四分之三。孔子课堂的快速发展主要归功于2016年罗马尼亚教育部批准了布加勒斯特大学孔子学院的申请,正式确认将汉语列入中小学最新外语语言课程名单,汉语正式进入罗马尼亚国民教育体系。罗马尼亚的中小学汉语教学如火如荼地展开,反过来又大大地提高了汉语在各外语语种中的地位,促进了当地汉语学习的流行。

(三) 波动曲折式发展:捷克

捷克是参与"一带一路"倡议的重要国家,综合国力在中东欧次区域中名列前茅,高等教育水平居中东欧乃至整个欧洲前列。捷克是中东欧各国中第一个留学生输入率超过10%、进入留学生教育发展中级阶段的国家。④ 但是,2017年捷克的中国留学生人数仅为251人,远少于排在第一位的匈牙利(1574人)和第二位的波兰(937人)。从2012年至2017年六年间捷克中国留学生人数的变化来看,增长率分别为 -27.1%、75.2%、-37.1%、37.1%、21.3%,可见,捷克中国留学生人数波动起伏较大。⑤ 捷克来华留学生的情况则相对稳定,2013年至2018年六年间增长趋势明显,增幅分为是27.5%、9.8%、9.8%、42.1%、-16.4%、2.2%。2018年捷

---

① 陈鹏磊:《罗马尼亚高等教育改革发展举措与特征》,载《成都师范学院学报》2019年第6期。

② 《驻罗马尼亚大使徐飞洪出席中罗合作音乐剧硕士研究生项目罗毕业生汇报演出》,外交部,2016年6月30日,https://www.fmprc.gov.cn/ce/cero/chn/jyhz/zljyjl/t1376563.htm。

③ 《关于选拔竺可桢学院学生赴罗马尼亚参加"一带一路"社会实践暨高校交流的通知》,搜狐,2018年5月24日,https://www.sohu.com/a/232784614_281584。

④ 刘筱、崔延强:《"一带一路"沿线中东欧国家留学生教育现状及中国的对接战略》,载《高等教育研究》2020年第10期。

⑤ 数据来自联合国教科文组织统计研究所(UIS)。

克来华留学生人数为611人，位列中东欧各国的第二位，但仅略高于第三位的罗马尼亚（594人）和第四位的匈牙利（587人），且仅为第一位波兰（1692人）的约三分之一。①

捷克拥有诸多历史悠久的世界名校，高等教育资源丰富、实力雄厚，与中东欧其他国家相比，在与中国高等院校的合作上具有明显优势。中国人民大学与查理大学、北京外国语大学与帕拉茨基大学、浙江大学与捷克技术大学、哈尔滨工业大学与布尔诺工业大学、湖南大学与布拉格化工大学、湖北工业大学与奥斯特拉发工业大学、山东经济学院与布拉格经济大学、西南大学与帕拉茨基大学、江南大学与布拉格化工大学等均签署了校际合作协议。两国高校之间主要通过互派专家教授短期讲学、合作研究，互派学生到对方学校学习进修、汉语国际教育实习、交换学术信息及图书资料等形式开展交流与合作。②

捷克语在我国高校属于中东欧非通用语种中的大语种，截至2019年，捷克语专业布点多达14个，排在数量最多的波兰语（15个）之后，位列第二。与此形成巨大反差的是，汉语在捷克的传播状况并不理想，汉语国际教育在捷克的发展程度与捷克在中东欧各国中的实力、地位和影响力极不相称。2012年至今，捷克的孔子学院总数仅从1所增加到2所，孔子课堂一直只有1所，一共仅3所，排在中东欧各国中的第九位。事实上，直到2018年中国计量大学与布拉格金融管理大学共同签署孔子学院合作协议，孔子学院才正式进入捷克首都布拉格。

捷克与中国的双边关系发展并非一帆风顺。近两年中国在与捷克人文教育交流方面总是不时传来不和谐的声音，直接导致中捷两国关系陷入一段长期的低谷之中。中美关系日渐紧张，西方舆论煽风点火。在这种背景下，中国与捷克在人文和教育领域的交流与合作显得愈发重要。单靠经济和投资上的合作不足以从实质上改善中捷关系，对增进捷克民众对中国的好感作用也十分有限。一部分捷克民众对中国存有根深蒂固的负面印象，这些误解只有通过深层次的人文和教育交流才有可能被破除。

四、结语

"一带一路"倡议出台之后，中国与中东欧国家的教育合作驶上了"快车道"，各国交流热情持续高涨，参与程度渐趋深入，受益水平不断提高，合作成果日益扩大，"2019中国—中东欧国家教育、青年交流年"精彩纷呈的主题活动更是将双方的教育交流与合作推向一个高潮。总体来看，中国与中东欧国家的教育交流与合作呈现出以下几个发展趋势。第一，"民心相通"对象低龄化。随着匈牙利、罗马尼亚等国把汉语纳入基础教育课程体系、中国—中东欧国家合作人文交流体验（小学教育）

---

① 数据来自中国教育部国际合作与交流司《来华留学生简明统计》（2013—2018）。
② 刘进、马丽娜：《"一带一路"沿线国家的高等教育现状与发展趋势研究（十六）——以捷克为例》，载《世界教育信息》2018年第22期。

基地在北京落成，中国与中东欧教育合作开始从高等教育向基础教育拓展。汉语学习对象低龄化和人文交流对象低龄化的趋势体现了民心相通从娃娃抓起的理念。第二，合作点更加精准，层次更加分明。一方面大力推动"高精尖"的学术科研交流与合作，联合培养高精尖科研人才，积极建设硕士联合培养课程；另一方面以就业市场为导向，积极发展职业教育合作，共同培养大批职业技术人才。第三，资金持续投入，保障教育人员互通。在2019年第七届中国—中东欧国家教育政策对话上正式启动了"中国—中东欧国家教育能力建设项目"和"中国—中东欧国家高校联合教育项目"，在中国政府奖学金和孔子学院奖学金等传统项目以外，增设更加丰富的资助项目，加大吸引中东欧国家教育官员、学校管理层来华参访研修的力度。

中国与中东欧国家教育交流与合作发展态势良好，但也面临一些挑战。首先，中国与中东欧各国教育交流与合作发展模式差异明显，需制定更有针对性的发展策略。中东欧国家内聚性弱、异质性强，与中国的政治和经济关系也各不相同，交流与合作的态度、质量、规模、发展速度差异较大，比如，捷克在对华态度上的意识形态偏见就与匈牙利的友好态度形成了强烈反差。其次，中国和中东欧国家留学增长稍显乏力，双方留学市场吸引力亟待提高。中国与中东欧国家互不为主要留学目的国，且近年来中东欧来华留学已经进入平缓发展期，来华留学生学历偏低，为数不多的学历生一半以上受中国政府奖学金资助，以上种种都反映出目前中国和中东欧国家留学市场吸引力的不足。再次，个别中东欧国家质疑中国在当地开展教育合作的动机，舆论环境有待改善。一些欧洲智库文章诬称，孔子学院是中国进行政治宣传的工具，目的是谋求软实力和影响力的提升、左右当地民众意见，合作院校的自主权和学术自由等权利受到侵害。舆论对孔子学院的政治化误读无疑将一定程度上影响孔子学院的稳定发展，改善舆论环境意义重大。最后，教育交流与合作的发展容易受到政治和经济关系的影响，存在不确定性。2019年年初，美国国务卿蓬佩奥接连访问匈牙利、斯洛伐克、波兰等中东欧国家，对上述国家施加影响力以阻挠其与中国的合作交流。2019年年底，新任布拉格市市长贺瑞普干涉中国内政，导致布拉格市与北京、上海的友好城市关系被终止，给中捷人文交流和人员往来造成消极影响。由此可见，双边关系、内部差异、外部压力、舆论环境等多种因素影响着双方今后的合作发展进程。未来应该充分考虑到中东欧各国教育水平差异和诉求差异，合作由"粗放"往"精准"转向，在双方优势领域、互补领域寻找"精准"的合作点，增强双方在全球教育市场中的相互吸引力，并以匈牙利、罗马尼亚等走在合作前沿的国家为辐射点，推进中国与中东欧在整个教育区域更宽领域、更深层次、更高质量的教育交流与合作，实现双方在教育领域的互利共赢、共同发展。

Research on the Development of Educational Exchanges and Cooperation Between China and Central and Eastern European Countries: Case Studies of Hungary, Romania and the Czech Republic

Ouyang Fanghui

[**Abstract**] Cultural and people-to-people exchanges are an important way to nourish amity between peoples and also a guarantee for enhancing public support and social foundation for the Belt and Road construction. As the central part of cultural and people-to-people exchanges, educational exchanges and cooperation play an irreplaceable role in advancing the Belt and Road Initiative (BRI). In recent years, the educational exchanges and cooperation between China and Central and Eastern European (CEE) Countries have gained momentum with a larger scale and at a higher level, and an unprecedentedly large number of activities have been organized. In mechanism construction, the two sides have conducted regular meetings between ministers of education, college principals and other leaders at various levels. Concerning the approaches to cooperation, the two sides learn and match each other's needs through such platforms as international education exhibitions. As for the content of cooperation, a multi-area and comprehensive system has been built including international student education, language education and cooperation, practical intercollegiate cooperation and cooperation between schools in physical education. Meanwhile, national differences are a growing concern in educational cooperation between the two sides, which manifest themselves in the three development patterns, namely, rapid development with Hungary, steady development with Romania, and fluctuating development with the Czech Republic. Taking varying quality and needs of education in CEE countries into consideration, China and CEE countries should continue to transform from extensive to intensive cooperation by identifying cooperation opportunities in the advantaged and complementary fields of the two sides, and therefore mutual attraction in the global education market will be enhanced. The two sides should also give full play to the leading role of countries like Hungary and Romania, which serve as the examples and bases for the two sides to advance high-quality exchanges and educational cooperation to broader fields and higher levels. Such a strategy will enable China and CEE countries to achieve common progress in education in the future.

[**Key Words**] Central and Eastern European countries, educational exchanges and cooperation, international student mobility, language dissemination, development patterns

中东欧次区域经济形势分析与各国发展概况研究

黄宇芝[*]

摘要： 近些年来，中东欧次区域经济形势发展乐观，经济增长明显发力。2015年，区域内各国均实现了经济正增长；之后，区域经济整体上保持稳步增长的势头，受到了全球普遍关注。2018年，区域内各国的GDP增长率显著提高，且因其经济基数原因，各国的经济增长水平普遍高于传统西欧国家，也高于欧盟平均水平。2019年，区域内各国GDP增长产生分化，部分国家增长放缓甚至回调，大部分国家出现贸易逆差。2017—2019年，GDP增长主要由消费投资拉动。从产业分析，2019年以前各国经济结构中农业贡献率逐年下降，工业（含建筑业）及服务业贡献率逐年上升。2017—2019年，各国通货膨胀率整体保持在健康水平，其中2019年大部分国家通胀率减缓。2019年各国失业率缓慢下降，部分国家自2009年以来失业率持续下降。2020年，新冠肺炎疫情对各国经济造成较大的冲击，第二、三季度GDP增长基本为负。2020年消费投资动力不足，出口受到较大冲击。与往年不同的是，农业贡献率凸显。2020年，部分国家出现通货紧缩，各国失业率显著上升。长期来看，区域内各国的人力资本与技术进步持续推动经济增长。此外，近年来域内各国持续宽松的财政与货币政策促进经济增长。

关键词： 中东欧次区域；经济形势；经济增长；发展概况

引言

中东欧次区域国家是中国"一带一路"建设的重要组成部分，"17+1"合作机制已显示出良好成效。该区域的经济发展整体上保持稳步增长的势头，受到了全球普遍关注。概括而言，区域内各国普遍具有一定的工业基础，尽管经济水平在欧盟内部依然处于较低位置，但由于经济发展提升速度较快，经济形势呈现出乐观局面：2015年，区域内各国均实现了经济正值增长；2018年，中东欧次区域内的国家平均增长率为35％，不仅高于传统西欧国家（如英法德等），也高于欧盟的平均水平。

2019年，受大国贸易摩擦、全球经济疲弱以及英国脱欧不确定性等因素影响，欧洲各国的经济下行压力加大，欧元区、欧盟经济增速创2014年以来新低。该年欧

---

[*] 黄宇芝，中山大学国际翻译学院教师，中山大学"一带一路"研究院副研究员。

盟 27 国 GDP 增长 1.4%，欧元区 19 国 GDP 增长 1.2%。欧洲外围与核心成员国相互溢出，形成负面效应，经济表现从产生分化转向同步放缓。① 在这一背景下，中东欧次区域国家的经济开始步入低迷黯淡阶段，各国增速显著放缓，主要表现在以下几个层面：区域内各国的消费与就业表现一般；外部需求持续萎缩，进一步传导至制造、贸易与投资领域，导致区域内部的贸易赤字增加，部分国家的经济发展势头甚至小幅回调。其中，波兰、捷克、斯洛伐克、斯洛文尼亚、拉脱维亚、匈牙利各国的经济增长低于 2018 年水平。尽管如此，波兰、匈牙利、罗马尼亚等中东欧国家的增速依然可观，均超过了 4%。②

2020 年，全球疫情突袭对世界各国经济造成重大影响，中东欧次区域各国的经济难以独善其身：第一季度表现平平，第二、三季度 GDP 增长基本为负。全球疫情打断了全球产业链与供应链，中东欧各国的外部需求受到空前抑制，而经济的重挫带来的是财政收入的锐减甚至是负增长，并直接弱化了各国政府的偿债能力。由于全球经济需求收缩，加上国内因防疫需要停工停业，资本形成总额出现下降；国内私人消费也出现不同程度的下降，家庭负债增加是原因之一。按行业分析，近年来工业（包含制造业）与服务业是 GDP 增长的主要来源，农业对 GDP 的贡献较小。但 2020 年新冠肺炎疫情期间，农业显示出其支撑经济发展的基础性作用，在旅游业、工业遭受重创的同时，农业逆势增长，凸显出支撑经济发展的重要性。从长期看，决定经济发展水平的生产要素中，人力资本较高是中东欧各经济体的优势，此外，技术进步和物质资本的累积促进了经济的长期增长。随着各国对数字经济的重视以及政策的倾斜，未来科技发展对经济的推动作用将进一步显示出来。宽松的货币政策与财政政策促进经济增长或减缓经济衰退，疫情期间其效果更是显著。

未来几年，该区域的经济发展前景取决于以下几点：首先是能够挖掘区域经济的发展内因，激发内部动能，应对外部局势变化。其次是能充分运用中国"一带一路"倡议的宏观目标与"17＋1"机制的发展空间，从而有效地支撑经济稳定增长。中东欧地区国家是我国"一带一路"建设的重要组成部分，"17＋1"合作机制已显示出良好成效。中东欧国家只有充分抓住机遇、充分利用现有优势，才能扭转发展动力的下降趋势，促进产业结构转型进一步升级，防止跌入或跌回"中等收入陷阱"。

---

① 中宏国研：《2020 年欧洲经济发展前景展望》，经济形势报告网，http://www.china-cer.com.cn/hongguanjingji/201912011472.html。

② 数据来自中国驻爱沙尼亚领事馆经济商务处，http://ee.mofcom.gov.cn/article/jmxw/202012/20201203021269.shtml。

一、区域内各国2019年消费投资拉动增长，2020年消费投资动力不足

波兰2018年经济增长5.4%，是欧盟增速最快的国家之一，2018年也是波兰11年来增速最快的一年。IMF认为欧元区经济复苏、欧盟资金流入与"家庭500＋"计划共同推动了经济高速增长。此外，大量乌克兰劳力的流入也促进了经济增长（2017年其对GDP增速的贡献高达0.6%）[1]。受经济周期及全球经济放缓等因素影响，2019年增速降至4.5%，虽低于2018年的5.4%的增长率（见表1），但在所有中东欧国家中仍属于高增长率国家。2019年私人消费占GDP 56.5%，增长率3.8%，对GDP增长的贡献率为53.1%，拉动了经济增长（见表2、表3）。资本形成总额占GDP的19.6%，增长率-0.7%（见表4）。2019年波兰人均可支配收入增长5.0%，人均每月消费品和服务支出增长3.3%。2020年第一季度GDP仍增长2.0%；第三季度GDP下降1.8%，为欧盟跌幅最小国家之一。[2] 2020年波兰GDP收缩2.7%（见表1）。

表1 中东欧国家实际GDP增长率（%）[3]

年份	2009	2010	2011	2012	2013	2014	2015	2016	2017	2018	2019	2020	2021	2022
阿尔巴尼亚	3.4	3.7	2.5	1.4	1.0	1.8	2.2	3.3	3.8	4.1	2.2	-3.3	6.1	5.8
爱沙尼亚	-14.4	2.7	7.4	3.1	1.3	3.0	1.8	3.2	5.5	4.4	5.0	-2.9	4.5	3.7
保加利亚	-3.4	0.6	2.4	0.4	0.3	1.9	4.0	3.8	3.5	3.1	3.7	-4.2	4.1	3.7
北马其顿	-0.4	3.4	2.3	-0.5	2.9	3.6	3.9	2.8	1.1	2.9	3.2	-4.5	5.5	4.2
波黑	-3.0	0.9	1.0	-0.8	2.3	1.2	3.1	3.1	3.2	3.7	2.8	-4.3	5.0	4.0
波兰	2.8	3.7	4.8	1.3	1.1	3.4	4.2	3.1	4.8	5.4	4.5	-2.7	4.6	4.5
黑山	-5.8	2.7	3.2	-2.7	3.5	1.8	3.4	2.9	4.7	5.1	4.1	-15.2	5.5	4.2
捷克	-4.7	2.4	1.8	-0.8	-0.05	2.3	5.4	2.5	5.2	3.2	2.3	-5.6	5.1	4.3
克罗地亚	-7.3	-1.3	-0.2	-2.4	-0.4	-0.3	2.4	3.5	3.4	2.8	2.9	-8.4	6.0	4.4
拉脱维亚	-14.3	-4.4	6.5	4.3	2.3	1.1	2.4	2.4	3.3	4.0	2.0	-3.6	5.2	5.1
立陶宛	-14.8	1.7	6.0	3.8	3.6	3.5	2.0	2.5	4.3	3.9	4.3	-0.8	4.1	3.7
罗马尼亚	-5.5	-3.9	1.9	2.0	3.8	3.6	3.0	4.7	7.3	4.5	4.1	-3.9	4.6	3.9
塞尔维亚	-2.7	0.7	2.0	-0.7	2.9	-1.6	1.8	3.3	2.1	4.5	4.2	-1.0	5.5	6.0

---

[1] 数据来自中国驻波兰领事馆经济商务处，http://pl.mofcom.gov.cn/article/jmxw/201902/20190202835431.shtml。

[2] 数据来自波兰统计局。

[3] 数据基于不变价本币。

续表1

年份	2009	2010	2011	2012	2013	2014	2015	2016	2017	2018	2019	2020	2021	2022
斯洛伐克	-5.5	5.9	2.8	1.9	0.7	2.6	4.8	2.1	3.0	3.7	2.5	-4.8	6.9	4.8
斯洛文尼亚	-7.5	1.3	0.9	-2.6	-1.0	2.8	2.2	3.2	4.8	4.4	3.2	-5.5	5.2	3.4
希腊	-4.3	-5.5	-10.1	-7.1	-2.7	0.7	-0.4	-0.5	1.3	1.6	1.9	-8.2	4.1	5.6
匈牙利	-6.7	1.1	1.9	-1.4	1.9	4.2	3.8	2.1	4.3	5.4	4.6	-5.0	3.9	4.0

[数据来源：世界银行。其中，2021—2022年数据为IMF 2020年10月估计值，取自2020年10月《欧洲地区经济展望》(*Regional Economic Outlook—Europe*)，参见：https://www.imf.org/en/publications/reo?year=2020&sortby=Date&series=Europe。]

注：表中数据从世界银行数据库分批下载，可能与最新数据有细微差异。

表2 中东欧国家私人消费增长率（%）①

年份	2009	2010	2011	2012	2013	2014	2015	2016	2017	2018	2019	2020
阿尔巴尼亚	4.0	6.8	1.8	0.1	1.8	2.8	1.1	1.9	2.6	3.2	3.2②	—
爱沙尼亚	-13.7	-0.9	3.5	4.4	3.6	3.6	5.0	4.6	2.8	4.3	3.1	-2.3
保加利亚	-4.4	0.3	2.6	3.3	-2.6	2.9	3.8	3.5	3.8	4.4	5.8	0.2
北马其顿	-3.3	3.8	-5.4	1.2	1.9	2.2	4.4	3.9	0.7	5.1	3.5	-5.6
波黑	-4.4	0.1	-0.2	-0.6	0.1	1.9	1.8	2.3	0.7	2.3	2.4	-4.0
波兰	3.6	2.7	3.1	0.7	0.3	2.4	3.0	3.9	4.5	4.5	3.8	-3.1
黑山	-14.2	2.0	0.5	-3.9	1.6	2.9	2.2	5.4	3.9	4.6	2.9	-5.4
捷克	-0.6	1.1	0.3	-1.2	0.5	1.8	3.7	3.6	4.3	3.2	3.0	-5.2
克罗地亚	-8.8	-1.5	1.1	-2.4	-1.5	-2.4	0.4	3.1	3.1	3.2	3.5	-6.2
拉脱维亚	-16.2	1.8	3.7	3.1	5.7	1.1	2.5	1.5	3.1	4.2	2.9	-10.0
立陶宛	-17.4	-3.7	4.3	3.1	4.4	3.8	4.1	4.0	3.5	3.7	3.2	-2.0
罗马尼亚	-6.4	-5.0	1.4	2.0	0.1	4.7	6.0	7.9	10.0	7.3	5.9	-5.2
塞尔维亚	-3.3	-0.6	1.4	-1.7	-1.7	-0.1	-0.3	1.3	1.9	3.1	3.2	-2.5
斯洛伐克	-0.2	0.8	-1.9	0.4	-1.2	1.9	2.8	3.9	4.5	4.1	2.1	-1.0
斯洛文尼亚	2.1	1.0	0.8	-2.2	-3.9	1.6	2.0	4.4	2.0	2.8	2.7	-9.7
希腊	-1.7	-6.5	-9.7	-8.0	-2.6	0.6	-0.2	-0.0	0.9	1.1	0.8	-5.2
匈牙利	-6.7	-2.8	0.6	-2.4	0.0	2.3	3.8	4.9	4.7	4.8	5.1	-2.3

[数据来源：世界银行，参见：https://data.worldbank.org/。]

---

① 数据基于不变价本币。
② 2015—2019年数据来自阿尔巴尼亚统计局，为各季度同比增长率平均值。

表3 中东欧国家私人消费贡献率(%)

年份	2009	2010	2011	2012	2013	2014	2015	2016	2017	2018	2019
阿尔巴尼亚	90.4	139.0	55.3	8.0	141.1	122.3	—	—	—	—	—
爱沙尼亚	48.3	-17.2	23.4	67.0	128.2	60.1	134.0	89.0	25.3	45.4	35.9
保加利亚	79.4	33.5	67.6	567.6	-512.9	94.2	59.1	56.8	66.9	87.5	108.2
北马其顿	732.1	86.7	-177.3	-188.2	46.3	43.4	81.6	97.2	46.4	134.7	72.5
波黑	127.6	9.6	-17.6	76.7	1.8	138.8	48.0	59.1	26.3	50.4	72.2
波兰	78.4	47.3	38.6	28.1	14.0	42.8	45.8	75.0	53.4	49.3	53.1
黑山	250.3	67.7	13.2	128.4	39.6	139.1	57.6	157.7	74.0	79.6	70.7
捷克	6.1	22.7	6.9	72.3	-50.5	31.8	33.1	69.5	46.3	52.9	56.4
克罗地亚	75.3	62.6	-211.7	66.4	173.4	1445.5	9.1	53.0	58.5	70.4	70.7
拉脱维亚	66.6	-22.7	35.6	52.5	144.1	33.6	47.1	51.1	49.3	59.1	79.0
立陶宛	79.0	-161.9	44.8	49.4	74.9	66.1	122.8	98.8	51.7	64.6	51.9
罗马尼亚	88.2	97.1	52.4	71.2	3.1	99.7	112.6	122.4	108.1	130.5	118.0
塞尔维亚	94.3	-63.9	52.3	187.5	-43.3	4.4	-14.1	26.4	65.3	48.0	51.4
斯洛伐克	1.9	8.9	-40.3	12.2	-99.7	37.9	31.6	98.9	80.5	58.0	49.7
斯洛文尼亚	-14.0	40.9	51.7	46.6	215.6	32.1	49.7	75.4	22.1	36.2	57.0
希腊	26.7	84.1	74.6	76.3	54.6	58.4	29.1	7.9	39.5	39.3	29.3
匈牙利	53.9	-225.3	17.5	84.7	1.0	27.9	48.9	108.0	55.1	47.4	51.5

[注：私人消费贡献率＝私人消费增长量/GDP增长量。本表数据根据世界银行不变价本币实际GDP与不变价本币实际私人消费计算得出，参见：https://data.worldbank.org/。]

表4 中东欧国家资本形成总额增长率(%)①

年份	2009	2010	2011	2012	2013	2014	2015	2016	2017	2018	2019	2020
阿尔巴尼亚	1.3	-1.3	6.3	-7.9	-1.8	-5.6	3.2	0.4	—	—	—	—
爱沙尼亚	-42.3	7.1	28.5	18.2	-3.4	4.4	-5.5	7.9	10.8	5.2	11.1	9.9
保加利亚	-24.2	-17.9	-3.3	3.1	-5.3	6.9	1.3	-4.5	6.5	10.4	—	-11.0
北马其顿	-0.6	-3.8	17.9	10.2	0.5	10.7	8.3	12.5	-2.2	-7.3	6.6	-7.0
波黑	-28.3	-15.6	14.1	4.0	-3.0	8.2	2.9	10.8	10.1	4.7	6.2	-12.7
波兰	-12.6	9.5	12.8	-3.9	-5.8	12.8	4.9	-2.0	7.9	10.6	-0.7	-12.8
黑山	-36.7	-15.9	-13.6	4.2	-0.1	2.7	7.7	30.9	26.8	13.7	-1.2	-9.6
捷克	-17.9	4.2	1.8	-3.9	-5.1	8.6	13.0	-4.3	4.0	5.6	3.4	-13.3

① 数据基于不变价本币。

续表 4

年份	2009	2010	2011	2012	2013	2014	2015	2016	2017	2018	2019	2020
克罗地亚	-22.3	-16.5	-3.1	-5.4	4.2	-3.0	10.5	6.2	7.2	11.0	1.7	2.6
拉脱维亚	-41.0	-19.0	45.8	-1.8	-6.7	-4.6	2.0	1.3	11.8	11.5	0.9	6.5
立陶宛	-54.6	42.4	18.7	-10.7	-2.4	6.4	22.1	-2.9	3.3	4.6	-4.9	-20.5
罗马尼亚	-22.5	-1.6	4.7	-5.1	0.2	1.5	6.8	-0.2	6.9	3.9	4.0	2.8
塞尔维亚	-29.2	-16.5	11.6	-3.8	7.1	-4.8	4.4	2.0	11.5	20.3	12.5	3.3
斯洛伐克	-30.9	22.0	9.4	-15.7	2.0	7.0	16.7	-2.7	2.4	4.9	4.7	-21.3
斯洛文尼亚	-32.2	-5.6	-2.8	-17.1	4.6	1.7	0.2	-0.5	13.8	9.3	1.2	-5.8
希腊	-26.9	-10.8	-21.8	-24.0	-9.9	6.7	-12.5	6.1	10.0	1.8	0.7	-4.9
匈牙利	-25.3	4.4	-2.7	-6.0	6.1	12.8	-0.2	-4.1	9.0	18.3	9.5	-5.5

[数据来源：世界银行，参见：https://data.worldbank.org/。]

捷克 2019 年 GDP 增长率为 2.3%，稍低于 2018 年的 3.2%（见表 1）。2019 年私人消费增长 3.0%，贡献率为 56.4%（见表 2、表 3），是推动 GDP 增长的主要动力。资本形成总额增长 3.4%，贡献率为 35.4%（见表 4、表 5），仅次于消费增长率。新冠肺炎疫情对捷克经济冲击明显。2020 年第二季度 GDP 同比下降 11%，环比下降 8.7%；其中净出口下降最为明显，出口同比下降 23.3%，进口下降 18.2%，私人消费同比下降 7.6%，资本形成总额下降 10.2%。① 第三季度 GDP 同比下降 5.8%，环比增长 6.2%，经济开始复苏；其中出口同比增长 0.2%，进口下降 1.3%，家庭消费下降 3.9%。② 2020 年 GDP 收缩 5.6%，其中私人消费收缩 5.2%，资本形成总额收缩 13.3%（见表 1、表 2、表 4）。斯洛伐克 2019 年 GDP 增长率为 2.5%，低于 2018 年的 3.7%（见表 1）。2019 年私人消费增长 2.1%，远低于 2018 年的 4.1%，但仍是 GDP 增长的主要推动力之一，对 GDP 贡献率为 49.7%；资本形成总额增长 4.7%，与 2018 年的 4.9% 相仿，对 GDP 贡献率为 45.3%（见表 2 至表 5）。外贸顺差，剔除价格影响，出口增长 1.7%，进口增长 2.6%（见表 6、表 7）。2020 年 GDP 下降 4.8%，其中资本形成总额大幅下降 21.3%，私人消费下降 1.0%（见表 1、表 2、表 4）。2020 年 1—10 月外贸总额下降 9.9%，其中出口下降 8.8%，进口下降 11%。③

---

① 2020 年数据来自捷克统计局。
② 数据来自中国驻捷克领事馆经济商务处，http://cz.mofcom.gov.cn/article/jmxw/202012/20201203019915.shtml；http://cz.mofcom.gov.cn/article/jmxw/202010/20201003012243.shtml。
③ 数据来自中国驻斯洛伐克领事馆经济商务处，http://sk.mofcom.gov.cn/article/jmxw/202012/20201203023268.shtml。

表5 中东欧国家资本形成总额贡献率（%）

年份	2009	2010	2011	2012	2013	2014	2015	2016	2017	2018	2019
阿尔巴尼亚	12.5	-10.8	74.5	-175.3	-50.7	-87.2	37.1	2.8	—	—	—
爱沙尼亚	84.2	51.3	77.3	140.4	-69.8	39.2	-80.2	74.5	49.0	29.6	70.1
保加利亚	247.8	-864.9	-31.3	182.0	-364.8	74.8	6.9	-25.0	35.7	67.4	-633.0
北马其顿	42.1	-28.8	181.3	-608.7	5.1	86.7	67.5	144.4	-73.2	-93.8	58.2
波黑	237.2	-377.6	241.4	-100.4	-23.4	124.2	17.7	64.1	95.8	27.3	52.7
波兰	-106.0	53.1	54.2	-55.1	-89.8	77.7	28.2	-14.7	33.7	42.9	-3.6
黑山	296.2	-182.1	-108.2	-33.1	-0.4	33.8	50.7	244.5	168.9	97.0	-12.6
捷克	113.4	48.8	26.8	131.8	272.4	77.7	63.6	-48.5	23.7	51.2	35.4
克罗地亚	85.1	260.1	200.8	46.5	-145.0	564.6	82.6	36.7	48.5	89.8	13.4
拉脱维亚	102.5	103.6	151.0	-12.4	-76.8	-58.8	14.2	16.3	69.9	65.3	10.1
立陶宛	93.5	387.5	59.1	-59.5	-12.4	31.2	193.0	-24.5	15.5	25.3	-24.8
罗马尼亚	138.7	11.6	67.4	-71.8	1.6	11.4	45.7	-1.0	24.7	22.0	24.7
塞尔维亚	312.2	-479.9	100.3	107.2	46.1	59.1	46.6	11.4	107.1	95.9	71.6
斯洛伐克	157.7	78.1	77.3	-206.2	60.1	53.1	75.3	-30.9	18.5	28.8	45.3
斯洛文尼亚	141.9	-101.9	-72.9	142.1	-83.9	12.2	1.7	-2.9	52.8	45.4	10.5
希腊	144.9	34.8	40.0	47.3	36.1	98.7	331.6	-325.5	71.8	10.8	4.3
匈牙利	107.2	152.2	-34.7	92.1	66.7	68.5	-1.1	-43.4	45.5	82.1	49.4

［数据来源：根据世界银行不变价本币实际 GDP 与不变价本币实际资本形成总额计算得出，参见：https://data.worldbank.org/。］

表6 中东欧国家出口增长率（%）[1]

年份	2009	2010	2011	2012	2013	2014	2015	2016	2017	2018	2019	2020
阿尔巴尼亚	10.1	24.9	6.7	0.3	1.6	1.2	1.0	11.3	13.2	4.1	6.1	-2.1[2]
爱沙尼亚	-20.3	24.2	24.2	4.8	2.8	2.6	-1.5	5.1	3.8	4.3	4.9	—
保加利亚	-11.7	11.0	12.6	2.0	9.6	3.1	6.4	8.6	5.8	1.7	1.9	—
北马其顿	-13.9	23.7	16.1	2.0	6.1	16.5	8.5	9.1	8.3	15.6	8.3	—
波黑	-3.2	13.9	4.6	0.1	7.9	4.1	7.8	9.3	13.9	6.1	-0.8	—
波兰	-5.9	13.1	7.9	4.6	6.1	6.7	7.7	8.8	9.5	7.0	4.7	—
黑山	-12.7	7.5	14.6	-0.3	-1.3	-0.7	5.7	5.9	1.8	6.9	6.4	—

[1] 数据基于不变价本币。
[2] 2020 年数据来自阿尔巴尼亚统计局，为第一季度增长率。

续表6

年份	2009	2010	2011	2012	2013	2014	2015	2016	2017	2018	2019	2020
捷克	-9.8	14.7	9.2	4.3	0.2	8.7	6.0	4.3	6.7	4.4	1.2	-23.3①
克罗地亚	-13.8	7.8	2.3	-1.5	2.5	7.4	10.3	7.0	6.8	3.7	4.6	—
拉脱维亚	-12.9	13.4	12.0	9.8	1.1	6.5	2.9	4.0	6.4	4.0	2.0	—
立陶宛	-12.8	15.9	14.5	10.8	7.3	-1.8	2.4	4.9	13.6	6.3	9.6	—
罗马尼亚	-5.7	15.5	12.1	1.1	20.2	8.0	4.6	16.0	7.6	6.2	4.6	—
塞尔维亚	-11.5	16.9	5.6	2.9	18.0	4.3	9.4	11.9	8.2	8.3	8.5	—
斯洛伐克	-16.4	17.3	10.6	9.1	6.0	3.7	6.6	5.0	3.6	5.3	1.7	—
斯洛文尼亚	-16.6	10.2	6.9	0.5	3.1	6.0	4.7	6.5	10.5	6.1	4.4	—
希腊	-18.5	4.9	0.0	1.2	1.5	7.7	3.1	-1.8	6.8	8.7	4.8	2.5②
匈牙利	-10.7	11.1	6.4	-1.7	4.1	9.2	7.4	3.8	6.9	4.3	6.0	-0.5③

[数据来源:世界银行,参见:https://data.worldbank.org/。]

表7 中东欧国家进口增长率(%)④

年份	2009	2010	2011	2012	2013	2014	2015	2016	2017	2018	2019	2020
阿尔巴尼亚	1.3	3.6	6.2	-6.7	-0.6	4.3	-2.9	6.9	8.4	2.4	2.7	-6.2⑤
爱沙尼亚	-30.6	21.3	27.2	9.7	2.4	3.0	-1.9	6.0	4.2	5.7	3.7	—
保加利亚	-21.5	-0.9	9.9	5.6	4.3	5.2	4.8	5.2	7.4	5.7	2.4	—
北马其顿	-12.3	10.4	8.0	8.2	2.2	14.1	9.9	11.1	5.2	9.1	9.0	—
波黑	-14.3	2.5	2.9	0.6	-0.1	7.7	0.8	6.8	8.9	3.7	1.0	—
波兰	-12.4	14.3	5.8	-0.3	1.7	10.0	6.6	7.6	9.8	7.6	2.7	—
黑山	-27.8	-3.1	0.3	0.6	-3.1	1.6	4.4	15.3	8.4	9.2	2.1	—
捷克	-11.0	14.7	6.7	2.7	0.1	10.1	6.8	2.8	5.9	5.9	1.7	-18.2⑥
克罗地亚	-20.3	-3.0	3.2	-2.9	3.3	3.2	9.4	8.4	8.4	7.5	4.8	—
拉脱维亚	-31.7	12.4	22.0	5.4	0.4	3.0	1.7	3.8	8.4	6.4	2.3	—
立陶宛	-28.0	16.5	14.2	5.2	5.8	-1.7	9.4	4.0	11.5	6.0	6.0	—
罗马尼亚	-20.8	12.6	10.1	-1.8	8.8	8.7	8.0	16.5	10.7	9.1	8.0	—
塞尔维亚	-21.9	-0.1	7.2	-0.6	6.5	5.1	4.0	6.7	11.1	11.6	9.5	—

① 2020年数据来自捷克统计局,为第二季度同比增长率,环比增长率为-20.7%。
② 2020年数据来自阿尔巴尼亚统计局,为第一季度增长率。
③ 2020年数据来自匈牙利统计局,为2020年第一季度增长率。
④ 数据基于不变价本币。
⑤ 2020年数据来自阿尔巴尼亚统计局,为第一季度增长率。
⑥ 2020年数据来自捷克统计局,为第二季度同比增长率,环比增长率为17.6%。

续表7

年份	2009	2010	2011	2012	2013	2014	2015	2016	2017	2018	2019	2020
斯洛伐克	-18.9	16.6	7.8	2.1	5.6	4.5	8.5	4.8	3.9	4.9	2.6	—
斯洛文尼亚	-18.4	6.6	5.3	-3.5	2.1	4.2	4.3	6.7	10.1	6.6	4.2	—
希腊	-20.4	-3.4	-9.4	-9.1	-2.4	7.7	0.4	0.3	7.1	4.2	2.5	0.2①
匈牙利	-14.5	9.9	4.3	-3.5	4.3	11.0	6.0	3.4	8.2	6.8	6.9	1.3②

［数据来源：世界银行，参见：https：//data.worldbank.org/。］

匈牙利2018年GDP增长5.4%，主要由投资和私人消费拉动。资本形成总额增长率由2017年的9.0%提高到18.3%。这不仅得益于建筑业的发展，也体现了国家在医院、学校、体育、旅游和交通等国民经济领域的投入。2019年GDP增长率为4.6%，稍低于2018年（见表1）。据匈牙利统计局分析，2019年第一至第三季度GDP主要由快速增长的投资拉动，第四季度市场导向的服务业对GDP贡献最大，工业与建筑业贡献相对较小。2020年第一季度GDP增长2.2%，其中私人消费增长4.3%，虽低于2019年的5.1%的水平，但仍支撑了GDP的增长。2020年上半年GDP下降6.1%，其中投资同比下降6.3%，建筑业产值同比下降7.4%。③ 2020年GDP下降5.0%，其中私人消费下降2.3%，资本形成总额下降5.5%（见表1、表2、表4）。

波罗的海三国当中，拉脱维亚2019年GDP增长率为2.0%，低于2018年的4.0%。2019年GDP主要由私人消费拉动，其增长率为2.9%，贡献率为79.0%。资本形成总额增长0.9%，贡献率为10.1%。其中固定资本形成总额增长3.1%，低于2018年的15.8%（见表1至表5、表14）。外贸逆差缩小，剔除价格影响，2019年出口增长2.0%，进口增长2.3%（见表6、表7）。2020年GDP下降3.6%；其中私人消费下降10.0%，资本形成总额逆势增长6.5%（见表1、表2、表4）。立陶宛GDP增长率从2018年的3.9%提高到2019年的4.3%，2020年下降0.9%（见表1）。2019年资本形成总额收缩4.9%；私人消费增长3.2%，对GDP贡献为51.9%。贸易逆差缩小，剔除价格影响，出口增长9.6%，进口增长6.0%。2020年资本形成总额大幅收缩20.5%，私人消费收缩2.0%（见表2、表4、表6、表7）。2020年1—11月立陶宛出口和进口分别下降4.9%和10.2%。④ 爱沙尼亚2019年GDP增长率为5.0%（见表1），主要由信息和通信推动，信息和通信的增加值增长了28.6%。

---

① 2020年增长率来自希腊统计局，为2020年第一季度数据。
② 2020年增长率来自匈牙利统计局，为2020年第一季度数据。
③ 数据来自中国驻匈牙利领事馆经济商务处，http://hu.mofcom.gov.cn/article/jmxw/202008/20200802992710.shtml；http://hu.mofcom.gov.cn/article/jmxw/202009/20200902997669.shtml；http://hu.mofcom.gov.cn/article/jmxw/202008/20200802992256.shtml。
④ 信息来自中国驻立陶宛领事馆经济商务处，http://lt.mofcom.gov.cn/article/jmxw/202101/20210103030121.shtml；http://lt.mofcom.gov.cn/article/jmxw/202011/20201103016824.shtml。

采矿和能源行业的增加值有所下降。① 增长是由投资增长11.1%推动的,私人消费增长3.1%（见表2、表4）。2020年GDP收缩2.9%,其中私人消费收缩2.3%,资本形成总额增长9.9%（见表1、表2、表4）。进入第三季度,虽大多数行业仍旧在衰退,但也有分析家认为,第三季度经济呈复苏态势。②

巴尔干半岛地区的几个国家当中,塞尔维亚2018年实际GDP增长4.5%,相比2017年有大幅提升。主要由投资拉动,继2017年资本形成总额大幅增长后,2018年资本形成总额增长20.3%,贡献率为95.9%。继而是私人消费,增长率为3.1%,对GDP贡献率为48.0%（见表1至表5）。2019年GDP增长4.2%,略有下降。私人消费增长3.2%,略高于2018年,资本形成总额增长12.5%,明显低于2018年（见表1、表2、表4）。2020年GDP收缩1.0%,其中私人消费收缩2.5%,资本形成总额增长3.3%（见表1、表2、表4）。2020年1—10月出口同比下降4.4%;进口减少3.8%;逆差减少2.9%。③ 斯洛文尼亚2019年GDP增长率为3.2%,低于2018年的4.4%。2019年私人消费增长2.7%,与2018年的2.8%相仿,贡献率为57%;资本形成总额增长1.2%,远低于2018年的9.3%,贡献率仅为10.5%;总投资增长放缓（见表1至表5）。2020年GDP收缩5.5%。其中私人消费收缩9.7%,资本形成总额收缩5.8%（见表1、表2、表4）。阿尔巴尼亚2019年实际GDP增长2.2%,低于2018年的4.1%。私人消费增长3.2%,拉动了经济增长。一至四季度固定资本形成总额同比增长2.0%,-0.4%,-2.1%和-12.1%;二至四季度出现负增长。此外,一至四季度货物出口同比增长率为-9.7%,-13.1%,-1.8%和-7.6%,均为负。④ 2020年GDP下降3.3%（见表1）,其中私人消费增长1.1%（见表1、表2）。受疫情影响,2020年1—6月阿外贸总额同比下降15.6%,贸易赤字同比下降11.8%。⑤ 北马其顿新总理上任后,2018年GDP增长率达到2.9%（见表1）。受国内政治危机影响,2018年投资大幅下降,资本形成总额下降7.3%（见表4）。固定资产及存货投资对GDP增长贡献率为-100%。2018年GDP主要靠消费与出口拉动。2019年GDP增长3.2%（见表1）,主要由私人消费与投资拉动。私人消费增长3.5%,贡献率为72.5%;资本形成总额增长6.6%,贡献率为58.2%（见表2至表5）。贸易逆差由2018年的82,745百万代纳尔扩大到2019年的96,910百万代纳

---

① 数据来自爱沙尼亚统计局。
② 数据来自中国驻爱沙尼亚领事馆经济商务处,http://ee.mofcom.gov.cn/article/jmxw/202012/20201203021272.shtml;http://ee.mofcom.gov.cn/article/jmxw/202009/20200902999715.shtml;http://ee.mofcom.gov.cn/article/jmxw/202011/20201103014344.shtml。
③ 数据来自中国驻塞尔维亚领事馆经济商务处,http://yu.mofcom.gov.cn/article/jmxw/202011/20201103013295.shtml;http://yu.mofcom.gov.cn/article/jmxw/202011/20201103013295.shtml;http://yu.mofcom.gov.cn/article/jmxw/202012/20201203026728.shtml。
④ 数据来自阿尔巴尼亚统计局。
⑤ 数据来自中国驻阿尔巴尼亚领事馆经济商务处,http://al.mofcom.gov.cn/article/jmxw/202008/20200802993594.shtml。

尔；剔除价格影响，出口增长8.3%，进口增长9.0%。2020年GDP下降4.5%，其中私人消费下降5.6%，资本形成总额下降7.0%（见表1、表2、表4、表6、表7）。波黑2019年GDP增长2.8%，低于2018年的3.7%，2020年受疫情影响，经济收缩，GDP下降4.3%，其中私人消费下降4.0%，资本形成总额大幅下降12.7%（见表1、表2、表4）。黑山2019年GDP增长4.1%，低于2018年的5.1%。2019年私人消费增长2.9%，贡献率为70.7%（见表1至表3）；剔除价格影响的出口增长6.4%，进口增长2.1%，贸易逆差缩小（见表6、表7、表8）。净出口对GDP贡献率为29.7%。2020年GDP收缩15.2%（见表1）。克罗地亚2019年GDP增长2.9%，主要由私人消费拉动。私人消费增长3.5%，贡献率70.7%；资本形成总额增长1.7%，贡献率13.4%（见表1至表5）。根据欧盟统计局数据，克罗地亚2019年人均实际消费和人均GDP排名为欧盟倒数第二（其中人均实际消费比欧盟平均水平低34%，最后一名为保加利亚）。① 年贸易逆差下降，剔除价格影响，出口增长4.6%，进口增长4.8%（表6、表7）。② 2020年GDP收缩8.4%（见表1）。2020年1—10月进口下降9.6%，出口下降3.4%。据世界银行，克罗地亚是欧洲和中亚地区经济收缩最严重的国家。③

罗马尼亚2018年GDP增长率由2017年的7.3%跌至4.5%，其主要原因为贸易逆差。2018年贸易逆差75.24亿美元（见表8），对GDP贡献率为-56.90%。私人消费对GDP贡献率高达130.5%。2019年GDP增长4.1%，其中私人消费增长5.9%，资本形成总额增长4.0%（见表1、表2、表4）。外贸存在逆差，剔除价格影响，出口增长4.6%，进口增长8.0%（见表6、表7）。④ 2020年1—11月，零售额同比增长2.1%。⑤ 保加利亚2018年和2019年GDP增长率为3.1%和3.7%，主要由私人消费拉动，私人消费增长率为4.4%和5.8%，对GDP增长的贡献率高达87.5%和108.2%。2019年经济增速高于欧盟国家的平均水平，但在新成员国中却居低位。2019年对欧盟出口增长2.9%，从欧盟进口增长3.1%。2019年每个家庭成员平均年收入同比增长9.6%。新冠疫情对保加利亚经济的影响较大，2020年GDP收缩4.2%（见表1）。GDP主要由消费拉动：私人消费增长0.2%，资本形成总额下降11%（见

---

① 数据来自中国驻克罗地亚领事馆经济商务处，http://hr.mofcom.gov.cn/article/jmxw/202101/20210103028081.shtml。

② 其余数据来自克罗地亚统计局。

③ 数据来自中国驻克罗地亚领事馆经济商务处，http://hr.mofcom.gov.cn/article/jmxw/202012/20201203025753.shtml；http://hr.mofcom.gov.cn/article/jmxw/202012/20201203025752.shtml；http://hr.mofcom.gov.cn/article/jmxw/202006/20200602974089.shtml。

④ 除表格中出现的数据外，其余数据来自罗马尼亚统计局。

⑤ 数据来自中国驻罗马尼亚领事馆经济商务处，http://ro.mofcom.gov.cn/article/jmxw/202101/20210103029305.shtml。

表2、表4），小额贸易顺差占 GDP 2.2%。2020 年 1 至 11 月，出口同比下降 7.8%。① 同时，家庭债务的加重影响消费与 GDP 的增长。截至 12 月份，家庭未偿付平均债务额约为 2 200 列弗。② 世界银行指出，保加利亚经济前景不确定性强，受到疫情消退时间、外部融资条件和地缘政治局势的影响。③

表8　中东欧国家净出口　　　　　　　　　（单位：亿美元）

年份	2009	2010	2011	2012	2013	2014	2015	2016	2017	2018	2019
阿尔巴尼亚	-29.67	-24.56	-29.33	-22.97	-23.09	-25.07	-19.66	-20.02	-19.79	-20.70	-20.92
爱沙尼亚	9.89	12.46	13.51	3.86	6.74	9.26	9.00	9.42	11.56	10.82	12.79
保加利亚	-39.23	-16.27	1.70	-18.86	-3.86	-2.87	5.30	27.11	26.49	19.55	23.18
北马其顿	-21.37	-18.57	-21.40	-21.90	-19.76	-19.63	-16.31	-16.31	-15.88	-16.21	-18.21
波黑	-41.94	-37.00	-44.35	-40.36	-37.25	-41.99	-29.56	-28.02	-29.40	-30.25	-30.56
波兰	-38.20	-101.34	-113.34	-27.79	96.92	77.55	145.75	187.21	218.44	199.45	308.65
黑山	-12.79	-10.64	-9.77	-10.06	-9.00	-9.10	-7.47	-9.79	-11.21	-13.19	-11.74
捷克	77.00	61.92	88.95	103.09	121.24	134.37	108.17	144.90	163.77	150.20	150.13
克罗地亚	-34.09	-11.41	-9.75	1.44	2.29	-2.32	1.35	6.71	5.95	-6.13	-3.17
拉脱维亚	-1.91	-3.20	-14.38	-13.04	-11.23	-6.41	-2.51	2.73	0.44	-0.55	0.20
立陶宛	-6.22	-7.47	-11.65	2.53	6.70	8.75	-4.18	5.19	13.52	16.10	30.25
罗马尼亚	-112.90	-107.55	-107.87	-87.06	-13.91	-5.75	-10.64	-15.69	-46.26	-75.24	-96.31
塞尔维亚	-70.29	-62.68	-74.19	-71.06	-51.09	-48.38	-32.34	-24.47	-34.35	-48.13	-51.09
斯洛伐克	-8.64	-9.71	-4.63	37.66	44.74	39.44	10.34	18.37	16.76	8.66	3.38
斯洛文尼亚	6.99	4.21	2.94	14.54	28.18	35.00	34.50	38.38	43.26	44.99	48.78
希腊	-250.78	-202.51	-173.49	-59.96	-67.44	-52.46	-12.20	-17.13	-16.56	-39.35	-20.08
匈牙利	53.67	69.42	87.18	86.55	94.51	89.39	99.54	111.81	103.24	71.36	59.62

［数据来源：数据根据世界银行美元现价出口额与进口额计算得出，参见：https://data.worldbank.org/。］

受主权债务危机影响，希腊 2015 及 2016 年实际 GDP 分别收缩 0.4% 和 0.5%，从 2017 年开始实现增长。2018 与 2019 年增长率分别为 1.6% 和 1.9%。2020 年第一季度 GDP 同比下降 0.9%。投资减少，资本形成总额下降 4.9%，其中固定资本形成总额下降 6.4%；私人消费下降 0.7%，零售下降 5.8%；建筑活动增长 21.2%，支撑了 GDP 的增长。第二、三季度 GDP 同比下降 15.2%、11.7%，其中第三季度为欧

---

① 数据来自中国驻保加利亚领事馆经济商务处，http://bg.mofcom.gov.cn/article/jmxw/202101/20210103031298.shtml。
② 同上，http://bg.mofcom.gov.cn/article/jmxw/202012/20201203025768.shtml。
③ 同上，http://bg.mofcom.gov.cn/article/jmxw/202101/20210103029314.shtml。

盟最大跌幅。① 希腊 2020 年 GDP 收缩 8.2%，其中私人消费下降 5.2%，资本形成总额增加 4.9%（见表 1、表 2、表 4）。

二、各国经济结构中农业贡献率逐年下降，2020 年农业贡献率凸显

从行业上分析，2016—2019 年农业对大部分国家 GDP 的贡献在逐年下降，基本保持在 10% 以内，甚至在某些国家出现农业负增长（见表 9）。希腊农业贡献率从 2017 年的 23.7% 下降到 2018 年的 5.9%。希腊 GDP 主要由服务业驱动（见表 11）。由表 9 及表 10 可知，2018—2019 年中东欧国家 GDP 主要由服务业及工业推动，如旅游业、工业、建筑业等。服务业对经济增长贡献最大。以爱沙尼亚为例，近年来服务业份额持续增长，2019 年达到最高水平，占 GDP 的 72%，农业占 3%（贡献率分别为 81% 和 10.2%，见表 9 和表 11）。②

表9 中东欧国家农业对 GDP 贡献率（%）③

年份	2009	2010	2011	2012	2013	2014	2015	2016	2017	2018	2019
阿尔巴尼亚	10.0	35.7	33.7	69.8	21.6	21.1	6.6	11.6	4.1	5.2	10.7
爱沙尼亚	3.5	9.0	3.1	1.5	-10.1	10.6	4.2	-27.0	1.6	-0.5	10.2
保加利亚	14.4	-109.5	11.6	-145.7	45.6	16.1	-9.1	8.1	10.7	-2.9	4.5
北马其顿	-77.9	-42.5	7.0	310.4	21.8	6.7	3.8	-1.0	-85.5	17.5	7.2
波黑	4.4	-37.1	-1.3	108.1	40.4	-75.2	17.5	15.1	-34.7	13.8	-1.9
波兰	10.1	-5.4	1.1	-14.7	14.5	0.5	-5.1	2.0	1.0	-3.4	-0.2
黑山	-2.4	-3.9	25.2	37.2	27.3	8.0	4.7	10.2	-5.1	4.7	—
捷克	-8.4	-17.7	2.2	-10.6	10.9	6.3	2.3	3.1	-1.5	3.6	1.2
克罗地亚	2.2	27.1	36.7	32.5	-29.7	458.8	2.9	5.6	-2.4	2.4	1.2
拉脱维亚	-2.6	4.9	-4.9	7.2	4.8	4.0	12.5	-20.9	4.2	1.4	17.9
立陶宛	-0.3	-15.7	3.6	10.3	-3.1	3.7	8.0	-5.2	-0.0	-8.8	4.5
罗马尼亚	2.4	23.7	70.5	-87.8	48.5	9.7	-19.3	5.0	11.7	14.9	-5.1
塞尔维亚	-1.9	-3.5	3.0	162.7	39.6	-7.9	7.3	16.6	-38.3	21.0	0.0
斯洛伐克	1.2	-7.0	16.2	2.7	82.0	25.7	-10.0	12.1	-9.6	5.9	12.0

---

① 数据来自中国驻希腊领事馆经济商务处，http://gr.mofcom.gov.cn/article/jmxw/202012/20201203021515.shtml；http://gr.mofcom.gov.cn/article/jmxw/202009/20200902999605.shtml。

② 数据来自中国驻爱沙尼亚领事馆经济商务处，http://ee.mofcom.gov.cn/article/jmxw/202012/20201203022788.shtml。

③ 数据基于不变价本币。

续表9

年份	2009	2010	2011	2012	2013	2014	2015	2016	2017	2018	2019
斯洛文尼亚	2.3	3.3	11.7	5.5	1.8	1.4	11.2	0.4	-1.1	5.7	-4.0
希腊	-2.7	-2.2	0.7	-4.5	7.9	40.2	1.4	123.9	23.7	5.9	-3.7
匈牙利	7.9	-153.2	31.4	59.0	23.4	12.8	-0.2	21.8	-6.5	3.6	-0.2

[数据来源：根据世界银行农业增加值及GDP数据计算得出，基于不变价本币；其中农业指ISIC 01-05项，参见：https://data.worldbank.org/。]

表10 中东欧国家工业对GDP贡献率（%）①

年份	2009	2010	2011	2012	2013	2014	2015	2016	2017	2018	2019
阿尔巴尼亚	13.9	28.5	22.2	-107.9	57.2	-44.2	25.8	12.8	10.3	52.5	0.9
爱沙尼亚	38.1	84.8	46.0	21.1	32.9	21.9	3.2	46.0	36.0	46.6	-11.5
保加利亚	33.5	-345.3	52.5	108.8	12.5	32.4	20.2	31.1	23.7	-8.3	18.7
北马其顿	-251.6	44.7	169.3	250.2	56.6	53.6	38.4	-24.6	32.3	-25.7	26.2
波黑	34.9	48.6	-7.5	86.9	35.8	36.7	27.1	33.8	55.4	27.0	-1.4
波兰	27.0	58.4	54.2	18.5	-13.7	49.7	34.8	7.1	21.2	36.9	28.0
黑山	51.7	23.3	0.2	48.8	35.1	2.7	9.4	61.6	35.3	54.1	—
捷克	76.1	88.9	86.1	127.3	263.6	57.8	26.6	15.2	56.4	16.9	16.4
克罗地亚	36.5	144.9	168.2	67.3	67.0	-357.4	20.5	31.3	12.7	3.5	16.6
拉脱维亚	38.9	29.5	31.6	15.4	-7.8	-2.5	14.2	-13.3	36.0	22.1	13.9
立陶宛	47.4	63.9	43.5	12.1	34.1	43.5	15.4	9.1	32.9	32.4	29.2
罗马尼亚	27.5	41.0	-34.9	-206.1	33.0	34.9	43.6	42.3	20.6	23.1	15.5
塞尔维亚	99.2	-28.7	65.3	-25.4	27.4	113.7	82.4	32.3	41.8	16.8	33.4
斯洛伐克	70.5	55.4	52.9	29.7	-258.9	138.6	39.9	-15.2	30.3	44.8	12.2
斯洛文尼亚	58.1	-4.7	4.3	35.5	54.1	49.6	11.7	30.0	45.4	30.0	36.5
希腊	1.7	43.8	15.6	13.4	20.1	-112.5	111.6	-445.7	31.0	21.6	11.8
匈牙利	51.1	199.6	-0.9	38.1	-15.9	39.0	51.0	-5.2	31.4	15.2	38.9

[数据来源：根据世界银行工业增加值及GDP数据计算得出，基于不变价本币；其中工业指ISIC 10-45项，含制造业、建筑业等，参见：https://data.worldbank.org/。]

表11 中东欧国家服务业对GDP贡献率（%）②

年份	2009	2010	2011	2012	2013	2014	2015	2016	2017	2018	2019
阿尔巴尼亚	91.8	30.6	52.5	99.7	13.8	124.2	57.4	59.3	73.9	32.6	71.0

---

① 数据基于不变价本币。
② 数据基于不变价本币。

续表 11

年份	2009	2010	2011	2012	2013	2014	2015	2016	2017	2018	2019
爱沙尼亚	48.4	37.4	40.6	52.3	50.8	48.4	71.6	50.2	62.9	47.7	81.0
保加利亚	-18.4	649.2	40.4	-62.4	-126.4	51.0	64.2	40.8	68.5	109.2	54.3
北马其顿	558.7	81.4	-113.4	-446.1	49.6	57.3	69.5	91.7	165.6	55.6	44.4
波黑	30.2	76.3	105.1	-160.2	10.6	124.6	42.1	36.1	63.0	44.9	87.8
波兰	58.0	27.6	32.5	90.2	86.4	40.8	56.7	79.1	63.6	58.6	58.8
黑山	14.0	45.7	87.9	-9.5	34.4	77.7	76.6	24.8	63.9	49.8	—
捷克	34.0	40.2	12.9	-22.0	-183.2	48.5	51.7	69.5	32.7	73.9	68.1
克罗地亚	35.7	-45.2	-208.0	27.2	88.8	-150.7	53.5	48.3	57.3	59.9	56.2
拉脱维亚	36.8	70.1	63.0	50.4	68.7	74.3	49.5	89.3	49.3	51.8	68.6
立陶宛	42.9	41.9	42.9	67.7	59.0	42.8	66.6	86.1	57.2	66.4	56.4
罗马尼亚	43.5	53.4	17.5	904.2	-134.5	79.4	80.2	56.9	68.7	56.1	—
塞尔维亚	-29.7	137.1	16.8	-88.1	32.1	-7.1	16.2	43.6	79.9	48.4	52.8
斯洛伐克	12.0	43.4	-1.3	101.5	205.5	-75.7	54.7	95.8	56.4	37.8	57.0
斯洛文尼亚	19.2	93.5	41.5	32.8	2.1	56.0	61.4	57.0	48.0	49.6	52.4
希腊	69.2	49.2	69.8	68.3	44.3	127.7	16.8	794.4	64.0	52.8	35.2
匈牙利	25.1	55.5	56.5	-13.5	104.1	36.7	33.6	71.3	59.1	68.7	49.3

[数据来源：根据世界银行服务业增加值及 GDP 数据计算得出，基于不变价本币；其中服务业指 ISIC 50-99 项，参见：https://data.worldbank.org/。]

2020 年的新冠疫情一定程度上改变了以上格局，农业作为经济的支柱产业之一，其重要性凸显。大多数国家旅游业遭受重创、工业制造业收缩严重，农业则逆势增长。塞尔维亚总理布尔纳比奇指出，2020 年疫情期间充分体现了农业和食品工业的重要性。① 她指出，食品工业的投资对塞尔维亚经济增长至关重要。② 根据爱沙尼亚统计局数据，作为爱沙尼亚第一大产业，2020 年 11 月工业产出同比减少 2%。三大主要工业部门中，制造业萎缩 1%，能源产业萎缩 12%，采矿业增长 2%。③ 2020 年 11 月份，保加利亚工业总产值同比下降 5.0%，环比下降 1.5%。零售额同比下降

---

① 信息来自中国驻塞尔维亚领事馆经济商务处，http://yu.mofcom.gov.cn/article/jmxw/202012/20201203022779.shtml。

② 信息来自中国驻塞尔维亚领事馆经济商务处，http://yu.mofcom.gov.cn/article/jmxw/202006/20200602972172.shtml。

③ 数据来自中国驻爱沙尼亚领事馆经济商务处，http://ee.mofcom.gov.cn/article/jmxw/202101/20210103029074.shtml。

6.4%，环比增长 1.2%。① 11 月商业景气指数环比下降 4.1%。② 截至 9 月底，捷克建筑业发展在欧盟排名第 17 位，同比下降 6.6%，10 月份建筑业加速下滑，降幅升至 10.5%（10 月工业生产止跌回升，同比增长 1.3%，实现了自 2019 年 5 月以来的首次增长，汽车工业是主要驱动力）。③ 2020 年克罗地亚工业产值持续下降。2020 年前 10 个月，拉脱维亚工业产值同比下降 2.9%；④ 2020 年前 9 个月，拉脱维亚建筑业产出增长 2.9%。⑤ 1—11 月，立陶宛不变价工业生产总值同比下降 2.2%。⑥ 1—10 月斯洛伐克建筑业产值下降 13%。⑦ 斯洛文尼亚上半年工业产值同比下降 10.1%。⑧ 匈牙利 1—10 月工业产值同比下降 8.2%。⑨ 相比之下，农业仍保持增长。2020 年 1—9 月波黑农业和食品工业出口同比增长 5.23%。⑩ 2020 年 1—9 月克罗地亚农产品和食品出口同比增长 5%，德国是其最主要的贸易伙伴之一。⑪ 1—11 月，立陶宛农业生产总值同比增长 5.2%。⑫ 前 10 个月，食品等农业出口同比增长 14%。⑬ 2019 年立陶宛农业总产值同比增长 10.4%，为欧盟成员国最高之一，其它增幅较高的国家有爱沙尼亚（16.1%），拉脱维亚（21.1%）。⑭ 2020 年 1—3 季度斯洛伐克农产品和

---

① 数据来自中国驻保加利亚领事馆经济商务处，http://bg.mofcom.gov.cn/article/jmxw/202101/20210103030095.shtml；http://bg.mofcom.gov.cn/article/jmxw/202101/20210103030093.shtml。

② 数据来自中国驻保加利亚领事馆经济商务处，http://bg.mofcom.gov.cn/article/jmxw/202012/20201203019660.shtml。

③ 数据来自中国驻捷克领事馆经济商务处，http://cz.mofcom.gov.cn/article/jmxw/202101/20210103029251.shtml；http://cz.mofcom.gov.cn/article/jmxw/202012/20201203021243.shtml。

④ 数据来自中国驻拉脱维亚领事馆经济商务处，http://lv.mofcom.gov.cn/article/jmxw/202012/20201203027449.shtml。

⑤ 同上。http://lv.mofcom.gov.cn/article/jmxw/202012/20201203024411.shtml。

⑥ 数据来自中国驻立陶宛领事馆经济商务处，http://lt.mofcom.gov.cn/article/jmxw/202012/20201203026778.shtml。

⑦ 数据来自中国驻斯洛伐克领事馆经济商务处，http://sk.mofcom.gov.cn/article/jmxw/202012/20201203023286.shtml。

⑧ 数据来自中国驻斯洛文尼亚领事馆经济商务处，http://si.mofcom.gov.cn/article/jmxw/202008/20200802991844.shtml。

⑨ 数据来自中国驻匈牙利领事馆经济商务处，http://hu.mofcom.gov.cn/article/jmxw/202012/20201203021624.shtml。

⑩ 数据来自中国驻波黑领事馆经济商务处，http://ba.mofcom.gov.cn/article/jmxw/202101/20210103029019.shtml。

⑪ 数据来自中国驻克罗地亚领事馆经济商务处，http://hr.mofcom.gov.cn/article/jmxw/202101/20210103028080.shtml。

⑫ 数据来自中国驻立陶宛领事馆经济商务处，http://lt.mofcom.gov.cn/article/jmxw/202012/20201203023718.shtml。

⑬ 数据来自中国驻立陶宛领事馆经济商务处，http://lt.mofcom.gov.cn/article/jmxw/202011/20201103017115.shtml。

⑭ 数据来自中国驻立陶宛领事馆经济商务处，http://lt.mofcom.gov.cn/article/jmxw/202011/20201103016604.shtml。

食品外贸总额增长3.3%。① 农业对中东欧国家的作用不可忽视,如2018年波兰是欧盟最大的禽肉生产国。② 在2020年的财政预算中,各国纷纷出台政策支持农业。2020年塞尔维亚财政预算中,农业领域获得有史以来最多的资金和补贴,约占财政预算的5.13%。③ 匈牙利政府也通过贷款与补贴等支持农业领域企业。④ 保加利亚政府计划为农业提供8.5亿欧元的专项拨款。⑤

三、区域内各国的人力资本与技术进步持续推动经济增长

决定一国长期经济发展的生产要素包括技术、物质资本、人力资本、自然资源及人口,其中技术、人力资本及物质资本起重要作用。首先,科技进步对经济发展有举足轻重的作用;从表12可知,2018年绝大部分中东欧国家高科技产品服务出口实现了增长。爱沙尼亚高科技出口增长率从2017年的-12.5%上升到2018年的12.0%,希腊更是从2017年的-2.2%跃升到2018年的26.8%。高科技出口的大幅增长一定程度上体现了该国在科技领域取得的进步。2019年部分国家高科技出口出现下滑,如爱沙尼亚、波兰、波黑,其中拉脱维亚更是下降24.1%。今年随着各国对数字经济发展的重视,科技进步对经济的推动作用将不断增大。数字经济是塞尔维亚上一届政府的工作核心之一。塞尔维亚将建成西巴尔干区域最大的数据中心。⑥ 布尔纳比奇总理指出,塞尔维亚经济的复苏将以投资创新经济为基础,未来经济发展的重点之一是数字经济与人工智能。⑦ 捷克政府预计支出24.7亿克朗(约合1亿美元)用于实施2020—2021年数字捷克计划,其首要目标是实现政府数字化服务。⑧ 2020年保加利亚软件行业收入预计仍同比增长10%,对GDP贡献巨大,并有望在未来五年成为

---

① 数据来自中国驻斯洛伐克领事馆经济商务处,http://sk.mofcom.gov.cn/article/jmxw/202012/20201203023279.shtml。

② 数据来自中国驻波兰领事馆经济商务处,http://pl.mofcom.gov.cn/article/jmxw/201904/20190402849470.shtml。

③ 数据来自中国驻塞尔维亚领事馆经济商务处,http://yu.mofcom.gov.cn/article/jmxw/201911/20191102915832.shtml。

④ 数据来自中国驻匈牙利领事馆经济商务处,http://hu.mofcom.gov.cn/article/jmxw/202004/20200402956157.shtml。

⑤ 数据来自中国驻保加利亚领事馆经济商务处,http://bg.mofcom.gov.cn/article/jmxw/202010/20201003009040.shtml。

⑥ 数据来自中国驻塞尔维亚领事馆经济商务处,http://yu.mofcom.gov.cn/article/jmxw/202010/20201003011389.shtml。

⑦ 数据来自中国驻塞尔维亚领事馆经济商务处,http://yu.mofcom.gov.cn/article/jmxw/202011/20201103017266.shtml。

⑧ 数据来自中国驻捷克领事馆经济商务处,http://cz.mofcom.gov.cn/article/jmxw/202006/20200602974959.shtml。

该国经济发展重要引擎。另一方面,数字经济发展之路任重道远,如波兰企业"大数据"技术使用水平仍是欧盟最低的。①

人力资本指劳力的知识、技能及经验,对经济增长同样有着不可或缺的作用。人口受教育水平高一直是中东欧各国的优势。由于人力资本各年间变化不大,这里取2017年为代表(见表13)。各国受过高等教育劳力占总劳力的比重都在70%以上,人力资本指数(最低为0、最高为1)在0.7上下波动,可以看出各国人力资本水平高,有力推动了经济长期增长。与此同时,也应注意到部分国家在吸引国外优秀人才方面的困难,如保加利亚研究机构指出,目前语言障碍和有关信息只有保语版本的情况造成保吸引国外劳动力的障碍。② 物质资本指一国对机械设备、厂房、学校、基础设施等的投资,是经济发展重要因素之一。如表14所示,中东欧各国近三年(2017—2019)固定资本投资持续增长,促进了经济发展。

表12 中东欧国家高科技产品服务出口增长率(%)③

年份	2009	2010	2011	2012	2013	2014	2015	2016	2017	2018	2019
阿尔巴尼亚	—	39.0	-15.5	-15.4	7.8	-81.9	747.0	-38.6	-89.0	-47.1	—
爱沙尼亚	-31.2	86.6	103.3	-7.5	8.1	6.4	-24.2	2.6	-12.5	12.0	-9.8
保加利亚	-6.4	12.9	24.6	-4.1	14.9	-1.6	2.7	15.2	23.3	16.1	—
北马其顿	—	87.3	60.2	-9.7	4.5	6.6	-5.9	-33.2	126.5	25.9	7.9
波黑	-40.4	-10.5	43.2	-24.2	1.7	14.1	6.1	-3.2	145.1	10.8	-3.0
波兰	7.5	24.6	1.2	11.8	27.6	23.4	-1.2	3.0	10.8	15.4	-8.5
黑山	165.2	-48.2	96.2	-41.6	-30.1	60.9	6.6	-56.6	-0.1	-17.3	—
捷克	-15.3	19.6	31.6	-5.2	-3.0	9.0	-7.8	0.1	18.9	21.9	3.8
克罗地亚	-15.4	3.0	-5.0	17.7	9.5	-8.4	0.0	45.9	-30.9	9.6	—
拉脱维亚	-12.6	14.6	47.2	22.6	39.3	22.8	-2.9	-6.8	17.4	23.7	-24.1
立陶宛	-37.9	31.5	25.3	8.1	11.4	9.8	-8.3	2.2	18.1	8.6	—
罗马尼亚	26.9	45.9	16.8	-35.7	0.8	21.6	-0.8	18.4	5.8	19.4	5.4
塞尔维亚	-7.8	5.3	5.4	41.8	-5.1	2.5	-13.0	4.0	-2.3	15.4	—
斯洛伐克	0.3	30.0	23.4	31.1	25.6	3.8	-11.2	0.3	18.2	0.9	—
斯洛文尼亚	-19.2	-5.4	19.1	-0.5	6.3	2.5	-4.1	7.5	4.9	19.1	—
希腊	-14.4	-5.3	8.2	-18.9	-16.5	40.7	-0.5	6.4	-2.2	26.8	1.3
匈牙利	-16.4	11.8	12.8	-23.1	-2.5	-8.5	-6.5	7.1	7.6	6.7	2.2

[数据来源:根据世界银行数据计算得出,美元现价,https://data.worldbank.org/。]

---

① 中国驻波兰领事馆经济商务处,http://pl.mofcom.gov.cn/article/jmxw/201902/20190202835437.shtml。

② 中国驻保加利亚领事馆经济商务处,http://bg.mofcom.gov.cn/article/jmxw/202012/20201203026795.shtml。

③ 根据世界银行数据计算得出,美元现价。

表13 2017年中东欧国家人力资本水平

	人力资本指数（0－1）	受过高等教育劳动力比例（%）
阿尔巴尼亚	0.621	73.30
爱沙尼亚	0.747	81.92
保加利亚	0.676	74.52
北马其顿	0.534	81.35
波黑	0.618	77.48
波兰	0.747	80.14
黑山	0.615	78.40
捷克	0.782	76.20
克罗地亚	0.723	72.26
拉脱维亚	0.724	84.11
立陶宛	0.712	82.75
罗马尼亚	0.601	82.67
塞尔维亚	0.755	71.94
斯洛伐克	0.694	74.01
斯洛文尼亚	0.788	79.70
希腊	0.681	75.91
匈牙利	0.703	72.82

［数据来源：世界银行，参见：https://data.worldbank.org/。］

表14 中东欧国家固定资本形成总额增长率（%）①

年份	2009	2010	2011	2012	2013	2014	2015	2016	2017	2018	2019	2020
阿尔巴尼亚	1.0	－1.9	5.9	－7.9	－2.0	－4.5	3.5	2.4	6.0	2.4	－4.1	－16.7②
爱沙尼亚	－37.2	－2.2	35.6	11.9	1.5	－2.7	－3.2	0.9	12.5	1.7	13.2	—
保加利亚	－17.7	－17.6	－4.4	1.8	0.5	3.5	2.7	－6.6	3.2	5.4	2.2	—
北马其顿	2.7	－4.0	13.3	6.5	3.5	4.0	10.5	9.9	－5.7	－9.9	—	—
波黑	－19.2	－10.9	5.9	2.1	－1.2	11.5	－3.5	2.5	5.8	—	—	—
波兰	－2.7	－0.0	8.8	－1.8	－1.1	10.0	6.1	－8.2	4.0	9.4	7.2	—
黑山	－28.9	－18.5	－7.2	－2.4	10.7	－2.5	11.9	38.4	18.7	14.7	－1.5	—
捷克	－10.1	1.3	0.9	－3.1	－2.5	3.9	10.2	－3.1	3.7	7.6	2.8	－4.8③

① 数据基于不变价本币。
② 2020年数据来自匈牙利统计局，为2020年第一季度增长率。
③ 2020年数据来自捷克统计局，为2020年第二季度同比增长率。

续表14

年份	2009	2010	2011	2012	2013	2014	2015	2016	2017	2018	2019	2020
克罗地亚	-14.4	-15.2	-2.7	-3.3	1.4	-2.8	3.8	6.5	5.1	4.1	7.1	—
拉脱维亚	-34.6	-19.7	23.8	16.1	-5.9	-0.3	-1.2	-8.2	11.3	15.8	3.1	—
立陶宛	-38.9	1.5	20.1	-1.8	8.3	5.7	4.9	3.4	8.2	8.4	7.4	—
罗马尼亚	-33.9	-2.8	6.1	3.1	-5.6	3.3	7.5	-0.2	3.6	-1.2	18.2	—
塞尔维亚	-22.5	-6.5	4.7	13.9	-12.0	-3.4	4.9	5.4	7.3	17.8	16.4	—
斯洛伐克	-19.7	8.1	14.2	-10.1	1.3	2.8	21.6	-9.3	3.5	2.6	6.8	—
斯洛文尼亚	-22.1	-13.4	-4.9	-8.5	3.4	-0.1	-1.2	-3.7	10.4	9.1	3.2	—
希腊	-13.9	-19.3	-20.5	-23.5	-8.4	-4.7	0.7	4.7	9.1	-12.2	4.7	-6.4①
匈牙利	-9.1	-9.5	-1.3	-3.0	9.8	12.3	4.8	-10.6	18.7	17.1	15.3	-2.6②

[数据来源：世界银行，参见：https://data.worldbank.org/。]

四、域内各国持续宽松的财政与货币政策促进经济增长

财政政策与货币政策是影响经济增长的外部因素。由表15可知，2014—2019年中东欧各国货币供给逐年增长，普遍采用宽松的货币政策。另根据世界银行已有数据，中东欧大部分国家实际利率水平不高，甚至出现负利率情况，投资成本不高。

表15 中东欧国家货币供给增长率（％）

	2014	2015	2016	2017	2018	2019
阿尔巴尼亚	4.0	1.8	3.9	0.3	-0.2	—
爱沙尼亚	—	—	—	—	—	—
保加利亚	1.1	8.8	7.6	7.7	8.8	—
北马其顿	8.9	7.7	6.0	4.6	10.8	—
波黑	7.3	8.0	8.3	9.5	9.4	—
波兰	8.2	9.1	9.6	4.7	9.2	—
黑山	—	—	—	—	—	—
捷克	5.9	8.0	6.5	10.4	6.3	—
克罗地亚	0.9	4.7	4.6	3.8	8.3	—
拉脱维亚	—	—	—	—	—	—

---

① 2020年数据来自希腊统计局，为2020年第一季度增长率。
② 2020年数据来自匈牙利统计局，为2020年第一季度增长率。

续表 15

	2014	2015	2016	2017	2018	2019
立陶宛	—	—	—	—	—	—
罗马尼亚	8.3	9.4	9.7	11.4	8.9	—
塞尔维亚	8.7	7.2	9.9	3.6	14.5	—
斯洛伐克	—	—	—	—	—	—
斯洛文尼亚	—	—	—	—	—	—
希腊	—	—	—	—	—	—
匈牙利	2.5	5.7	7.2	7.8	11.8	—

[数据来源：世界银行，参见：https://data.worldbank.org/。]

2020 年新冠疫情的冲击更使各国纷纷出台宽松的财政政策与货币政策。3 月 25 日，阿尔巴尼亚央行宣布将基准利率自 1% 下调至 0.5%。① 阿部长议会通过了提议，决定政府实施 120 亿列克（约 1.05 亿美元）的财政一揽子计划应对疫情。② 爱沙尼亚为东南部小型企业经营者发展项目资助 69 万欧元。③ 保加利亚政府提供 6050 万欧元支持旅游业与运输业，1.56 亿列弗援助中小企业。④ 保加利亚 6、7 月份货币供应量同比增长 9.5%、8.7%。⑤ 除了实施一揽子计划支持疫情期间就业与经济，克罗地亚 2021 年 1 月 1 日起实施的第五轮税收改革中，个人所得税率将从 24% 和 36% 分别降至 20% 和 30%，年营收 750 万库纳以下的企业所得税率将从 12% 降至 10%。⑥ 罗马尼亚央行为商业银行提供 22 亿列伊的流动性。⑦ 塞尔维亚央行将参考利率降低 25 个基点至 1.25%，其经济刺激措施总金额达到 51 亿欧元（合 6083 亿第纳尔），占财

---

① 数据来自中国驻阿尔巴尼亚大使馆经济商务处，http://al.mofcom.gov.cn/article/jmxw/202008/20200802993508.shtml。

② 数据来自中国驻阿尔巴尼亚大使馆经济商务处，http://al.mofcom.gov.cn/article/jmxw/202008/20200802993507.shtml。

③ 数据来自中国驻爱沙尼亚大使馆经济商务处，http://ee.mofcom.gov.cn/article/jmxw/202012/20201203024644.shtml。

④ 数据来自中国驻保加利亚大使馆经济商务处，http://bg.mofcom.gov.cn/article/jmxw/202101/20210103031295.shtml；http://bg.mofcom.gov.cn/article/jmxw/202012/20201203023698.shtml。

⑤ 数据来自中国驻保加利亚大使馆经济商务处，http://bg.mofcom.gov.cn/article/jmxw/202008/20200802995999.shtml。

⑥ 数据来自中国驻克罗地亚大使馆经济商务处，http://hr.mofcom.gov.cn/article/jmxw/202004/20200402950847.shtml；http://hr.mofcom.gov.cn/article/jmxw/202101/20210103030150.shtml。

⑦ 数据来自中国驻罗马尼亚大使馆经济商务处，http://ro.mofcom.gov.cn/article/jmxw/202101/20210103030488.shtml。

政预算的 50%，占 GDP 的 11%。① 2020 年 7 月，匈牙利央行下调基准利率至 0.6%，而此前，基准利率自 2016 年 5 月以来一直维持在 0.9% 的水平。②

另一方面，宽松的财政政策加大了预算压力。截至 2020 年 9 月底，保加利亚外债占 GDP 的 66.8%（2019 年底为 57.4%）。③ 2019 年捷克债务占 GDP 的 29%，是欧洲负债最少的国家之一；2020 年捷财政赤字是自 1993 年以来最严重的一年。④ 克罗地亚 2020 年 8 月末外债总额较 2019 年底增长 0.5%，RBA 银行预测克罗地亚 2020 年底外债总额将超过 GDP 的 85%。⑤ 上半年合并预算赤字占 GDP 的 4.9%，赤字扩大。⑥ 1—10 月立陶宛中央政府部门赤字 29.9 亿欧元（去年同期盈余 3.522 亿欧元）。⑦ 截至 7 月底，塞尔维亚的公共债务占 GDP 的 56.7%。⑧ 截至 11 月底，斯洛伐克国家预算赤字 52.4 亿欧元，增长 189.3%。⑨ 1 至 10 月希腊财政赤字 134.42 亿欧元，相比起赤字 9.87 亿欧元的预算目标差距巨大，去年同期实现盈余 9.06 亿欧元等等⑩。

纵观中东欧各国，2018 年 GDP 增长率提高，人均实际 GDP 增速高于 2017 年。2019 年部分国家 GDP 增长放缓。消费与投资是拉动 GDP 增长的主要动力。大部分国家出现贸易逆差。2020 年年初的新冠疫情对各国经济造成较大冲击，第二、三季度 GDP 增长为负。由于外部需求收缩，加上国内因防疫需要停工停业、资本形成总额出现下降；国内私人消费也出现不同程度下降，家庭负债增加是原因之一。近年来工业（包含制造业）与服务业是 GDP 增长的主要来源，农业对 GDP 的贡献较小。但

---

① 数据来自中国驻塞尔维亚大使馆经济商务处，http://yu.mofcom.gov.cn/article/jmxw/202006/20200602973462.shtml；http://yu.mofcom.gov.cn/article/jmxw/202004/20200402951418.shtml。

② 数据来自中国驻匈牙利大使馆经济商务处，http://hu.mofcom.gov.cn/article/jmxw/202008/20200802995863.shtml。

③ 数据来自中国驻保加利亚大使馆经济商务处，http://bg.mofcom.gov.cn/article/jmxw/202012/20201203019658.shtml。

④ 数据来自中国驻捷克大使馆经济商务处，http://cz.mofcom.gov.cn/article/jmxw/202002/20200202936298.shtml；http://cz.mofcom.gov.cn/article/jmxw/202101/20210103029252.shtml。

⑤ 数据来自中国驻克罗地亚大使馆经济商务处，http://hr.mofcom.gov.cn/article/jmxw/202101/20210103030154.shtml。

⑥ 数据来自中国驻克罗地亚大使馆经济商务处，http://hr.mofcom.gov.cn/article/jmxw/202009/20200903002032.shtml。

⑦ 数据来自中国驻立陶宛大使馆经济商务处，http://lt.mofcom.gov.cn/article/jmxw/202012/20201203019665.shtml。

⑧ 数据来自中国驻塞尔维亚大使馆经济商务处，http://yu.mofcom.gov.cn/article/jmxw/202009/20200902999243.shtml。

⑨ 数据来自中国驻斯洛伐克大使馆经济商务处，http://sk.mofcom.gov.cn/article/jmxw/202012/20201203023260.shtml。

⑩ 数据来自中国驻希腊大使馆经济商务处，http://gr.mofcom.gov.cn/article/jmxw/202011/20201103016989.shtml。

2020年新冠疫情期间，农业显示出其支撑经济发展的基础性作用，在旅游业、制造业遭受重创的同时，农业逆流增长，对经济的重要性凸显。在影响长期经济增长的生产要素中，中东欧各国人力资本水平较高，随着各国对数字经济越来越重视，科技发展对经济的推动作用将增大。宽松的货币政策与财政政策延缓了经济衰退。

五、2019年区域内各国通货膨胀减缓、2020年部分出现通货紧缩

2019年，中东欧各国通货膨胀率整体呈下降趋势，2019年通胀率平均在2%上下，9个中东欧国家通胀率低于2018年，其余各国如波兰、捷克、匈牙利、保加利亚2019年通胀率高于2018年。欧盟平均通胀率2018年为1.8%，2019年为1.6%。波兰2019年通胀率为2.2%，高于2018年的1.8%。其中与2018年相比，2019年农业商品生产价格指数为109.6（价格上涨9.6%）。2020年上半年物价出现波动，其中四、五、七月份出现物价下降，通胀率最高为一月份，为0.9%，六、七月份通胀率为0.6%和-0.2%。捷克2020年第二季度通货膨胀率为0.3%，其中烟酒与服装行业CPI较上季度分别上涨2.2%；运输、娱乐与通信业CPI分别下降3.3%、1.4%和0.4%。斯洛伐克2020年6月份消费者价格比上月下降0.1%，其中食品与非酒精饮料价格分别下降1.6%和0.9%，医疗（门诊）价格上涨2.1%。匈牙利2020年上半年消费者价格平均同比增长3.4%。2020年6月份食品价格同比增长7.8%；其中猪肉与糖价格分别上涨17.0%和14.2%，燃油价格下降11.6%。根据爱沙尼亚统计局的数据，2020年CPI与2019年平均水平相比下降了0.4%。2020年12月CPI比去年同期下降0.8%，与2020年11月相比保持不变。[①] 爱沙尼亚9、10、11月通缩率为-1.3%，-1.7%，-1.2%，为欧元区通胀率下降最严重、仅次于希腊的国家（欧元区平均通胀率为-0.3%）；欧盟区通胀率为0.3%，0.3%，0.2%；通胀率高的国家有波兰、匈牙利、捷克。[②] 据爱沙尼亚统计局数据，11月份CPI环比增长0.1%，同比下降1.1%，其中产品和服务价格同比分别下降1.2%和0.9%。[③] 11月消费者信心下降，12月零售信心指数下降。[④] 保加利亚9、10月份CPI同比上涨

---

① 数据来自中国驻爱沙尼亚领事馆经济商务处，http://ee.mofcom.gov.cn/article/jmxw/202101/20210103029674.shtml。

② 数据来自中国驻爱沙尼亚领事馆经济商务处，http://ee.mofcom.gov.cn/article/jmxw/202012/20201203024641.shtml；http://ee.mofcom.gov.cn/article/jmxw/202012/20201203021277.shtml；http://ee.mofcom.gov.cn/article/jmxw/202010/20201003008559.shtml。

③ 数据来自中国驻爱沙尼亚领事馆经济商务处，http://ee.mofcom.gov.cn/article/jmxw/202012/20201203020841.shtml。

④ 数据来自中国驻爱沙尼亚领事馆经济商务处，http://ee.mofcom.gov.cn/article/jmxw/202012/20201203021273.shtml；http://ee.mofcom.gov.cn/article/jmxw/202101/20210103028419.shtml。

0.9%、0.8%,10月份通胀率达到2016年以来最低水平。① 捷克CPI自6月份开始增长,8月份CPI同比增长3.3%,环比下降0.1%;10月份CPI同比增长2.9%,环比下降0.3%。② 从表16可知,除了波兰、捷克、阿尔巴尼亚、北马其顿与匈牙利,2020年中东欧国家通货膨胀率普遍下降,部分国家出现通货紧缩。

表16 中东欧国家通货膨胀率(%)

年份	2009	2010	2011	2012	2013	2014	2015	2016	2017	2018	2019	2020
阿尔巴尼亚	2.2	3.6	3.4	2.0	1.9	1.6	1.9	1.3	2.0	2.0	1.4	1.6
爱沙尼亚	-0.1	3.0	5.0	3.9	2.8	-0.1	-0.5	0.1	3.4	3.4	2.3	-0.4
保加利亚	2.8	2.4	4.2	3.0	0.9	-1.4	-0.1	-0.8	2.1	2.8	3.1	1.7
北马其顿	-0.7	1.5	3.9	3.3	2.8	-0.3	-0.3	-0.2	1.4	1.5	0.8	1.2
波黑	-0.4	2.0	3.7	2.1	-0.1	-0.9	-1.0	-1.6	0.8	1.4	0.6	-1.1
波兰	3.8	2.6	4.2	3.6	1.0	0.1	-0.9	-0.7	2.1	1.8	2.2	3.4
黑山	3.5	0.7	3.5	4.1	2.2	-0.7	1.5	-0.3	2.4	2.6	—	-0.3
捷克	1.0	1.5	1.9	3.3	1.4	0.3	0.3	0.7	2.5	2.1	2.8	3.2
克罗地亚	2.4	1.0	2.3	3.4	2.2	-0.2	-0.5	-1.1	1.1	1.5	0.8	—
拉脱维亚	3.5	-1.1	4.4	2.3	-0.0	0.6	0.2	0.1	2.9	2.5	2.8	0.2
立陶宛	4.5	1.3	4.1	3.1	1.0	0.1	-0.9	0.9	3.7	2.7	2.3	1.2
罗马尼亚	5.6	6.1	5.8	3.3	4.0	1.1	-0.6	-1.5	1.3	4.6	3.8	2.6
塞尔维亚	8.1	6.1	11.1	7.3	7.7	2.1	1.4	1.1	3.1	2.0	1.8	1.6
斯洛伐克	1.6	1.0	3.9	3.6	1.4	-0.1	-0.3	-0.5	1.3	2.5	2.7	1.9
斯洛文尼亚	0.8	1.8	1.8	2.6	1.8	0.2	-0.5	-0.1	1.4	1.7	1.6	-0.1
希腊	1.2	4.7	3.3	1.5	-0.9	-1.3	-1.7	-0.8	1.1	0.6	0.3	-1.2
匈牙利	4.2	4.9	3.9	5.7	1.7	-0.2	-0.1	0.4	2.3	2.9	3.3	3.3

[数据来源:世界银行,参见:https://data.worldbank.org/。]

六、2019年各国失业率缓慢下降、2020年失业率显著上升

在失业率方面,自2008年金融危机以后,大多数国家用了5年左右从金融危机的影响中恢复过来。2015—2019年,绝大多数国家失业率与青年失业率逐年下降。

---

① 数据来自中国驻保加利亚领事馆经济商务处,http://bg.mofcom.gov.cn/article/jmxw/202011/20201103016818.shtml。

② 数据来自中国驻捷克领事馆经济商务处,http://cz.mofcom.gov.cn/article/jmxw/202009/20200903001036.shtml; http://cz.mofcom.gov.cn/article/jmxw/202011/20201103014687.shtml。

例如，北马其顿从2008年金融危机以来失业率连续11年下降，拉脱维亚失业率连续9年下降，捷克连续7年、斯洛伐克连续6年、克罗地亚连续6年下降等。此外，劳动力参与率与往年比较，保持相对稳定。进一步分析各行业雇佣劳力情况，可发现服务业就业人数占总就业人数比例最高，且近五年保持在稳定水平。但是，由于2020年全球新冠疫情的冲击，大部分国家失业率出现较明显的上升。

波黑2019年失业率为15.7%，低于2018年的18.4%（见表17，下同）；2020年受新冠疫情冲击，第一季度失业率飙升至36.8%。作为中东欧主要经济体之一的波兰，2019年失业率从2018年的3.8%降至3.3%，但由于新冠疫情，2020年6月份失业率升至6.1%。此外，捷克2019年失业率从2018年的2.2%降至2.0%，2020年第二季度失业率升至2.4%（同比高于2019年第二季度1.9%的失业率水平）；匈牙利2019年失业率从2018年的3.7%降至3.4%，2020年第一季度失业率升至3.7%。

另一方面，北马其顿与希腊2020年失业率在新冠疫情影响之下仍低于2019年。北马其顿2019年失业率下降到17.3%（青年失业率35.6%，见表18，下同），首次低于20%。虽然在中东欧国家中失业率仍然最高，但其2020年第一季度失业率为16.2%，在新冠疫情冲击之下仍保持失业率低于2019年的水平。希腊2020年5月份失业率为17%，略低于2019年的17.3%的水平。2020年第二季度，爱沙尼亚就业率同比下降了3.6%（欧元区和欧盟分别下降3.1%和2.9%），第三季度劳动力参与率为71.8%，失业率为7.7%，就业率为66.3%，就业率同比下降2.7%。① 保加利亚2020年二季度失业率为5.9%，9、10、11月失业率为5.2%、5.1%、4.2%。（10、11月份欧盟失业率分别为7.6%、7.5%，欧元区分别为8.4%、8.3%。）② 波黑2020年就业人数同比下降2.8%。③ 2019年捷克失业率为2%，在欧盟国家中最低；失业率最高的欧盟国家是希腊，为17.3%（欧盟和欧元区平均失业率分别为6.3%和7.5%）。④ 2020年6月拉脱维亚失业率为10.1%，高于欧盟7.1%的平均水平。⑤ 2020年9月拉脱维亚实际失业率为8.1%，环比下降0.5%，同比增长2.3%。⑥ 截至

---

① 数据来自中国驻爱沙尼亚领事馆经济商务处，http://ee.mofcom.gov.cn/article/jmxw/202009/20200902999715.shtml; http://ee.mofcom.gov.cn/article/jmxw/202011/20201103015589.shtml。

② 数据来自中国驻保加利亚领事馆经济商务处，http://bg.mofcom.gov.cn/article/jmxw/202101/20210103030837.shtml; http://bg.mofcom.gov.cn/article/jmxw/202010/20201003005925.shtml。

③ 数据来自中国驻波黑领事馆经济商务处，http://ba.mofcom.gov.cn/article/jmxw/202101/20210103030143.shtml。

④ 数据来自中国驻捷克领事馆经济商务处，http://cz.mofcom.gov.cn/article/jmxw/202012/20201203019914.shtml。

⑤ 数据来自中国驻拉脱维亚领事馆经济商务处，http://lv.mofcom.gov.cn/article/jmxw/202008/20200802994083.shtml。

⑥ 数据来自中国驻拉脱维亚领事馆经济商务处，http://lv.mofcom.gov.cn/article/jmxw/202011/20201103014366.shtml。

2021年1月1日，立陶宛失业率为16.1%，同比上升7.4%，环比上升0.6%。① 2020年8、9、10月斯洛伐克登记失业率分别为7.6%、7.43%、7.35%。② 2020年第三季度斯洛伐克就业率同比下降2.5%。③ 2020年1—11月斯洛文尼亚平均失业人数同比增长14.5%。④ 匈牙利2020年9—11月失业率为4.4%，同比上升0.9%。⑤ 此外，中东欧国家劳动力参与率在2017—2019三年间大致保持平稳小幅增长（见表19）。三大产业就业人数如表20至表22所示，大致显示出农业向工业及服务业转移的趋势。

表17 中东欧国家失业率（%）

年份	2009	2010	2011	2012	2013	2014	2015	2016	2017	2018	2019	2020
阿尔巴尼亚	13.7	14.1	13.5	13.4	15.9	18.1	17.2	15.4	13.6	12.3	11.5	11.9⑥
爱沙尼亚	13.5	16.7	12.3	10.0	8.6	7.4	6.2	6.8	5.8	5.4	4.4	5.0⑦
保加利亚	6.8	10.3	11.3	12.3	12.9	11.4	9.1	7.6	6.2	5.2	4.2	6.0⑧
北马其顿	32.2	32.0	31.4	31.0	29.0	28.0	26.1	23.7	22.4	20.7	17.3	16.2⑨
波黑	24.1	27.3	27.6	28.0	27.5	27.5	27.7	25.4	20.5	18.4	15.7	36.8⑩
波兰	8.2	9.6	9.6	10.1	10.3	9.0	7.5	6.2	4.9	3.8	3.3	6.1⑪
黑山	19.1	19.6	19.7	20.0	19.5	18.0	17.5	17.7	16.1	15.2	15.1	—
捷克	6.7	7.3	6.7	7.0	7.0	6.1	5.0	4.0	2.9	2.2	2.0	2.4⑫

---

① 数据来自中国驻立陶宛领事馆经济商务处，http://lt.mofcom.gov.cn/article/jmxw/202101/20210103031255.shtml。

② 数据来自中国驻斯洛伐克领事馆经济商务处，http://sk.mofcom.gov.cn/article/jmxw/202009/20200903003667.shtml；http://sk.mofcom.gov.cn/article/jmxw/202010/20201003010073.shtml；http://sk.mofcom.gov.cn/article/jmxw/202012/20201203019814.shtml。

③ 数据来自中国驻斯洛伐克领事馆经济商务处，http://sk.mofcom.gov.cn/article/jmxw/202011/20201103015805.shtml。

④ 数据来自中国驻斯洛文尼亚领事馆经济商务处，http://si.mofcom.gov.cn/article/jmxw/202012/20201203023245.shtml。

⑤ 数据来自中国驻匈牙利领事馆经济商务处，http://hu.mofcom.gov.cn/article/jmxw/202101/20210103029034.shtml。

⑥ 2020年数据来自阿尔巴尼亚统计局，为2020年第一季度失业率。

⑦ 2020年数据来自爱沙尼亚统计局，为2020年第一季度失业率。

⑧ 2020年数据来自保加利亚统计局，为2020年第二季度15～64岁人群失业率，2019年第二季度该失业率为4.2%。

⑨ 2020年数据来自北马其顿统计局，为2020年第一季度失业率。

⑩ 2020年数据来自波黑统计局，为2020年一、二、三月份失业率。

⑪ 2020年数据来自波兰统计局，为2020年6月份登记失业率。其中一到六月份登记失业率分别为5.5%、5.5%、5.4%、5.8%、6.0%与6.1%。

⑫ 2020年数据来自捷克统计局，为2020年第二季度失业率，第一季度失业率为2.0%。

续表17

年份	2009	2010	2011	2012	2013	2014	2015	2016	2017	2018	2019	2020
克罗地亚	9.2	11.6	13.7	15.9	17.3	17.3	16.2	13.1	11.2	8.4	6.6	—
拉脱维亚	17.5	19.5	16.2	15.0	11.9	10.8	9.9	9.6	8.7	7.4	6.3	—
立陶宛	13.8	17.8	15.4	13.4	11.8	10.7	9.1	7.9	7.1	6.1	6.3	—
罗马尼亚	6.9	7.0	7.2	6.8	7.1	6.8	6.8	5.9	4.9	4.2	3.9	—
塞尔维亚	16.1	19.2	23.0	24.0	22.2	19.2	17.7	15.3	13.5	12.7	10.4	—
斯洛伐克	12.0	14.4	13.6	14.0	14.2	13.2	11.5	9.7	8.1	6.5	5.8	—
斯洛文尼亚	5.9	7.2	8.2	8.8	10.1	9.7	9.0	8.0	6.6	5.1	4.4	4.6①
希腊	9.6	12.7	17.9	24.4	27.5	26.5	24.9	23.5	21.5	19.3	17.3	17.0②
匈牙利	10.0	11.2	11.0	11.0	10.2	7.7	6.8	5.1	4.2	3.7	3.4	3.7③

[数据来源：世界银行，根据各国统计得出，参见：https://data.worldbank.org/。]

表18 中东欧国家青年失业率（%）

年份	2009	2010	2011	2012	2013	2014	2015	2016	2017	2018	2019	2020
阿尔巴尼亚	27.0	30.5	22.7	29.3	31.2	39.9	40.0	36.6	31.6	28.1	27.0	20.0④
爱沙尼亚	27.4	32.9	22.4	20.9	18.7	15.0	13.1	13.4	12.1	11.8	11.1	—
保加利亚	16.2	21.9	25.0	28.1	28.4	23.8	21.6	17.2	12.9	12.7	8.9	9.7⑤
北马其顿	55.1	53.7	55.3	53.9	51.9	53.1	47.3	48.2	46.7	45.4	35.6	—
波黑	48.7	57.7	57.9	63.1	59.1	62.7	62.3	54.3	45.8	38.8	33.8	—
波兰	20.6	23.7	25.8	26.5	27.3	23.9	20.8	17.7	14.8	11.7	9.9	—
黑山	—	—	36.6	42.2	40.5	35.8	37.6	35.9	31.7	29.4	25.2	—
捷克	16.6	18.3	18.1	19.5	19.0	15.9	12.6	10.5	7.9	6.7	5.6	—
克罗地亚	25.2	32.4	36.7	42.1	50.0	45.5	42.3	31.3	27.4	23.7	16.6	—
拉脱维亚	33.3	36.2	31.0	28.5	23.2	19.6	16.3	17.3	17.0	12.2	12.4	—
立陶宛	29.6	35.7	32.6	26.7	21.9	19.3	16.3	14.5	13.3	11.1	11.9	—
罗马尼亚	20.8	22.1	23.9	22.6	23.7	24.0	21.7	20.6	18.3	16.2	16.8	—
塞尔维亚	41.6	46.3	50.9	51.1	49.4	47.5	43.2	34.9	31.9	29.7	27.5	—

---

① 2020年数据来自斯洛文尼亚统计局，为2020年第一季度失业率。

② 2020年数据来自希腊统计局，为2020年5月份失业率，其中1到5月份失业率分别为16.2%、15.9%、14.5%、15.7%和17.0%。

③ 2020年数据来自匈牙利统计局，为2020年第一季度失业率。

④ 2020年数据来自阿尔巴尼亚统计局，为2020年第一季度15-29岁青年失业率。

⑤ 2020年数据来自保加利亚统计局，为2020年第二季度15-29岁青年失业率，2019年第二季度该失业率为6.9%。

续表18

年份	2009	2010	2011	2012	2013	2014	2015	2016	2017	2018	2019	2020
斯洛伐克	27.3	33.6	33.4	34.0	33.7	29.7	26.5	22.2	18.9	14.9	16.1	—
斯洛文尼亚	13.6	14.7	15.7	20.6	21.6	20.2	16.3	15.2	11.2	8.8	8.1	11.5①
希腊	25.7	33.0	44.7	55.3	58.3	52.4	49.8	47.3	43.6	39.9	35.2	—
匈牙利	26.4	26.4	26.0	28.2	26.6	20.4	17.3	12.9	10.7	10.2	11.4	—

[数据来源:世界银行。根据各国统计得出,青年指15~24岁人群,参见:https://data.worldbank.org/。]

表19 中东欧国家劳动力参与率(%)②

年份	2009	2010	2011	2012	2013	2014	2015	2016	2017	2018	2019	2020
阿尔巴尼亚	62.2	62.1	63.2	64.4	60.5	61.5	64.3	65.1	65.9	66.2	66.5	69.7③
爱沙尼亚	74.2	74.0	74.8	75.0	75.3	75.4	76.8	77.6	78.9	79.1	79.1	—
保加利亚	67.6	66.7	66.0	67.1	68.4	69.0	69.4	68.8	71.5	71.7	71.8	—
北马其顿	63.9	64.2	64.2	63.9	64.8	65.2	64.8	64.4	65.1	65.3	65.5	—
波黑	53.4	54.2	54.1	54.4	55.1	55.5	55.6	55.7	56.0	55.9	56.6	56.9
波兰	64.7	65.6	66.0	66.7	67.2	68.1	68.4	69.1	69.9	70.4	70.6	—
黑山	57.2	57.2	57.2	58.7	58.9	61.4	62.4	63.1	63.4	64.8	65.1	—
捷克	70.0	70.1	70.5	71.5	72.8	73.5	74.1	75.2	76.1	76.8	76.9	—
克罗地亚	65.5	65.1	64.2	63.9	63.7	66.1	66.9	65.6	66.5	66.6	66.8	—
拉脱维亚	73.7	73.2	73.1	74.7	74.2	74.5	75.7	76.5	77.3	78.1	78.1	—
立陶宛	69.6	70.3	71.5	72.0	72.5	73.7	74.1	75.2	76.1	77.5	77.9	—
罗马尼亚	62.8	64.7	63.9	64.7	64.8	65.6	65.9	65.5	67.4	67.9	67.9	—
塞尔维亚	61.0	60.1	60.8	61.6	62.5	62.9	63.2	65.1	66.2	67.4	67.6	—
斯洛伐克	68.4	68.6	68.8	69.2	69.9	70.3	71.0	72.0	72.2	72.5	72.7	—
斯洛文尼亚	71.7	71.8	70.8	70.9	70.8	71.0	71.6	71.5	74.2	75.1	75.2	75④
希腊	67.5	67.8	67.4	67.7	67.8	67.6	68.0	68.3	68.3	68.4	68.2	—
匈牙利	61.2	61.8	62.3	63.5	64.3	66.6	68.4	70.0	71.1	71.9	72.4	—

[数据来源:世界银行,参见:https://data.worldbank.org/。]

---

① 2020年数据来自斯洛文尼亚统计局,为2020年第一季度15~24岁青年失业率。

② 由于各国对劳动力与失业率定义有差异,这里选用国际劳工组织估计的15~64岁劳动力参与率。

③ 数据为阿尔巴尼亚统计局统计的15~64岁第一季度劳动力参与率,其中2018—2019各季度参与率为68.0、68.0、68.3、68.7、69.0、69.8、69.8、69.7。

④ 数据为斯洛文尼亚统计局统计的15~64岁劳动力参与率。

表20 农业就业人数占总就业人数比例（%）

年份	2008	2009	2010	2011	2012	2013	2014	2015	2016	2017	2018	2019
阿尔巴尼亚	44.7	44.1	42.1	45.4	46.0	44.2	42.9	41.4	39.8	38.2	37.3	36.7
爱沙尼亚	3.9	4.1	4.2	4.4	4.5	4.3	3.9	3.9	3.9	3.5	3.3	3.2
保加利亚	7.5	7.1	6.8	6.8	6.4	6.7	7.0	6.9	6.8	7.0	6.6	6.4
北马其顿	18.1	18.5	18.6	18.7	17.3	18.7	18.5	17.9	16.6	16.2	15.7	15.4
波黑	20.6	21.2	19.7	19.6	20.6	18.7	17.1	17.5	18.0	16.8	15.7	15.4
波兰	14.0	13.3	13.1	12.9	12.6	12.0	11.5	11.5	10.6	10.2	9.6	9.2
黑山	7.6	7.0	6.2	5.5	5.3	4.6	5.7	7.7	7.7	7.9	8.0	7.9
捷克	3.2	3.1	3.1	3.0	3.0	3.0	2.7	2.9	2.9	2.8	2.8	2.7
克罗地亚	12.8	13.3	14.3	14.6	12.3	10.8	9.5	9.2	7.6	7.0	6.2	6.0
拉脱维亚	8.0	8.8	8.6	8.9	8.4	8.1	7.5	7.9	7.7	6.9	7.0	6.8
立陶宛	8.1	9.0	8.8	8.5	8.8	8.4	9.2	9.1	8.0	7.8	7.2	6.9
罗马尼亚	28.7	29.1	31.0	29.3	29.7	29.3	28.3	25.6	23.1	22.8	22.3	21.7
塞尔维亚	25.0	23.9	22.3	21.2	21.0	21.3	19.9	19.4	18.6	17.2	15.9	15.5
斯洛伐克	4.0	3.6	3.2	3.1	3.2	3.3	3.5	3.2	2.9	2.7	2.3	2.2
斯洛文尼亚	8.6	9.1	8.8	8.6	8.4	8.5	9.6	7.1	5.0	5.6	5.5	5.2
希腊	11.1	11.7	12.4	12.3	13.0	13.7	13.6	12.9	12.4	12.1	12.3	12.0
匈牙利	4.3	4.6	4.5	4.9	5.1	4.8	4.7	4.9	5.0	5.0	4.8	4.7

［数据来源：世界银行，参见：https://data.worldbank.org/。］

表21 工业就业人数占总就业人数比例（%）

年份	2008	2009	2010	2011	2012	2013	2014	2015	2016	2017	2018	2019
阿尔巴尼亚	17.8	19.9	20.6	18.9	17.3	16.9	17.5	18.6	19.0	19.4	19.8	20.0
爱沙尼亚	35.3	31.4	30.3	32.4	31.1	30.3	30.1	30.7	29.7	30.0	29.6	29.5
保加利亚	36.4	35.2	33.0	31.5	31.3	30.2	30.1	29.9	29.8	29.9	30.1	30.1
北马其顿	31.1	30.4	30.3	30.0	29.9	30.4	30.4	30.5	30.3	30.6	31.4	31.4
波黑	32.5	31.5	30.9	28.9	30.4	30.2	30.0	30.6	31.3	31.7	32.1	32.3
波兰	31.9	31.1	30.3	30.7	30.4	30.5	30.5	30.5	31.4	31.7	31.8	31.9
黑山	18.2	18.1	18.7	19.5	17.9	17.8	17.6	17.5	17.5	17.1	18.9	19.1
捷克	40.5	38.6	38.0	38.5	38.1	37.5	38.0	38.0	38.1	38.1	37.5	37.3

续表21

年份	2008	2009	2010	2011	2012	2013	2014	2015	2016	2017	2018	2019
克罗地亚	30.9	29.0	27.5	28.0	27.9	27.6	27.0	26.7	27.0	26.4	27.4	27.5
拉脱维亚	29.4	24.3	23.1	22.9	23.5	23.9	23.8	23.6	24.1	23.3	23.7	23.7
立陶宛	30.5	26.8	24.6	24.6	25.1	25.5	24.7	25.1	25.1	25.1	25.8	25.9
罗马尼亚	31.6	30.0	28.3	28.6	28.2	28.3	28.9	28.5	29.9	30.1	30.0	30.1
塞尔维亚	26.2	25.3	25.6	26.8	26.5	25.9	24.7	24.5	24.4	25.3	26.9	27.1
斯洛伐克	40.1	37.9	37.1	37.5	37.5	35.8	35.4	36.1	36.5	37.2	36.5	36.3
斯洛文尼亚	35.1	33.2	32.6	31.7	31.0	30.9	32.0	33.3	33.3	33.5		
希腊	22.2	21.1	19.6	17.7	16.5	15.6	15.0	14.9	15.2	15.4	15.2	15.2
匈牙利	32.2	31.2	30.7	30.8	29.8	29.9	30.5	30.3	30.4	31.5	32.4	32.7

[数据来源：世界银行，参见：https://data.worldbank.org/。]

表22 服务业就业人数占总就业人数比例（%）

年份	2008	2009	2010	2011	2012	2013	2014	2015	2016	2017	2018	2019
阿尔巴尼亚	37.6	36.0	37.3	35.7	36.7	38.9	39.6	40.0	41.2	42.4	42.9	43.3
爱沙尼亚	60.8	64.5	65.5	63.2	64.4	65.5	66.0	65.4	66.4	66.5	67.1	67.3
保加利亚	56.1	57.7	60.2	61.8	62.2	63.2	62.9	63.2	63.5	63.1	63.3	63.5
北马其顿	50.8	51.1	51.1	51.3	52.8	50.9	51.2	51.6	53.1	53.0	52.9	53.2
波黑	47.0	47.3	49.4	51.5	49.1	51.0	52.9	51.9	50.8	51.5	52.1	52.4
波兰	54.1	55.6	56.6	56.4	57.0	57.5	58.0	57.9	58.0	58.1	58.6	58.8
黑山	74.2	74.9	75.1	75.0	76.8	77.7	76.8	74.8	74.8	75.0	73.1	73.0
捷克	56.3	58.3	58.3	58.6	58.8	59.5	59.2	59.0	59.0	59.1	59.7	60.0
克罗地亚	56.3	57.7	58.3	57.5	59.8	61.6	63.5	64.1	65.4	66.6	66.3	66.5
拉脱维亚	62.6	66.9	68.3	68.2	68.2	68.0	68.6	68.4	68.2	69.8	69.4	69.5
立陶宛	61.4	64.2	66.6	67.0	66.1	66.1	66.1	65.2	66.9	67.1	67.1	67.2
罗马尼亚	39.7	40.9	40.7	42.2	42.1	42.5	42.7	46.0	47.0	47.1	47.7	48.2
塞尔维亚	48.7	50.8	52.1	52.0	52.6	52.9	55.5	56.1	57.0	57.5	57.2	57.4
斯洛伐克	55.9	58.5	59.7	59.4	59.8	60.9	61.1	60.7	60.6	60.1	61.1	61.6
斯洛文尼亚	56.3	57.7	58.6	59.7	60.6	60.5	59.4	60.9	61.8	61.2	61.2	61.3
希腊	66.6	67.2	68.0	70.0	70.5	70.7	71.5	72.2	72.4	72.5	72.5	72.8
匈牙利	63.5	64.2	64.8	64.3	65.1	65.3	64.8	64.8	64.5	63.4	62.7	62.6

[数据来源：世界银行，参见：https://data.worldbank.org/。]

Analysis of Economic Situation and Development Overview of Countries in the Central and Eastern European Subregion

Huang Yuzhi

[**Abstract**] In recent years, the Central and Eastern European (CEE) subregion has witnessed positive economic development and remarkable economic growth. All countries in this region achieved positive economic growth in 2015 and since then the regional economy as a whole has maintained a steadily upward development, receiving worldwide concern. In 2018, the GDP growth rate of countries in this region increased significantly and their economic growth generally exceeded that of traditionally well-performed Western European countries and the average level of the European Union due to their relatively weak economic base. Differentiation in GDP growth of each country occurred in 2019, as some countries slowed down the growth pace or even stepped back and most countries experienced trade deficits. From 2017 to 2019, GDP growth was mainly driven by consumption and investment. Before 2019, the contribution of agriculture to GDP growth had decreased year by year, while the contribution of industry (construction included) and services increased year by year. During 2017—2019, the overall inflation rate of all countries remained at a healthy level, and inflation rate of most countries dropped in 2019. Besides, there was a slight decline of unemployment rate in this region in 2019, and some countries have seen a continuous decline of unemployment rate since 2009. In 2020, as the COVID-19 pandemic has made a great impact on economy of all countries, GDP growth of the second and third quarter were largely negative. The contribution of consumption and investment to GDP growth was limited and the exports were severely impacted in 2020. Furthermore, unlike the past years, the contribution of agriculture became significantly greater in 2020. Year 2020 saw deflation in some countries and a large rise of unemployment rate in all countries. In the long run, human capital and technical advance are two major factors of production in promoting long-term GDP growth in this region. Moreover, the continuous expansionary fiscal and monetary policy of countries in recent years also boosts economic growth in this region.

[**Key Words**] CEE subregion, economic situation, economic growth, development overview

法国对中国—中东欧次区域合作的认知
——法国主流媒体视角*

夏笑笑**

摘要：中东欧地区是欧盟的重点关注区域之一，中国与中东欧国家建立的合作机制引起欧盟的高度重视。欧盟主要成员国法国，其国内舆论在2019—2020年对中国与中东欧合作加深予以较高关注。本文将总结10家法国主流媒体从2019—2020年对中国—中东欧合作议题相关报道的主要观点，分析法国及法媒的主要态度。总体来看，报道及评论针对热点事件，且打破以往涉华新闻一贯负面论调，出现不少积极评价。媒体关注重点可分为四大部分。首先，中东欧国家欢迎中国投资，信任中国的投资承诺，愿与中国携手合作，是因为不仅在政府基建项目的可持续性上，同时，在旅游、房地产、公共卫生等领域，与中国的合作也给当地带来不少实惠。其次，中国企业逐渐走上国际舞台，多篇文章认为中车集团为"一带一路"增添了活力，以中东欧国家为突破口积极开拓欧洲市场，另外，华为公司在东欧也有一定的地位。再次，法国媒体也十分关注中、俄、美三方在中东欧地区的角力，表示三方均制定以自己为中心的国际规则，三方的战略竞争标志着地缘政治的大回归。最后，由于西方媒体对中国长期存在偏见，法媒也不可避免地对中国—中东欧合作横加指责，认为会导致欧盟内部分裂，并故意在读者心中强化中东欧国家对合作的批评声音。法国主流媒体的反应基本上显示了法国对中国—中东欧合作的态度。这些态度背后的原因，一方面是法国总统马克龙希望法国在国际社会上尤其是在欧盟能够发挥更大的作用，同时认为中国—中东欧的合作会削弱欧盟在欧洲的影响；另一方面，法国对中东欧国家的亲中态度也一直颇有微词，无法完全认同这些国家的价值观。总体来说，法国主流媒体对中国与中东欧合作的态度并不明确。

关键词：法国；中欧关系；地缘政治；"一带一路"

欧盟一直把中东欧地区视为自身战略发展的重点区域之一。欧盟东扩是欧盟会议的主要议题。中东欧与欧盟又具有共同的外交与安全政策，其政治、经济方面的发展备受欧盟关注。因此，中国与中东欧国家建立次区域合作机制牵动欧盟的神经。新冠

---

* 基金项目：2018年度广东省省哲学社会科学"十三五"规划青年项目"法国涉华舆情话语的情绪符号构建"（项目批准号：GD18YWW01）资助。

** 夏笑笑，中山大学艺术学院教师，中山大学"一带一路"研究院研究员。

肺炎疫情暴发后，越来越多的西欧国家，尤其是法国，开始讨论把部分与中国合作的制造业回迁至欧洲大陆，首选地即在中东欧地区。在单边主义与贸易保护主义盛行的当下，这一趋势必将影响中国—中东欧合作的进行，因此，弄清法国舆论如何看待两方合作就显得尤为必要。同时，作为欧盟主要成员国，法国掌握了一定的国际媒体话语权，有能力影响中国在中东欧国家的形象构建，所以了解法国主流媒体①的舆论特征有助于判断未来在欧盟框架下，法国将如何阐述中国—中东欧关系，以便我们预判欧盟在该地区的发展战略，并更有效地做出应对。

一、文献评述与本文思路

（一）文献评述

近年来关于中国与中东欧合作的研究逐渐成为学界热点问题，其研究方向总体可分成三方面：其一，中国与该地区及该地区各国的合作研究。其中有对大变局下"中国—中东欧国家合作"的宏观分析，② 但绝大部分论述探讨的是双方经贸方面的多元及深度合作，③ 兼有在教育、农业、地方层级等其他领域的对接合作。④ 这些研究都指出，虽然中国与中东欧合作存在某些需要注意的问题，如受到外部国家的挑战，个别地区政局不稳，内部各国存在政治、宗教分歧等，但中国—中东欧的合作前景是广阔的，总体趋势向好。其二，从国别研究视角分析不同国家对中国—中东欧次区域合作的看法。世界几个主要大国对中国与中东欧的关系发展都持谨慎态度，如德

---

① 本文所涉法国主流媒体均为法国全国性报纸与周刊：《费加罗报》（*Le Figaro*）、《世界报》（*Le Monde*）、《十字架报》（*La Croix*）、《解放报》（*La Libération*）、《人道报》（*L'Humanité*）、《现时价值周刊》（*Valeurs actuelles*）、《观点周刊》（*Le Point*）、《今日法国报》（*La France d'aujourd'hui*）、《快报》（*L'Express*）、《论坛报》（*La Tribune*）。

② 参见龙静：《中国与中东欧国家关系：发展、挑战及对策》，载《国际问题研究》2014年第5期，第37-50页；孔寒冰、韦冲霄：《中国与中东欧国家"16+1"合作机制的若干问题探讨》，载《社会科学》2017年第11期，第14-23页；刘作奎：《大变局下的"中国—中东欧国家合作"》，载《国际问题研究》2020年第2期，第65-78页。

③ 参见白洁、梁丹旎、王悦：《中国与中东欧国家贸易的竞争互补关系及动态变化》，载《财经科学》2020年第7期，第92-105页；华红娟：《中国与中东欧国家产业深度合作的实现路径研究》，载《区域经济评论》2020年第5期，第114-121页；燕春蓉：《"一带一路"倡议对中国与中东欧服务贸易的影响》，载《商业经济研究》2020年第23期，第144-148页；范越龙：《中国对捷克投资：动因、障碍及建议》，载《北方经济》2020年第9期，第34-37页。

④ 参见马佳妮、周作宇：《"一带一路"倡议下中国与中东欧教育合作：挑战与机遇》，载《中国高教研究》2019年第12期，第65-71页；刘筱、崔延强：《"一带一路"沿线中东欧国家留学生教育现状及中国的对接战略》，载《高等教育研究》2020年第41卷第10期，第101-109页；于敏、龙盾、江立君、张玲玲：《推进"17+1"框架下的中国—中东欧国家农业多元合作》，载《国际经济合作》2020年第5期，第72-79页；臧术美：《"一带一路"背景下中国与中东欧地方合作——一种多层级合作机制探析》，载《社会科学》2020年第1期，第50-62页。

国担忧中东欧及欧洲利益受损,日本采取四大基本政策专门针对中国—中东欧合作机制,俄罗斯和美国也寻找自身优势,力求在能源与军事领域与中东欧地区合作。① 其三,从次区域或国际组织视角分析两方合作②。维特罗夫索娃等关于欧盟的研究提到,中国已在中东欧地区扮演"关键他者"的角色,原因在于欧盟未能实现这一区域各国的期待,从而使其寻求与他者的合作③。张颖和贺亮的研究指出,在中东欧发展的路径这一问题上,中国与欧盟的认识不一致,欧盟国家对华态度也不一致,我国需要思考与欧盟的战略对接方式,以中国—中东欧次区域合作的态度的积极影响改善欧盟的对华态度。④

综上所述,学界对于中国—中东欧合作的研究日趋多元化,也非常具有时效性,但讨论大多集中在双方合作的具体措施及成效,或在国际政治、国际关系视角下世界主流国家及组织对两方合作的分析及影响上。关于国际舆论界如何看待该机制,如何构建中国在中东欧国家的形象的研究并不多见⑤。关于法国这一欧盟主要成员国对中国—中东欧合作的态度的探讨还未见到。

(二) 本文思路

本研究的主要关注对象为2019—2020年法国主流媒体涉及中国—中东欧合作的新闻报道及评论。通过新闻文本,揭示法国舆论对我国在中东欧国家发展全领域合作的看法。因此,本文将在新闻议程设置理论框架下,结合内容分析与观点分析方法,全面呈现两年中法国媒体就中国—中东欧合作议题的报道数量、报道频次、主要观点,针对法国媒体的态度,进一步探讨法国产生这些舆论观点的深层原因,并总结法媒视角下,中国在中东欧地区所扮演的角色,以及欧盟在这一问题中展现出的形象。

---

① 参见朱晓中:《浅谈主要大国在中东欧的利益格局及对16+1合作的影响》,载《区域与全球发展》2017年第1卷第2期,第38－53、155－156页;贺之杲:《美国重返中东欧及其影响》,载《国际问题研究》2020年第2期,第53－64页;任再萍、毕诚:《英国脱欧对"16+1合作"的影响探究》,载《上海经济》2017年第6期,第69－79页;刘作奎:《日本的中东欧政策及对中国"16+1合作"的影响分析》,载《俄罗斯研究》2019年第2期,第180－201页;李文红:《德国对"16+1合作"的若干疑虑探讨》,载《黑河学刊》2019年第3期,第71－76页。

② 参见金玲:《中东欧国家对外经济合作中的欧盟因素分析》,载《欧洲研究》2015年第33卷,第2期,第29－41、6页;刘洪钟、刘昊宇:《中日韩在中东欧地区的贸易竞争与合作:基于出口相似度的分析》,载《日本研究》2018年第4期,第43－54页。

③ 参见 M. 维特罗夫索娃、S. 哈尼施、刘露馨、朱金志:《中国、欧盟和中东欧:一个未满足期待的三角关系?》,载《国际论坛》2019年第21卷第2期,第89－111、158页。

④ 参见张颖、贺亮:《中国—中东欧"17+1"合作中的欧盟因素》,载《区域与全球发展》2020年第4卷第6期,第104－119、159页。

⑤ 参见张莉、张晓旭:《"17+1合作"背景下中东欧国家涉华舆情研究》,载《当代世界》2020年第4期,第22－28页。

二、法国媒体对中国—中东欧合作的报道情况总述

2019—2020年,中国—中东欧国家的合作取得了很大进展,双方友好往来频繁,一些重大项目建成。随着希腊的加入,中国与中东欧次区域的合作模式引起欧盟更多关注,法国作为欧盟主要成员国,对各方合作也给予关注。通过在Europress新闻数据库中对"中国"+"中东欧"、"中国"+"中欧"、"中国"+"东欧"等关键词组合的搜索,10家法国全国性主流媒体2019—2020年共发表353篇相关文章,最终有效文章共62篇。有效文章是指在正文中明确出现关于中国及中东欧国家合作的内容的文章,涉及历史、艺术等其他关系较远的话题则不予统计。在62篇有效文章中,13篇内容以中国与中东欧国家的关系或合作为主题,其余文章均只在某一部分提到这一议题。各媒体报道数量统计及所有媒体报道数量分布分别见表1和图1。

表1 2019—2020年10家法国主流媒体关于中国—中东欧合作主题的报道

媒体	报道数量(篇)
《费加罗报》	23
《世界报》	20
《十字架报》	5
《解放报》	5
《人道报》	2
《现时价值周刊》	2
《观点周刊》	2
《今日法国报》	1
《快报》	1
《论坛报》	1

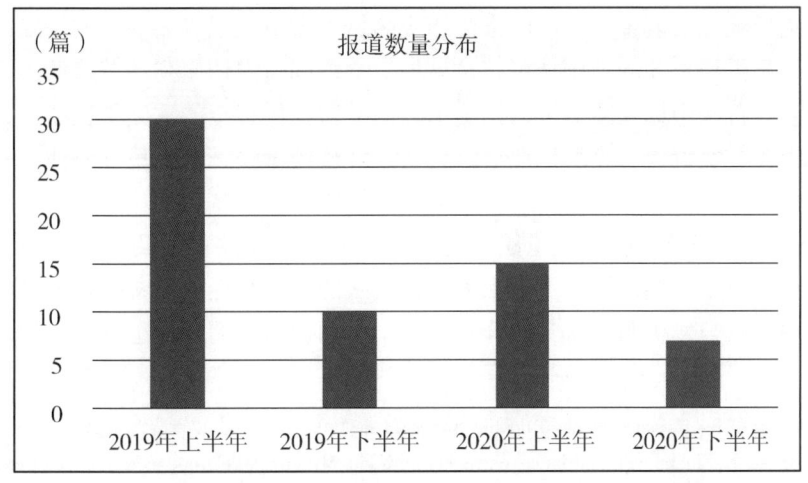

图1 2019—2020年法国十大主流媒体对中国—中东欧关系的报道数量

从报道媒体来看，具有左派、右派或极右派政治倾向，以及具有天主教背景的报刊均对中国—中东欧合作议题进行过报道。主要舆情建构者为法国的两大全国性报纸《费加罗报》及《世界报》，前者为右派报纸，后者有中立偏左倾向。由此可见，中国与中东欧合作是法国各党派都关心的主题。在报道数量分布方面，相关新闻集中出现在2019年上半年，尤其是3至4月。其中重要原因是2019年3月底我国国家主席习近平访问欧洲，与意大利签署关于共同推进"一带一路"建设的谅解备忘录，会见欧盟主席容克、德国总理默克尔、法国总统马克龙。在此期间，中国与意大利合作议题引起了法国媒体对中国—中东欧国家合作的讨论，它们普遍认为意大利加入"一带一路"倡议的决定会给中国货物进入中东欧市场提供便利。另外，2019年4月在克罗地亚举行的第八次中国—中东欧国家领导人会晤，希腊宣布成为中国—中东欧国家合作正式成员也引起了法媒的广泛关注。2020年上半年的报道则侧重中国在新冠肺炎疫情期间对中东欧一些国家的援助。

总体来看，法国主流媒体对中国与中东欧国家合作的报道并不属其常规议题，受热点事件影响较大。全年报道数量并不算多，多数文章不局限于信息性报道，往往伴有实地采访、实例佐证，或基于历史原因与长期观察进行深入分析。综观2019年法国主流媒体的报道与评论，"中国威胁论"的立场基本不变，但法国媒体也承认与中国的合作带给中东欧国家新机遇，中国的企业越来越强大。

三、 法国媒体对中国—中东欧合作的主要观点

（一）中东欧国家欢迎中国投资，愿与中国携手合作

首先，法国多家主流媒体均报道一些中东欧国家重视与中国的合作，信任中国的投资承诺。《世界报》[①]称我国在克罗地亚帮助建造佩列沙茨跨海大桥一事，受到当地舆论支持，认为此项目可以加强克罗地亚国内的民族团结统一。由于地理因素制约，以往克罗地亚人若想去自己国家的历史名城杜布罗夫尼克需穿过波黑境内，但大桥建成后，不需要再穿越他国便可直达该城。文章同时强调佩列沙茨跨海大桥建造项目是中资企业首次中标在欧盟境内实施的、由欧盟提供资金的重大工程项目，并特意引用该项目克方负责人、克罗地亚道路公司总经理约瑟夫·塞克里奇原话，称其他竞标企业显然很让人失望，而中国公司不仅报价低，而且在工作中显示出专业实力。《费加罗报》[②]文章认为我国在道路、铁路和电力领域提供资金及建设的能力深深吸引了中东欧国家，并相信中国—中东欧合作模式的可持续性。该文开篇即指匈牙利欢迎中国—中东欧合作机制，认为该合作宣告了中国向东欧的开放态度，称匈牙利将中

---

① "Balkans: les investissements à double tranchant de la Chine"，载《世界报》2019年4月15日。
② "〈16+1〉, la nouvelle alliance entre l'empire du Milieu et l'Europe centrale et orientale"，载《费加罗报》2019年3月20日。

国描述为世界经济的"稳固之星",捷克总统米洛斯·泽曼也称赞双方合作,把捷克比作中国在欧洲的"桥头堡"。该报评论中东欧次区域国家每年与中国政府首脑会晤,提高了中东欧国家在世界第二大经济体中国国内的知名度。

其次,中国与中东欧地区非国家层面也积极交流合作。《世界报》① 提及克罗地亚卡拉品思克托普利斯市(Krapinske Toplice)与广东中亚置业集团达成协议,后者将在该温泉小城重建主要酒店,帮助其振兴旅游业。该市市长欧内斯特·斯瓦茨认为:"在'一带一路'框架下,中国投资基础设施,这是在全球范围内前所未有的。"同时他还称,虽然自己的城市很小,但是受到中国人的尊重。《费加罗报》报道,2013年以来,希腊政府在房地产领域实行的开放政策使得大批中国人在希腊购置房产,为经历了10年危机的希腊各地注入经济活力。

最后,虽然欧洲多方对中国在希腊的投资颇有微词,认为中国有意向希腊施加影响力,但《费加罗报》② 关于中国在比雷埃夫斯港投资的报道中称,希腊总理基里亚科斯·米佐塔基斯完全不关心"中国威胁论"问题,不拒绝任何人的投资。该报还引述欧洲国际培训中心(CIFE)欧盟—中国项目主任乔治·佐古普洛斯原话:"许多欧洲国家批评希腊在比雷埃夫斯港接纳中国人,但我们必须把事情放在背景中看待。"佐古普洛斯解释,由于遭受经济危机,希腊被迫开始私有化。为了发放贷款,债权国、国际基金货币组织及欧盟都要求希腊出售其公共资产,当比雷埃夫斯港被出售时,唯一对招标作出回应的就是中国中远集团。由此可见,欧洲国家没有理由批评中国。

除上述经贸合作外,在新冠肺炎疫情背景中,《费加罗报》③ 称新冠肺炎疫情带来经济影响,中东欧一些国家感到被欧洲遗忘了。该报引用捷克总统米洛斯·泽曼及塞尔维亚外长发言,称中国是唯一施以援助的国家。而在中东欧迫切需要资金支持的时候,欧盟却在担心中国加强与中东欧次区域合作活动。《世界报》④ 也报道了尽管波兰与美国联系紧密,中国仍在疫情期间表达对波兰的支持,并组织了与中东欧一些国家的卫生专家会议。

(二)中国企业逐渐走上国际舞台,中东欧国家成为其开拓欧洲市场的突破口

《费加罗报》⑤ 与《快报》⑥ 分别在2019年2月和3月的两篇文章中提到中国中

---

① "Balkans: les investissements à double tranchant de la Chine",载《世界报》2019年4月15日。
② "Au Pirée, Xi Jinping renforce son influence en Grèce",载《费加罗报》2019年11月11日。
③ "Le risque amplifié d'une fracture Est-Ouest",载《费加罗报》2020年5月13日。
④ "La générosité très intéressée de la Chine et de la Russie pour l'Italie",载《世界报》2020年3月27日。
⑤ "CRRC, le redouté mastodonte chinois du train, frappe déjà aux portes de l'Europe",载《费加罗报》2019年2月7日。
⑥ "ALSTOM-SIEMENS stoppé, la Chine en embuscade",载《快报》2019年3月6日。

车公司。前者指中车的使命之一是让中国重回世界中心,为"一带一路"增添活力,并把中车形容为火车制造领域的巨擘,铁路建造企业的世界第一,认为其巨大的竞争力迫使法国阿尔斯通与德国西门子寻求结盟。《快报》强调,中车不仅在中国国内的制造能力惊人,而且出口能力也很强,已成功进入美洲市场。但与此同时,中车在欧洲占有的市场份额还很少,2019 年以前只和德国、塞尔维亚及捷克签了一些小体量合同。因此,中车若想扩大其在欧洲的业务,东欧就是其进入欧洲土地的大门。法媒引用一位东欧国家代表的讲话:"中国正全面进入欧洲市场,要想找出哪一领域没有中国人的身影是不太可能的,而欧洲老化的铁路网络给中国中车提供了许多机会。" 2020 年,《世界报》① 在谈及阿尔斯通与西门子的合并问题时,简要介绍了中车公司的发展历程、在欧业务及发展愿景。该报道称,中车全面进入欧洲的前景并不明朗,但如果西门子与阿尔斯通最终无法合并,将很有可能促成庞巴迪公司与中车合作。此外,《费加罗报》② 还提到华为与匈牙利签订 5G 合约。该报认为美国的制裁措施没有给中国电信巨头华为造成很大影响,华为公司营业额依然快速增长,在国内市场、东欧及非洲市场都处在很高的地位。

(三)中俄美三方在中东欧地区角力,地缘政治大回归

法国媒体认为,挑战世界秩序的三个大国——中国、俄罗斯和美国——现在正把它们的影响推向欧洲大陆的中心。三国在中东欧地区基于双边而非多边关系的做法与欧盟的价值观和外交传统相冲突,三方均制定以自己为中心的国际规则,三者的战略竞争标志着地缘政治的大回归。《世界报》③ 认为中国和美国正在进行一场激烈的竞争,以阻止对方主宰世界。这场冲突的舞台之一就是中欧。《现时价值周刊》④ 分析,在美中博弈下,欧洲只是一个行动的舞台。美国利用东欧对俄罗斯的恐惧扩张自身势力,中国则利用这些国家对所谓的"非自由民主"的渴望来提高影响。《费加罗报》⑤ 则对中俄关系发表看法,认为在面对中东欧国家时,中国与俄罗斯位于同等地位,两国之前在该地区不存在相互竞争,而是尽力展开对话。该报评价中国在中东欧地区的策略是谨慎的,带有实验性的,通常先做些小的尝试后再大范围投资当地经济。而俄罗斯人试图制造混乱和分裂,他们在当地搞腐败事件,而不是投资。该报评论员认为中国在中东欧有经济和地缘政治议程,而俄罗斯则试图削弱政府,分裂欧盟,破坏北约;美国也想在东欧寻求发展,以减少东欧对中国及俄罗斯的依赖。

就中东欧国家在这场博弈中的立场而言,法国媒体展示给读者两种不同的倾向。

---

① "Dans l'attente du feu vert de l'autorité européenne de la concurrence",载《世界报》2020 年 2 月 19 日。

② "L'Amérique réinvestit les marges de l'Europe",载《费加罗报》2019 年 3 月 11 日。

③ "L'Europe, champ de bataille sinoaméricain",载《世界报》2019 年 3 月 28 日。

④ "Les routes de la puissance et de l'intimidation",载《现时价值周刊》2019 年 3 月 28 日。

⑤ "L'Amérique réinvestit les marges de l'Europe",载《费加罗报》2019 年 3 月 11 日。

一方面，媒体报道了在慕尼黑的圆桌会议上，东欧国家代表称美国的帮助是机遇，让美国得利比让中国或俄罗斯获利好，并希望西欧也给予类似的帮助。一位克罗地亚部长认为，中东欧国家可借与中国的合作计划刺激美国，使特朗普政策更倾向欧洲大陆。法媒认为美国想要以北约为政治武器在贸易战中对抗中国，这样，中东欧次区域里的亲中国家将很难抵抗美国的施压。另一方面，《费加罗报》①引述一名东欧外交官的话称，中东欧更欢迎新型地缘政治参与者，中东欧国家有时会像匈牙利总理欧尔班·维克托所代表的那样，更喜欢亲近在意识形态上与他们有亲缘关系的国家，报复那些批评或蔑视他们的西欧人。

（四）欧盟担心被分裂，中东欧国家存在批评的声音

西方媒体一向唱衰中国在世界范围内的发展战略，在中国与中东欧国家合作问题上也不例外。其负面观点主要为：

1. 担心中国与中东欧国家的合作伤害欧洲整体利益

几乎所有法国主流媒体都对中国—中东欧在经济领域的合作提出非议，一方面认为欧盟内部不够团结，另一方面又指责中国有意分裂欧洲。对于克罗地亚选择中国企业修建跨海大桥一事，《世界报》②描述看到自己的新成员们向中国打开大门，欧盟产生失望情绪。《十字架报》以《流浪的欧洲》③为题分析中东欧民族主义政府间的联合，将欧洲限制成了一个利益获得体。欧洲本就没有决心对抗美国，现在对中国也是如此。同时，《费加罗报》④称在几年的时间里，中国"渗透"到东欧和中欧，在欧盟内外建立了自己的关系，重新划定了一个更符合中国自身利益的新欧洲的边界。在慕尼黑举行的国际安全会议上，一名欧洲外交官表示："中国在中欧和东欧的影响力已成为欧盟外交政策的一个主题。"

2. 有意引导读者认为中东欧国家含有不满情绪

《世界报》《费加罗报》等故意放大中东欧一些国家的不满，称由于德国猛烈抨击中国—中东欧合作机制，受此影响，一些中东欧国家对中国产生怀疑。报道称其中波兰的失望最大，认为中国在中东欧的计划起步时间太长，推进缓慢。《世界报》⑤还揣测中国利用合作之机，向各个欧洲小国施压，在合作上强加一些条件，制造"债务陷阱"。也有报道指出，罗马尼亚、保加利亚制造业价格低廉，一定程度上冲击了中国的外贸市场。

---

① "L'Amérique réinvestit les marges de l'Europe"，载《费加罗报》2019年3月11日。
② "Balkans：les investissements à double tranchant de la Chine"，载《世界报》2019年4月15日。
③ "L'Europe errante"，载《十字架报》2019年3月13日。
④ "L'Amérique réinvestit les marges de l'Europe"，载《费加罗报》2019年3月11日。
⑤ "Balkans：les investissements à double tranchant de la Chine"，载《世界报》2019年4月15日。

3. 过度解读中国—中东欧次区域合作的政治效应

《世界报》《费加罗报》《解放报》① 等都提到中国可以将其经济影响力用于政治目的,中国在欧洲销售商品也意味着扩大其外交影响力。法媒认为,中国—中东欧合作机制可以使中国逐渐在经济及外交领域增加多个双边关系,从而削弱欧盟规则,建立中国标准,为中国利益服务。不过,《快报》② 承认,在当前形势下,欧盟的立场很难适应如今动荡变化的世界。波兰国际事务研究所(PISM)的中国专家 Justyna Szczudlik③ 虽然有失偏颇地认为中国—中东欧合作机制并没有足够的吸引力,但中国取得了悖论式的成功;对于欧盟来说,这一机制取得了在该地区政治上的成功,并使该地区对中国产生了日益增长的依赖。

四、法国对中国—中东欧合作态度成因

在新冠肺炎疫情暴发前夕,法国总统马克龙在关于防御和威慑战略的讲话中把中国称为一个"战略话题"。《费加罗报》④ 明确称马克龙对中国—中东欧合作机制感到不满,认为中国意图借此分裂欧盟。以马克龙为首的法国抱有此种态度的主要原因源自 2017 年法国大选后,马克龙将"重启欧洲"作为法国外交政策的重点,寄希望于以此重塑以法德合作为基础的欧洲领导权。中东欧国家占据欧盟 26 个席位中的 12 席,法国必须争取到这些国家的支持,才能实现其建立"主权的、团结的和民主的欧洲"⑤ 的雄心。当看到中国向中东欧国家抛出橄榄枝时,法国自然产生疑虑,其原因之一是法国感受到中国日益强大,目睹了我国在中东欧推进的各类项目切实为当地民生带来好处,中国企业也展现出良好的专业素质,在欧洲各类竞标中成为欧洲国家强有力的竞争对手,这就会损害西欧企业巨头,特别是法国大型企业的利益。已有评论⑥称,欧洲必须作为一个政治共同体与中国竞争,尤其是在科技领域,即法德两国须把目光转向 6G 的研发。

法国对中东欧国家的不满也由来已久。部分中东欧国家曾经为苏联加盟共和国,某种程度上有与法国不一样的价值观和治理方式,这些国家至今也无法完全认同法国等西欧国家的意识形态。这种认知差异导致法国对该地区政治存在不信任,甚至体现出保护主义色彩。法德两国多次就民主问题等批评波兰、匈牙利等国。《费加罗报》

---

① "Chine: quand l'Europe se réveillera...",载《解放报》2019 年 3 月 26 日。
② "ALSTOM-SIEMENS stoppé, la Chine en embuscade",载《快报》2019 年 3 月 6 日。
③ "L'Europe face à la Chine, le lent déniaisement",载《世界报》2020 年 6 月 22 日。
④ "Le grand retournement des relations entre l'Europe et la Chine",载《费加罗报》2020 年 4 月 18 日。
⑤ Emmanuel Macron, "Initiative pour l'Europe-Discours d'Emmanuel Macron pour une Europe souveraine, unie, démocratique".
⑥ "Norbert Röttgen Le temps d'une Europe géopolitique est venu: une réponse allemande à Macron",载《世界报》2020 年 3 月 4 日。

称马克龙不喜欢波兰的领导层,其拒绝将北马其顿和阿尔巴尼亚纳入欧盟的举动让东欧国家感到失望,令这些国家认为巴尔干半岛未形成一体化。同时,马克龙称北约已"脑死亡"的言论也给东欧各国不小冲击,虽然其本意是希望中东欧国家更向欧盟靠拢,但有法国战略部门官员称此举可能适得其反,将加强中东欧与美国的双边关系。①

另外,法国的担心也来自中、美、俄三国在中东欧的地缘政治竞争。中美两国紧张关系日益加剧,双方都有可能加强与中东欧地区的利益联系,互相钳制。同时,法国认为,美国已经不再是可靠的伙伴,其天然盟友英国也做出了错误选择。在政治孤独感的笼罩下,马克龙希望能促进与俄罗斯的对话,并且希望欧盟也支持这一主张,但出于历史及地理原因,中东欧国家对俄罗斯的态度仍十分敏感。② 由一系列的现象可以看出,各个大国的战略举措或许会加深中东欧地区自身的分裂及其与欧盟的分裂,这是法国不愿意看到的。

五、结语

2019—2020年法国主流媒体对中国与中东欧合作的态度并不明确。一方面它们突出合作将对欧洲团结产生负面影响,另一方面又认为中国可以帮助中东欧各国振兴经济,为各合作国带来实惠。负面声音源于西方媒体"中国威胁论"的一贯报道立场,同时也体现出法国媒体对未来欧洲统一发展的信心不足。在法媒笔下,不仅有中国"战略性进入"欧洲的"入侵者"形象,更有欧洲面对世界大国力不从心的"抱怨者"形象。中国与中东欧国家的合作使欧盟认识到自身竞争力减弱,自己推崇的意识形态不被广泛接受,内部制定的准则逐渐被打破,而欧盟缺少凝聚力,也无有效手段提升自身影响力,不得不接受现实。正面声音基本上客观反映事实,说明法国媒体普遍对中国国家实力、企业实力持肯定态度,对于民间合作保持乐观。在这种立场下,法媒视中国与中东欧国家合作为推动该地区发展的助推剂,有利于加速建设欧洲相对落后地区,使之有更多机会出现在国际舞台上。因此中国又具有"拯救者""帮助者"的形象。法国媒体似乎也很乐于看到中东欧国家尤其是部分欧盟成员国成为中、俄、美三国博弈的中心地带之一,认为可以利用这点牵制三国。

法国媒体并未从本国利益角度探讨中国—中东欧合作,而基本上是以欧洲、欧盟为视角进行评论,也有声音认为受中国—中东欧合作机制影响最大的国家是德国。总的来说,西方媒体涉华报道的立场倾向不是一时可以改变的,但随着中国与中东欧国家合作成果的逐渐显现,相信未来的报道将会更加客观理性,更有利于中国与欧洲的舆情构建。

---

① "Macron vise l'entente à Varsovie",载《费加罗报》2020年2月3日。
② "L'infructueux《reset》de Macron avec Moscou",载《费加罗报》2020年6月24日。

France's Perception on China-CEE Sub-Region Cooperation: A French Mainstream Media Perspective

Xia Xiaoxiao

[**Abstract**] As the Central and Eastern Europe (CEE) is among the regions of key concern to the European Union (EU), the cooperation mechanism between China and CEE countries has attracted much attention of the EU. In France, a major member of the EU, the public opinion in 2019 – 2020 was centered on the increasingly strengthened China-CEE cooperation. This paper will summarize the main points of ten French mainstream media's reports on China-CEE cooperation issues in 2019 – 2020 and analyze the attitude of France and French media towards the cooperation. On the whole, the reports and commentaries of French mainstream media focused on hot-button issues of China-CEE cooperation and started to express positive opinions instead of keeping a negative attitude towards whatever relevant to China as before. French media's key concerns can be divided into the following four aspects. Firstly, CEE countries welcome China's investment, trust China's investment commitments, and are willing to cooperate with China. This is not only because the government-supported infrastructure projects are sustainable, but also because the cooperation with China in tourism, real estate, public health and other fields has delivered concrete benefits to CEE itself. Secondly, Chinese enterprises have come to the world stage. Many articles believe that China Railway Rolling Stock Corporation adds momentum to the Belt and Road Initiative and actively expands the European market starting from CEE countries. In addition, Huawei also holds a large market share in Eastern Europe. Thirdly, the French media also show great concern for the rivalry among China, Russia and the United States in CEE. The media believe that the three sides have formulated their respective self-centered international rules, and that their mutual strategic competition marks the return of geopolitics. Lastly, due to the long-standing bias of Western media against China, the French media inevitably blame the China-CEE cooperation for its risk of causing the internal division of the EU, and deliberately strengthen the impression in readers' mind that there does exist criticism on such cooperation in CEE countries. The response of the French mainstream media basically demonstrates France's attitude towards China-CEE cooperation. One reason for the attitude is that French President Macron hopes that France can play a greater role in the international community, especially in the EU, and he believes that the China-CEE cooperation would weaken the influence of EU in Europe. Another reason is that France has harbored complaints about the pro-China ideology of CEE countries, and cannot fully recognize the values of these countries. In general, the attitude of French mainstream media towards China-CEE cooperation is not clear.

[**Key Words**] France, China-Europe relations, geopolitics, the Belt and Road Initiative

欧盟主要成员国对中国—中东欧次区域合作的认知

——以德国媒体为例

徐 娴[*]

摘要：德国主流媒体基于历史、政治、经济等多种因素，对中国—中东欧次区域合作给予了持续的高度关注。透过新闻话语分析，可发现其整体特征呈现为：正负观点参半，希望和疑虑同在，乐观与悲观并存。具体观点包括：承认中国—中东欧次区域合作取得巨大进步，为该区域国家、企业和人民带来了巨大的经济利益，使各国在经贸领域尤其是基础设施建设方面得到了长足发展；在战略层面牵制美俄等大国，维持了地区战略平衡；在价值观和精神层面为西方提供了有益的补充，推动了多边合作和互惠共赢理念的传播。与此同时，德国媒体在西方传统偏见影响下，对中国—中东欧次区域合作带来的经济后果和政治影响抱有一定的疑虑，对中欧合作存有一定的冷战思维，认为该合作可能带来长期的经济利益损害和国家对关键领域控制力的削弱乃至分化欧洲、破坏欧盟团结。但总体而言，德国媒体仍然对中国—中东欧次区域合作持务实态度，肯定中方在"一带一路"倡议中体现的合作诚意与贡献，支持"双赢"与"团结"理念。德国媒体从以上观点出发，承认欧洲各国对中国的态度存在难以弥合的分歧，批评各国尤其是本国政府和企业忽视中国带来的机遇和挑战。媒体评论同时呼吁欧洲应团结一致，面对中国的崛起，应做好准备，以新的态度接受"一带一路"倡议的深入发展，以新的视角考量中欧合作前景，尤其是后疫情时代的中欧关系发展新方向。媒体认为，德国作为欧盟创始成员国以及欧洲经济"领头羊"，应当在中国—中东欧次区域合作中发挥更加关键的作用。

关键词：中国—中东欧次区域；中欧关系；"一带一路"

引言

中东欧次区域长期以来都是欧洲政治经济的焦点之一，德国作为欧盟创始成员国之一，也是绝大多数中东欧次区域国家最重要的政治经济合作伙伴。德国将中东欧次

---

[*] 徐娴，中山大学传播与设计学院教师，中山大学"一带一路"研究院助理研究员。

区域国家视为其经济"后院"及势力范围,这一趋势在金融危机后更加明显。① 自 2012 年中国—中东欧次区域国家合作正式启动以来,多边贸易往来和基础设施建设合作逐渐扩大,引起了德国的极大关注。伴随着"一带一路"的推进,中国—中东欧次区域合作规模至 2019 年已达到新的高度,并在新冠肺炎疫情肆虐的 2020 年也取得了新的进展。与此同时,"中国—中东欧"也成为德国舆论界的高频词,包括《世界报》《法兰克福汇报》《德国日报》《明镜周刊》和《南德意志报》在内的主流新闻媒体②针对该问题发表了大量新闻报道和评论,深刻影响着德国社会对中德、中欧关系的看法。德国作为中东欧次区域重要的利益攸关国,其主流舆论在很大程度上也影响着中国—中东欧次区域合作的未来。中国能否理解德国对中国—中东欧次区域关系的看法,能否在这一问题上与利益攸关国处理好彼此关系,不仅事关中方在中东欧地区的利益,也会影响中德乃至中欧关系的走向。鉴于此,本文拟通过话语分析方法,立足德国媒体新闻文本,讨论以德媒为代表的话语生产者对中国—中东欧次区域合作抱有怎样的基本观点和立场,进而探求新闻话语的发展动向和趋势。故本文分为以下三个部分:第一部分介绍德国媒体对中国—中东欧次区域合作的关注现象,并以现有文献为基础,分析此现象产生的原因;第二部分分析德国媒体对中国—中东欧次区域合作的基本认知内容;第三部分分析德国媒体对德国、欧盟和中东欧次区域国家提出的批评与建议,最后尝试对德国舆论对中国—中东欧次区域的关注及其变化进行总结。

一、德国媒体对中国—中东欧次区域合作的关注及其动因

相比欧盟其他主要成员国,德国对中国—中东欧次区域合作长期保持相当高的关注度。德语媒体近三年(2018—2020 年)来围绕该合作发表的报道和评论基本覆盖了中欧政治、经济交往的所有热点事件。如 2019 年第一季度的报道大量集中于 3 月底,即中国与意大利签署关于共同推进"一带一路"建设的谅解备忘录之后。第二季度的关注时段集中在 4 月中旬,即第八次中国—中东欧国家领导人在克罗地亚杜布罗夫尼克举行会晤期间以及 17 项合作协议签署之后,尤其在希腊宣布成为中国—中东欧国家合作正式成员这一时间节点上的讨论非常多。第三季度的报道时间集中在 7 月中旬,即国务委员兼外交部部长王毅访问波兰、斯洛伐克和匈牙利期间。在此之后

---

① 塔马斯·马杜拉、马骏驰:《德国对中国—中东欧次区域国家关系的影响——以斯洛文尼亚和黑山两国为例》,载《欧洲研究》2015 年第 33 卷第 6 期,第 25–28 页。

② 媒体详情可参阅:《世界报》(*Die Welt*,网站:www.welt.de)、《法兰克福汇报》(*Frankfurter Allgemeine Zeitung*,网站:www.faz.net)、《德国日报》(*Die Tageszeitung*,网站:taz.de)、《明镜周刊》(*Der Spiegel*,网站:www.spiegel.de)、《南德意志报》(*Süddeutsche Zeitung*,网站:www.sueddeutsche.de)。

的 8 月至 12 月，中国与中东欧次区域交流活动在数量上出现明显上升趋势，热点事件包括 10 月中旬的第四届中国—中东欧国家创新合作大会、10 月下旬的第五次中国—中东欧国家旅游合作高级别会议、11 月上旬的第二届中国—中东欧中小企业合作论坛和 11 月下旬的中国—中东欧国家高级别金融科技论坛等。2020 年上半年，新冠肺炎疫情席卷欧洲各国，这一时段的德国媒体也对中国在协助中东欧次区域国家抗疫方面付出的努力进行了充分的报道和讨论。除热点事件外，从新闻话语中的地区/国家词频统计也可看出德国媒体在讨论中国—中东欧次区域合作时的侧重点。近两年所有涉及中国—中东欧次区域合作的德语新闻中，"中国"和"北京"一词出现的频次最多（218 次），其次是"德国"和"我国"（139 次），再次是"欧洲"或"欧盟"（125 次），其他包括"美国""波兰"和"东欧"等地区/国家词汇的频次排名则相对靠后，说明德国的关注重点在于中国—中东欧次区域合作对本国以及欧盟的影响，而美国以及该区域内各国的利益则相对处于次要地位。

德国对中国—中东欧次区域合作的关注与德国在该区域的地位和影响力密切相关。近年来，法国深陷国内政治经济泥潭，无暇顾及中东欧，而英国也不断纠缠于脱欧问题，只有德国自中东欧次区域国家转型以来，一直与其保持社会、经济和政治领域的稳定发展。匈牙利学者塔马斯·马杜拉从历史角度指出了原因所在。他认为，首先，"二战"的经历和后果对德国与中东欧国家关系的影响要甚于对德国与其他国家关系的影响，而冷战的影响也使德国将注意力从西方转移到中东欧。① 长期的历史牵绊使德国对世界其他大国涉足中东欧次区域的事务具有较高的敏感性。其次，在地缘政治层面，德国在统一后所处的地理位置决定了它的西欧门户地位，中东欧的政治尤其是安全问题自然成为德国最主要的关注点之一。② 加强在中东欧的存在可以拓展德国自身的安全空间，而中国在被德国视为"后院"的中东欧区域内活动，自然而然会引起德国的警觉。从舆论可见，德国政府高官、智库专家和国际组织官员等社会精英广泛参与媒体讨论，重点关注了中国在中国—中东欧次区域合作中的战略意图和具体措施，尤其是该合作可能对中东欧地区带来的政治影响。

在经济方面，同样出于地理位置因素，德国与中东欧国家的经贸往来较其他欧盟国家也更为紧密。自欧盟东扩以来，德国各政党总体上对与东方邻国的往来持开放态度，使得该国一直都是中东欧各国最重要的出口对象国和外资来源地。③ 加之德国长期保持在欧盟成员国中一枝独秀的经济表现，也使中东欧国家对德国建立了较高的认同和信赖。德国企业如德国电信、斯柯达公司等，都位居中东欧地区规模最大的企业

---

① 塔马斯·马杜拉、马骏驰：《德国对中国—中东欧次区域国家关系的影响——以斯洛文尼亚和黑山两国为例》，载《欧洲研究》2015 年第 33 卷第 6 期，第 25 - 28 页。

② 马骏驰：《法德在中东欧次区域的不同关切对中国—中东欧次区域国家合作的启示》，载《德国研究》2015 年第 30 卷第 4 期，第 37 - 49、141 页。

③ Kiss J. László, "Korlátozott szuverenitás és integráció. A német Európa-politika gyökerei és maidellemmái", *A Tizenötök Európái*: *Közösségi politikák - nemzet I politikák*, Budapest: Osiris Kiadó, 2000, p. 113.

前列。① 经贸利益使德国无法忽视中国"一带一路"倡议为中东欧次区域国家带来的机遇，以及中国企业大举进入当地市场所带来的投资与竞争环境的改变。因此，企业主管尤其是中东欧地区的德企管理者在德国舆论中也扮演了重要的话语生产者角色，话题涉及企业合作、科技合作、商务合作，尤其对中小企业和基础设施建设层面的中德合作讨论颇多，而相比之下，政府和学界则更为关注此类合作为德国和欧盟带来的影响和启示。

二、德国媒体对中国—中东欧次区域合作的基本态度与观点

德国媒体对中国固有的认知框架决定了它对中国—中东欧次区域合作的基本立场。社会学家埃文·戈夫曼认为，人们要了解并参与社会活动，必须首先认识结构化这些活动的框架，框架使我们"分辨、认知、察觉和体验"事物。② 德媒在话语上的组织和编排乃至措辞的选择，根本上是由德国人本身的认知"框架"所限定。德国著名中国专家托马斯·海贝勒将这一"框架"的特征总结为："德国人眼里的中国形象一直游走在理想化和妖魔化两个极端之间。"③ 自冷战结束以来，妖魔化认知逐渐固化，当代"中国威胁论"在以德国为代表的欧洲社会大行其道。因此，德媒习惯于选择性报道，较少从中立角度分析中国尤其是中国政府在中国—中东欧次区域合作中的立场与行为。长期以来，某些极端媒体从各方面肆意攻击中国—中东欧次区域合作，体现出典型的狭隘与偏见。不过，也有相当一部分媒体对中国—中东欧次区域合作抱有肯定态度，认为"双赢"是中德、中欧合作的趋势所在。德媒的基本态度和观点充满矛盾性，主要包括以下两类言论。

第一，肯定中国—中东欧次区域合作在深度和广度上取得的巨大进步，但对此带来的经济后果抱有一定的疑虑。如德国《世界报》曾对"新丝绸之路"进行长篇报道，内容从历史沿革到文化交流、从商品贸易到旅游发展，其覆盖面和评论深度都相当罕见，文章详细探讨了中国—中东欧次区域合作给德国带来的契机，认为德国企业在"建筑业、制造业、服务业、旅游业等各方面都将大有可为"④。《南德意志报》也详细报道了德国汉堡参与中欧铁路运输合作项目的强烈意愿，认为目前中国在中东欧地区的"铁路网络扩展和经济走廊建设是成功的"⑤。《法兰克福汇报》也对中国

---

① Andris Spruds, *Friendship in the Making: Transforming Relation Between Germany and the Baltic-Visegrad Countries*, Riga: Lativian Institute of International Affairs, Friedrich Eber Stiftung, 2012.

② E. Goffman, *Frame Analysis: An Essay on the Organization of Experience*, New York: Harper & Row, 1974.

③ 转引自史安斌、张卓：《2018年德媒"中国热"：动向与动因》，载《青年记者》2019年第4期，第80-83页。

④ "Usbekistan: Wo die alte Seidenstraße wirklich spektakulä ist", *Welt*, 2019/08/28.

⑤ "Wie Schwarzgeld ins Land geschleust wird", *Frankfurter Allgemeine Zeitung*, 2019/10/19.

与白俄罗斯的高科技工业园区合作进行了详细介绍,认为白俄罗斯"很可能成为新丝绸之路的重要枢纽"。① 随着中美关系恶化,德国媒体指出"中国因为与西欧和美国加强了经济脱钩,可能会对东欧增加投资"。② 同时,德国也担忧欧中合作只会带来短期利益,长期而言反而会损害欧洲的优势和地位。这种观点的论据包括:中国企业在欧洲的投资与经营得益于中国国家资金的支持,这将导致欧洲本地企业在竞争中逐渐丧失竞争力;虽然当前中国企业和欧洲企业以合作的姿态和平共处,但不久之后,中国将在经济上"摊牌",届时欧洲企业的优势将不复存在。德国知名智库"全球与区域研究所"主席阿姆里塔·纳利卡曾提出:"西方公司只能在中国获得短期利润","如果这种关系没有得到根本改变,如果多边贸易规则没有得到严格执行,我们将为此付出高昂的代价"。进入数字化时代,"技术和安全性之间的联系越来越紧密,也将使国家与中国市场之间的联系越来越紧密,这使欧洲企业面临更大的风险"。③《世界报》也曾在评论中充满质疑:"北京'新丝绸之路'倡议服务的几乎都是中国人",而"中国人很少兑现自己的承诺"。④ 这种质疑的产生很大程度上是由于德国民众对中德合作缺乏实际、直观的认知。部分媒体曾反驳这些疑虑"目前在企业层面几乎不存在",包括德企在内的多数欧洲企业也认为,"对中国的恐惧是不必要的,中国公司窃取德国技术的指控是完全错误的","即便某项技术归于中国所有,德国也可以从中受益"。⑤ 这些正面评价大多立足于媒体对多家德国企业采访的基础上,体现出真实世界的认知与德国社会一以贯之的妖魔化想象之间的巨大鸿沟。

第二,以冷战思维审视中欧合作,但仍呼吁"双赢"与"团结"。出于上文提及的历史、政治、经济因素,德国对中国—中东欧次区域合作一开始便充满警觉,认为中国已经在中东欧次区域多个国家建立"据点",将透过"一带一路"投资使欧洲部分国家负债累累,最终迫使它们将关键基础设施拱手出让。例如《世界报》多次将中方对意大利里雅斯特和热那亚两大港口的投资视为"中国发动的攻击",将意大利与中国签订的经济协议视为"特洛伊木马",认为中东欧次区域国家已"陷入中国的债务陷阱"⑥;同时称中国试图通过控制东欧地区的基础设施来获取长期政治影响力,以压制美国和欧盟的影响力,确立自己与美国相当的国际大国地位,因此,中国—中东欧次区域合作有可能使欧洲卷入中美之间的大国博弈,给欧洲带来不可预计的风险。2020年疫情期间,部分德国媒体甚至抹黑我国向世界各地派遣医生和设备是"为了偿还它在这些地方欠下的旧债"⑦,暗指中国与中东欧次区域的合作是为了单方

---

① "Belarus: Weißrusslands Geschäftsmodell zerbröselt", *Frankfurter Rundschau*, 2019/10/17.
② "Von Philipp Fritz, Osteuropa steckt in der Virus-Falle", *Welt*, 2019/05/12.
③ "Deutsche Industrie ist 'besonders interessant für Kriminelle'", *Welt*, 2019/07/11.
④ "Chinas Seidenstraße: Was Xi Jinping mit ihr wirklich erreichen will", *Welt*, 2019/04/26.
⑤ "Bitkom: Rekordschäden durch Angriffe auf Unternehmen", *Stern*, 2019/11/06.
⑥ "Umschlag steigt: Dem Hamburger Hafen gelingt die Trendwende", *Welt*, 2019/05/20.
⑦ "Da Das Ende der Überlegenheitsarie", *Taz*, 2020/04/21.

面受益,毫无理由地揣度中国对这些国家存有亏欠之心。针对这些负面言论,我国驻外使领馆进行了严正驳斥,并且得到了德国主流媒体的认可。如《法兰克福汇报》曾长篇引述中国驻德大使吴恳的观点,认同"中国的立场着眼于积极的、有机的扩张,不应成为外国投资者的障碍"。① 《世界报》评论也指中欧之间"团结是常态,竞争也是常态,与其抱怨合作中的不足,不如多解决合作中的问题"。② 《德国日报》也承认,尽管"北京具有显而易见的实力,但到目前为止尚未对欧洲尤其是北约构成实质威胁"。③ 由此可见,德国媒体虽秉持一贯的反华路线,但也深知其话语并非立足于充分的现实依据。通过日渐深入的中国—中东欧次区域合作,经济尚未完全复苏的欧洲可以获得中国资金,从中国的项目中获得丰厚利润。对德国而言,积极投身中国—中东欧次区域合作,和其与这些国家之间的务实合作立场是一致的。

三、德国媒体对德国、欧盟及中东欧国家三方关系的批评与建议

经贸往来可能带来的政治风险,是德国对华"妖魔化"认知框架中的重要一环。因此,在媒体话语中,中国对中东欧次区域经济投资可能产生政治效应,尤其是针对德国、欧盟和美国的政治影响,是德媒对德国、欧盟和中东欧各国及其行政机关提出批评和建议的主要立论预设。德国媒体反复提出,中国对中东欧地区的基础设施建设和能源项目的投入并非慈善行为,而是有计划地以经济利益为诱饵,最终改变世界政治局势和地区战略平衡。如《法兰克福汇报》指出,匈牙利政府2018年没有签署谴责中国人权状况的欧盟文件是"中国将其经济影响力转变为政治影响力的一个例子"。④《世界报》也曾特别举出波兰的例子,认为"在以波兰为代表的东欧,大国的政治博弈特别明显",如何在中美、中欧之间做出选择,将对该国形成一种考验,毕竟"丝绸之路的金桥隐藏着地缘战略利益"。⑤ 在新冠肺炎疫情期间,中国向中东欧国家积极提供抗疫物资也被德媒解读为"口罩外交",认为"中国正通过口罩外交加强其在东欧已经非常强大的影响力","中国与中东欧国家关系的深化不是空谈"。⑥ 与这类言论相反,《法兰克福汇报》驻乌兹别克斯坦记者曾详细报道了"一带一路"

---

① "Chinesisches Unternehmen ToJoy läutet Zeitalter der globalen Sharing Economy ein und eröffnet EMEA East Headquarters", *Frankfurter Rundschau*, 2019/12/04.

② "Von der Leyen riskiert die Wettbewerbsfähigkeit der EU", *Welt*, 2019/08/14.

③ "Nicht als Aggressor brandmarken", *Taz*, 2019/12/04.

④ "Bessere Konjunkturdaten sorgen in Brüssel kaum für Jubel", *Frankfurter Rundschau*, 2019/07/11.

⑤ "Chinas '17 plus 1'-Angriff auf Europa", *Welt*, 2019/08/16.

⑥ Thomas Roser, "Mit Masken zu mehr Einfluss-China nutzt Corona-Krise für mehr Präsenz in Europa", *Frankfurter Rundschau*, 2020/04/09.

倡议在该国的进展，特别提及"中国的钱是用来给当地修路和修复文化遗址的"，①并未对当地政治体制造成太大干涉。但这些来自一线国家的声音在以反华为政治正确的西方舆论中并不引人注目，尤其在新冠肺炎疫情暴发后声势浩大的对华谴责声浪下，更是显得微乎其微。

以政治化的想象为基础，德国媒体时常照搬陈腐的"中国威胁论"，认为中国的挑战属于"扩张"，批评欧洲各国和企业没有意识到中国带来的挑战，呼吁欧洲应该要面对中国做好准备。持这类负面建议的群体大多来自脱离中东欧实地经验的媒体精英、自由评论员以及智库等政府咨询机构的研究员。但也有相当一部分群体认为中国的挑战属于"机遇"，持这一正面看法的人群大多来自企业界，尤其是驻中东欧各国的一线德企。负面言论以《世界报》部分评论员为代表，大多批评德国企业家对中国的投资抱有天真的幼稚态度；《德国日报》也评论称中国虽然具有强大的军事实力，但对欧洲构成的真正威胁来自它"近年来取得的科学技术快速进步"和它的"全球经济战略目标"。②正面言论则如《世界报》曾提出"如果中国和欧盟两大经济体共同努力，那么两者都会是赢家"。③德国企业尤其是高科技企业也在舆论平台上多次发出呼吁，认为中国"存在大量机遇"，批评"德国经济依然是党派政治的角斗场""德国政治对经济存在太多的干预"，阻碍了企业与中国的合作与创新，呼吁欧洲企业界"不能如此封闭"。④《德国日报》也曾对一家驻波兰的德国电动车企业进行长篇专访，宣传该企业在波兰与中国合作的大量成功经验，认为"中国政府的国家项目是全球经济的机遇，而并非一种危险，'丝绸之路'上的企业应在明确游戏规则的情况下，积极参与这一项目"。⑤

在正负参半的舆论氛围里，承认欧洲国家对中国的态度存在难以弥合的分歧，也构成了各大德国媒体评论员共同的观点。他们首先对中东欧国家，尤其是对中国投资表现出极大热情的国家提出批评。《世界报》认为意大利及大量中东欧次区域国家屈从于中国的投资诱惑，擅自加入中国"一带一路"规划，引起其他欧盟国家的极大不满。《法兰克福汇报》《德国日报》等媒体还曾以戏谑的笔法，讽刺中欧峰会上的领导人座次安排已经体现出欧洲国家对中国态度的分歧：意大利、奥地利以及多个中东欧国家对中国"一带一路"倡议持积极态度，因此都迫不及待地派出国家元首和政府首脑参会，占据峰会举办地的前排座位，而来自欧盟其他国家的所谓次要代表，包括伦敦的财政大臣以及巴黎和巴塞罗那的外交部部长，都只能坐在他们身后。总体而言，德国媒体对中东欧多国与欧盟其他国家之间的分歧表现出一致的批判，认为此

---

① "Usbekistan: Wo die alte Seidenstraße wirklich spektakulär ist", *Frankfurter Rundschau*, 2019/08/28.
② "Nicht als Aggressor brandmarken", *Taz*, 2019/12/04.
③ "Europawahl-Wahlhilfe: Die acht wichtigsten Fakten über Europa", *Welt*, 2019/05/26.
④ "Betrugsvorwürfe überschatten Parlamentswahl in Moldau", *AFP* (deutsch), 2019/02/24.
⑤ "Vom Spediteur zum Visionär", *Taz*, 2019/07/20.

举"必将威胁欧盟的生存"。① 不过,部分德国媒体也承认中国体制对中东欧各国的吸引"并非坏事"。② 例如,《世界报》评论指"东欧实际上接受了西方的消费行为和新自由主义,但是它们的体制也需要其他价值观的参与",希望"在经济上成功的中国模式能够与西方的政治精神、人道主义经验联系起来",毕竟"我们只是想致富而已",③ 一语道出了东欧国家在与中国合作中的务实倾向。

针对欧盟,德国媒体反复强调团结一致的重要性,呼吁以新的视角考量中欧合作前景,并且认为德国作为欧盟创始成员国之一,应当在中欧合作中发挥关键作用。例如,《法兰克福汇报》引述中国外交部部长王毅的言论,指"北京在外交政策中高度重视与欧盟的关系"这一观点肯定了欧盟在中欧合作中的重要地位,同时也引用了德国外交大臣海科·马斯的言论,称"如果我们想在明天的世界贸易中发挥作用,就迫切需要建立一个共同的中国战略","欧洲必须为其自身的安全承担更多责任",德国必须扮演起"领头羊"角色,尽全力建设和保护一个强大而自主的欧洲。④《明镜周刊》也指出,"只有布鲁塞尔才能代表欧洲与北京签署双边意向书",只有欧盟才能"以一个声音与北京对话"。⑤《德国日报》也认为"欧洲人相比中国人而言,缺乏明确的战略",迫切需要"共同评估未来与中国经济和技术合作的所有可能"。⑥《极限回声报》称赞默克尔"了解到了中国和俄罗斯对东欧的影响,要与马克龙站在一起"。⑦ 然而,部分媒体呼吁的"团结一致"并非从以上视角出发,而是从政治价值观角度进行讨论。例如,《世界报》评论称,欧洲国家之间"价值观的共同基础正日益受到质疑",必须马上通过加强沟通来达成一致意见,以便快速而可靠地采取共同行动应对中国。大多数德国媒体都同时强调意识形态的重要性,提出中东欧国家都是"政局稳定、人民自由且具有亲欧共识的西方政体国家",这在很大程度上符合德国的地缘政治利益,使得该地区自 1989 年出现权力真空之后重新获得了稳定与安全。⑧ 为了团结中东欧各国、保障该地区乃至整个欧洲的政治、经济和社会安全,德国必须重振自己作为欧盟"规范力量"的作用,保证长期支持上述地区的主流政治力量发展以及公民社会团体和自由媒体的生存。由此可见,中国—中东欧次区域合作并未完全取得欧盟尤其是欧盟主要成员国的信任,意识形态和政治制度等因素对中国加强与中东欧国家的合作乃至中欧合作都造成了一定障碍。

---

① "Kasperskys unscheinbarer Rivale", *Welt*, 2019/07/24.
② "Konjunktur: Deutscher Autoindustrie drohen 'schwierigste Jahre'", *Welt*, 2019/07/29.
③ "Massenproteste in Prag: Schriftstellerin Radka Denemarková im Interview", *Welt*, 2019/06/26.
④ "Nato-Staaten verabschieden trotz Streits gemeinsame Abschlusserklärung", *Frankfurter Rundschau*, 2019/12/04.
⑤ "Sicherheit in Europa: Die Nato ist nur noch ein Schatten", *Spiegel*, 2019/12/14.
⑥ "Die Eröffnung von MGI Latvia bildet die Grundlage für eine LifeScience-Kooperation zwischen China und Europa", *Taz*, 2019/11/29.
⑦ "Welche Chancen das Rettungspaket hat-Zustimmung aus Belgien", *Grenz Echo*, 2020/05/29.
⑧ "Gastkommentar: Behalten wir Osteuropa im Blick", *Welt*, 2019/09/10.

四、结论

德国对中国与中东欧次区域合作的态度与欧盟和其他欧洲大国面对中国与中东欧次区域合作的态度是基本一致的,整体呈现的舆论特征是:正负评论参半,希望和疑虑同在,乐观与悲观并存。

在正面视角中,实用主义和务实立场凸显,说明德国社会普遍对中国国家实力持肯定态度、对企业合作尤为乐观、对中欧合作抱有积极倾向,并且希望德国能够在未来的中欧合作中扮演主导角色。在这种立场下,中国与中东欧次区域国家的合作被视为能够有效促进中欧合作的桥梁。首先是物质层面,双方在平等基础上实现各有所得、互惠互利,尤其促进微观层面特别是双方企业的发展;其次是战略层面,中国—中东欧次区域合作有利于牵制美、俄等大国,维持中东欧地区的战略平衡;再次是价值观层面,中国政治体制能够成为中东欧主流政体的有益补充,为当地政治的健康发展提供有益经验;最后是精神层面,中国—中东欧次区域合作有利于多边合作思想以及共赢理念的建立与传播,能够为世界范围内其他区域的合作提供借鉴。

当然,德国媒体作为西方舆论的重要组成部分,不可避免地对我方存在偏见或某些负面视角。"妖魔化"的当代中国形象始终构成德国社会的认知框架预设,由此产生的刻板化、污名化记叙延续了德国乃至欧盟对中国崛起的一贯态度。这些话语将中国—中东欧次区域合作视为一种针对欧洲的全方位、多层面"进攻":首先,在物质层面,该合作可能造成长期的经济利益损害和国家对关键领域控制力的削弱;其次,在战略层面,可能有损地区政治与经济平衡,且带来一定的社会失序;最后,在价值观层面和精神层面,该合作可能造成西方意识形态危机,不利于欧盟内部团结和欧洲共同体信念。

无论从前、现在还是将来,"中国威胁论"依然是德国社会涉华态度的一项基本立场,多数媒体认为维护这一立场等同于维护自身政体的合理性与合法性,甚至有少数德国媒体不惜以政治立场先行,对既有事实进行切割、拣选和捏造,歪曲中国和中国企业对中东欧次区域合作的真诚态度。然而,必须看到的是,即便中国与中东欧次区域合作会面对各种阻碍乃至挫折,中东欧多国的政府、企业和民众对合作的信心也仍然在逐渐增强。中国企业正在为中东欧乃至欧洲企业树立起越来越多的正面典范,中国政府长期以来对中东欧多国释出的善意尤其是新冠肺炎疫情中的守望相助也都是西方媒体难以否认的事实,而德国舆论必然也会从现实中接收到越来越多的正面反馈,从而从根本上消除"中国威胁论"的残余影响,以开放、共赢的态度接纳中国的合作诚意,这对中国与中东欧地区合作的前景乃至中欧合作的前景来说都是利好的。

European Union Member States' Responses to China-CEE Subregion Cooperation
—A Case Study of German Media

Xu Xian

[**Abstract**] Due to historical, political, economic and other factors, the mainstream media in Germany closely follow the development of the China-CEE (Central Eastern European) subregion cooperation. Analysis of news discourse reveals that the overall characteristics of Germany's responses are as controversial: they have both positive and negative opinions, both expectations and misgivings, and both optimistic and pessimistic attitudes towards the cooperation. They recognize that great progress has been made in China-CEE subregion cooperation, which has brought great economic benefits to the people, enterprises and countries of the region, and enabled CEE countries to make substantial advances in economy and trade, especially in infrastructure construction. They also believe that the cooperation has contained the United States, Russia and other major powers at the strategic level and maintained the regional strategic balance. Besides, they consider that the cooperation has supplemented the Western values and virtues, and promoted the concept of multilateral cooperation and mutual benefit. However, influenced by the traditional prejudice in Western countries, the German media have doubts about the economic and political consequences of China-CEE subregion cooperation and approach China-EU cooperation with Cold War mentality. They believe that the cooperation may lead to long-term damage to their economic interests, weakened national control over key areas, and even the division of Europe. Generally, the German media hold a pragmatic attitude towards China-CEE subregion cooperation. They acknowledge China's sincerity and contribution to the Belt and Road Initiative (BRI), and support the concept of "win-win" and "unity". From the perspectives above, the German media admit that European countries' varying views of China are difficult to reconcile, and they criticize European countries, especially the German government and enterprises, for neglecting the opportunities and challenges brought about by China. Also, media critics urge Europe to get united and prepared for the rise of China by accepting the in-depth development of the BRI with a new attitude and considering the prospects of China-EU cooperation from a new perspective, especially the new direction of the development of China-EU relations in the post-COVID era. The German media believe that Germany, as one of the founding members of the European Union and the European economic leader, should play a more critical role in China-CEE subregion cooperation.

[**Key Words**] China-CEE subregion cooperation, China-EU relations, Belt and Road Initiative

西班牙对中国与中东欧合作态度分析
——智库视角

陈美玲[*]

摘要：西班牙作为南欧大国，对中国—中东欧合作的态度有着与法、德不一样的视角与立场。本文立足于该国重要智库相关报告和文章，通过话语分析得出：一方面，西班牙智库专家对中国—中东欧合作总体论调较为积极并提出了展望，同时认为中国—中东欧合作具有必然性，某种程度上对中国—南欧合作有启示作用。2020年4月出炉的西班牙埃尔卡诺皇家研究所第41次国民调查（BRIE）中显示，中国成为在西班牙国民心中欧盟之外最愿意结盟的第二个国家。该国学者提出，西班牙可以从亚投行得到更多的金融支持来发挥该国的基建优势，同时也可为中国进入欧洲和拉美市场提供桥梁作用。另一方面，该国智库学者对"一带一路"框架下的中国—中东欧次区域合作仍存有疑虑。部分学者认为这是"自下而上"分化欧盟的策略，并表示中国跟美国一样，西班牙除了与之结盟，"别无选择"。基于对西班牙主要智库专家对中国—中东欧合作的态度分析，我们看出，该国尚未把中国看作"系统性对手"，对"一带一路"倡议处于观察期，对双方的合作怀有期待并对可合作领域有深入考量。本文建议加大力度培养一批熟练掌握西语和熟知西语文化的人才，打造针对西班牙、拉美等地区西语国家的外宣策略；增强"五通"的力度与效度，增信释疑，从而减少西班牙及其他欧盟国家对中国与中东欧次区域合作的疑惑。

关键词：西班牙；西班牙智库；中国—中东欧次区域合作

引言

欧盟总体呈现"北强南弱""西强东弱"的特点，因此西班牙作为欧盟的老牌成员国和南欧最大国，与中东欧国家在某些事情的立场上具有一致性，了解该国对中东欧国家的态度以及该国对中国与中东欧合作的态度对我方在欧洲更好地推广"一带一路"倡议有重要意义。关于"西班牙如何看待中国—中东欧合作"的话题，中文文献少之又少，西班牙语的相关文献主要集中在西班牙各大智库。本文基于西班牙埃尔卡诺皇家研究所（Real Instituto Elcano）、巴塞罗那国际事务研究所（Barcelona

---

[*] 陈美玲，中山大学国际翻译学院西班牙语基础教研室负责人、国际项目负责人，"一带一路"研究院副研究员。

Centre for International Affairs，CIDOB)、圣保罗大学欧洲研究所(Instituto de Estudios Europeos de la Universidad San Pablo，IDEE)等著名智库的相关文章，提取出西班牙对于我国与中东欧国家合作的主要观点和相关评论，并形成简要分析和总结。

一、 文献评述与本文思路

(一) 文献评述

对于第三方如何看待中东欧问题及中国—中东欧合作问题，学界一直关注欧盟内部法国、德国这两个核心大国的态度：法国对中东欧采取谨慎、保守的态度，注重中东欧国家自身的改革，强调合作风险；而德国更倾向于从区域性的角度出发，希望加快中东欧次区域的一体化进程，从而为德国的发展提供助力。中国在经贸投资往来、中长期合作等方面可借鉴法、德两国的经验，同时也要处理好与这些中东欧利益攸关者的关系。[①] 除了对欧盟内部这两个核心大国的关注以外，同时也不乏对俄罗斯态度的关注：俄罗斯极力确保在同中东欧地区打交道过程中的经济利益最大化，利用欧洲出现的危机贬损西方民主信誉，降低中东欧国家对西方的需求感，彰显并输出俄治理模式以替代西方治理模式。[②] 第三方国家如中国需要理解好这组关系并对其作出恰当的反应。[③] 然而，尽管我们能找到南欧国家如西班牙就中欧合作议题的不少评论，如西班牙政治家、欧盟外交与安全政策高级代表 Josep Borrell 反复强调面对中国时欧盟战略自主的重要性，[④] 又如埃尔卡诺皇家研究所著名学者 Mario Esteban 和 Miguel Otero Iglesias 认为欧盟视中国为"合作伙伴、竞争者、对手，但不是敌人"，[⑤] 但关于西班牙怎样看待中国—中东欧合作的讨论则非常少。西班牙作为欧盟的老牌成员国和南欧最大国，与中东欧国家在某些事情的立场上具有一致性，了解该国对中东欧国家的态度以及该国对中国与中东欧合作的态度对我方在欧洲更好地推广"一带一路"倡议有重要意义。本文将从西班牙智库的视角浅析该国对中国—中东欧合作的态度，并对"一带一路"框架下中国—中东欧次区域合作、中国—西班牙合作提出建议。

[①] 马骏驰：《法德在中东欧的不同关切对中国—中东欧国家合作的启示》，载《德国研究》2015年第4期(总第116期)，第30卷。

[②] 朱晓中：《浅析近年来俄罗斯影响中东欧国家的两个重要特点》，载《俄罗斯学刊》2017年第6期(总第42期)，第7卷，第5页。

[③] 朱晓中：《浅析近年来俄罗斯影响中东欧国家的两个重要特点》，载《俄罗斯学刊》2017年第6期(总第42期)，第7卷，第6页。

[④] Josep Borrell, "Por qué es importante la autonomía estratégica europea". Real Instituto Elcano, 23 de diciembre de 2020.

[⑤] Mario Esteban, Miguel Otero Iglesia, "El Acuerdo de Inversiones UE-China: un paso en la dirección correcta". Comentario Elcano 8/2021, Real Instituto Elcano, 19 de enero de 2021, p.2.

(二) 本文思路

本文主要基于西班牙著名智库埃尔卡诺皇家研究所、巴塞罗那国际事务研究所、圣保罗大学欧洲研究所等的相关专题报告、相关文章展开分析。首先概括西班牙智库专家对中国—中东欧合作总体论调，然后简述中国—中东欧合作对中国—西班牙合作的启示，接着梳理西班牙学者对"一带一路"框架下中国—中东欧次区域合作的疑虑，最后基于该国主要智库专家对中国—中东欧合作的态度进行总结和展望。

二、西班牙智库与专家对中国—中东欧次区域合作的总体论调

很多西班牙的学者认为，在"一带一路"倡议中最能获益的是中东欧国家，另外包括西班牙在内的南欧各国也能在其中把握发展机遇，获益良多。正如圣保罗大学欧洲研究所国际问题专家 Jerónimo Maillo González-Orús 所说，欧盟大部分国家对"一带一路"保持中立甚至积极的态度，它们更多把一带一路看作是企业的发展机会，而不是地缘威胁。① 其中两类国家最能在倡议中获益：第一类是与中国合作比较紧密中东欧、巴尔干国家；第二类是南欧诸国，除了希腊之外还包括塞浦路斯、马耳他、意大利、西班牙、葡萄牙。同时，该学者还提到，欧洲关于"一带一路"最早的一批研究甚至指出该倡议的主要受益国是比利时、荷兰、斯洛伐克、奥地利、匈牙利、德国、波兰和丹麦。②

(一) 西班牙智库与专家对中国—中东欧次区域合作的积极展望

从西班牙各大智库相关文章看来，该领域专家对中国—中东欧次区域合作平台保持中立甚至积极的态度。在圣保罗大学欧洲研究所《西班牙在"一带一路"中的角色：机遇，挑战和建议》研究报告里，国际问题专家 Amadeo Jensana Tanehashi 认为，中国—中东欧次区域的合作平台完全处于"一带一路"倡议的框架内，并对该合作前景作出了五点积极展望：①改善亚欧之间铁路运输，尤其是货物运输，同时力图改善空运和海运；②为投资项目设立合作基金，以促进金融领域的合作；③建立工业聚集地，提升企业创新；④促进中国与中东欧各国之间的贸易，尤其是中小企业间的贸

---

① Jerónimo Maillo González-Orús, "La Nueva Ruta de la Seda en el Marco de las Relaciones Unión Europea-China", en: José María Beneyto y Enrique Fanjul (Directores). *El Papel De España En La Nueva Ruta De La Seda: Oportunidades, retos, recomendaciones*, Primera edición, Navarra, Thomson Reuters Aranzadi, 2018, p. 210.

② Jerónimo Maillo González-Orús, "La Nueva Ruta de la Seda en el Marco de las Relaciones Unión Europea-China", en: José María Beneyto y Enrique Fanjul (Directores). *El Papel De España En La Nueva Ruta De La Seda: Oportunidades, retos, recomendaciones*, Primera edición, Navarra, Thomson Reuters Aranzadi, 2018, p. 212.

易;⑤通过促进旅游业、组织民间活动、加强文化交流,有助于成员国之间的社会民众交流。①

学者们也普遍认为"一带一路"主要是经济合作倡议,不应过于政治化。西班牙 IESE 商学院荣誉教授 Pedro Nueno 在西班牙《国家报》2020 年 2 月的一篇评论文章中表示,"(在解决经济问题时)不能混淆经济与政治,如果混为一谈,任何一家企业都有可能因为政治原因消失"。②

(二) 西班牙智库与专家认为中国—中东欧次区域合作具有必然性

智库专家大部分认为中国与中东欧国家合作是必然的。因为在经济上双方互相需要,同时,政治上,欧盟在扩容问题上内部声音不一致的现象也间接促进了中东欧与中国的合作。巴塞罗那国际事务研究所东欧问题研究员 Pol Bargués-Pedreny 在 2019 年 2 月一篇题为《塞尔维亚直面未来,欧洲呢?》的文章中提道:一方面,部分欧盟传统成员国对中东欧国家加入欧盟持怀疑态度,右派和民粹分子认为扩容有可能会拖垮欧盟经济。比如,2007 年保加利亚、罗马尼亚以及 2013 年克罗地亚相继加入欧盟,恰逢大环境经济危机,更让人怀疑中东欧国家入欧是否对欧盟有好处。另一方面,中东欧国家也对入欧是否对自身有利表示怀疑。比如克罗地亚入欧 5 年后,由于年轻劳动力外流严重导致人口结构老化、工业凋零,加上沿海城市过度依赖旅游业等一系列问题让该国发展进入瓶颈。欧盟对中东欧各国入欧态度上的摇摆迟疑让中东欧各国变得更"务实"。以塞尔维亚为例,它在欧盟内的德国与欧盟外的俄罗斯、土耳其、中国之间左右逢源,为发展经济更坚定地选择与中国合作是务实主义的表现。③

(三) 西班牙智库专家对中国—西班牙合作的建议

受到中国—中东欧次区域合作平台启发,西班牙学者也希望该国能抓住机遇、在"一带一路"倡议中获益。2020 年 4 月出炉的西班牙埃尔卡诺皇家研究所第 41 次国民调查(BRIE)中显示,中国成为在西班牙国民心中欧盟之外最愿意结盟的第二个国家,仅次于美国之后,排在拉丁美洲地区之前。④ 西班牙国家经济贸易专家 Enrique Fanjul 则提出了几个符合西班牙利益的合作方向。首先是金融方面,西班牙希望取得

---

① Amadeo Jensana Tanehashi, "La Inversión China en Europa y en España", en: José María Beneyto y Enrique Fanjul (Directores). *El Papel De España En La Nueva Ruta De La Seda: Oportunidades, retos, recomendaciones*, Primera edición, Navarra, Thomson Reuters Aranzadi, 2018, p133.

② Carlos Molina, Las razones que han transformado una guerra comercial entre EE UU y China en una batalla tecnológica, *El País*, Madrid, 2020/03/02.

③ Pol Bargués-Pedreny, Jordi Cumplido, "Serbia Mira al Futuro, ¿y Europa?" *Notes Internacionals*, CIDOB, febrero, 2019, 212, pp. 1–4.

④ Carmen González Enríquez, Barómetro del Real Instituto Elcano, Resultados marzo de 2020, 41ª oleada, Real Instituto Elcano, Madrid, abril de 2020, p. 17.

亚投行资金支持，发挥铁路、港口等基础设施建设经验优势。西班牙在"一带一路"建设中可能获得的主要利益在于亚投行未来几年将进行的大量招标项目，而西班牙是铁路、港口等基础设施建设和管理的领导者，因此，西班牙企业希望参与亚投行支持的项目，从而提高其在亚洲大陆的融资可能性。亚投行与亚洲开发银行或世界银行等其他多边金融机构之间的合作也有望为更多的项目提供更多的资金。其次，该专家认为，西班牙可以充当中国企业进入欧洲的跳板。利用人工相对低廉等优势，通过企业回流、近岸外包、离岸外包等方式给中国企业提供进入欧洲其他市场的便利。最后，西班牙可以协助中国更好地进入拉美市场，尤其在通信、银行业、石油开采、咨询与法律服务等领域作为中国和拉美合作的桥梁。①

三、西班牙智库与学者对中国—中东欧次区域合作的疑虑

（一）部分西班牙智库学者认为这是"自下而上"分化欧盟的策略

希腊的比雷埃夫斯港口、贝尔格莱德－布达佩斯火车网络等都是"一带一路"框架下中国—中东欧合作广为人知的初期成果，但圣保罗大学欧洲研究所的 Jerónimo Maillo González-Orús 同时也提醒，对"一带一路"建设在欧洲具体项目的成效还需要时间观察，他对该倡议也始终保持审慎态度。② 中国—中东欧次区域合作同样也面对着一系列怀疑的声音。该学者认为中国在中欧关系的问题上有两个形成对照的举动值得注意。一方面，中国努力强调"一带一路"建设在中欧关系中各层次的作用，在最高领导人层面、外交层面、商业层面、学术论坛和智库层面以及媒体层面上，中国都试图传达这一倡议的重要性，并邀请欧洲国家参与其中；在各种场合提及"新丝绸之路"及其潜力已经成为一种常态。然而，另一方面，在"一带一路"倡议初始阶段中国推迟了向欧盟正式提出倡议的时间，似乎是对欧洲相关机构对该倡议的反应有所顾忌。中国有意识地选择了不使用中国—欧盟这个渠道，而使用双边或多边战略（如中国—中东欧次区域合作）来推动倡议在欧洲的初步被接纳，这也是中国务实主义的又一例证。他认为这种自下而上而不是自上而下的策略会导致欧盟内部的分裂，使各国将自身利益放在首位，这与宏大的"一带一路"倡议本应有的协调性背道而

---

① Enrique Fanjul, "Las relaciones económicas y comerciales entre China y España ante la Nueva Ruta de la Seda", en: José María Beneyto y Enrique Fanjul (Directores). *El Papel De España En La Nueva Ruta De La Seda: Oportunidades, retos, recomendaciones*, Primera edición, Navarra, Thomson Reuters Aranzadi, 2018, pp. 83–93.

② Jerónimo Maillo González-Orús, "La Nueva Ruta de la Seda en el Marco de las Relaciones Unión Europea-China", en: José María Beneyto y Enrique Fanjul (Directores). *El Papel De España En La Nueva Ruta De La Seda: Oportunidades, retos, recomendaciones*, Primera edición, Navarra, Thomson Reuters Aranzadi, 2018, p.212.

驰。不让欧盟参与协调似乎不太合理，因为网络只有联合起来，互联互通才有意义。该学者猜测中国采取这种策略的原因可能是尚拿不准欧盟在"一带一路"倡议中应扮演的角色，也想避免使该倡议从某种程度上被看作是一个整体的项目，由此突出中国在具体项目中的领导性；也有可能是中国想等待该倡议发展到更成熟的阶段再给出正式邀请。同时，他猜测中国担心欧盟委员会等相关机构对其提出质疑和要求，如：提高透明度、保证高质量的治理水平、遵守公开采购等方面的各项规则。①

（二）西班牙学者表示"除了与中国结盟别无选择"

巴塞罗那国际事务研究所的 Pol Bargués-Pedreny 认为，加入欧盟仍然是塞尔维亚等中东欧国家及其大部分人民的首要目标，但同时也存在其他力量对其进行引诱，正如欧盟委员会前主席容克在不同场合所反复提醒的那样。② 这里说的"其他力量"之一，明显指的就是中国以及其主导的中国—中东欧次区域合作。西班牙国内这种对中国的警惕也体现在 2020 年 4 月西班牙埃尔卡诺皇家研究所制作的国民调查（BRIE）报告中。该报告显示，中国在西班牙被认为是该国的第二大威胁，紧跟在中东国家之后，排在美国之前；威胁被认为主要来自"贸易竞争和经济领域的问题"，选择该选项的人远超于其他选项，如："感染疾病（主要指新冠病毒）""非法移民""信息操控""意识形态"等。③ 由此，我们可以看出，西班牙一方面愿意与中国成为盟友，一方面视中国为威胁。然而，这并不矛盾，因为"没有第三个国家能阻止美国和中国给西班牙带来的巨大正面或负面影响，除了与他们结盟，别无选择"。④

四、结语

（一）本文结论

这些智库当中，同时提及中东欧与中国的文献普遍认为中国—中东欧次区域合作属于中国"一带一路"倡议框架内的对话机制，并对中国与中东欧合作总体持积极观望态度。这些观点认为，不仅中东欧国家将在"一带一路"相关合作中受益，包

---

① Jerónimo Maillo González-Orús, "La Nueva Ruta de la Seda en el Marco de las Relaciones Unión Europea-China", en: José María Beneyto y Enrique Fanjul (Directores). *El Papel De España En La Nueva Ruta De La Seda: Oportunidades, retos, recomendaciones*, Primera edición, Navarra, Thomson Reuters Aranzadi, 2018, pp. 206 – 207.

② Pol Bargués-Pedreny, Jordi Cumplido, "Serbia Mira al Futuro, ¿y Europa?" *Notes Internacionals*, CIDOB, No. 212, febrero, 2019, pp. 1 – 4.

③ Carmen González Enríquez, Barómetro del Real Instituto Elcano, Resultados marzo de 2020, 41ª oleada. Real Instituto Elcano, Madrid, abril de 2020, p. 16.

④ Carmen González Enríquez, Barómetro del Real Instituto Elcano, Resultados marzo de 2020, 41ª oleada. Real Instituto Elcano, Madrid, abril de 2020, p. 12.

括西班牙在内的南欧国家也将获益。他们认为应把中国的倡议更多看作是企业的发展机会,某些学者已经敏锐地察觉到在与中国合作的议题上,南欧诸国如西班牙、意大利、葡萄牙等与中东欧国家其实有着可以互相参考效仿的模式。但他们同时也有一定的疑虑,担心欧盟被分化,也认为某些国家与中国结盟一定程度上是不得已而为之。

(二) 启示与展望

基于以上西班牙主要智库专家对中国—中东欧合作的态度分析,可以看出,该国尚未把中国看作是"系统性对手",对"一带一路"倡议处于观察期,对双方的合作怀有期待并对可合作领域有深入的考量,对中国的警惕主要集中在经济贸易方面。同时,我们可以观察到西班牙对我国的这种警惕也源于意识、制度、文化方面的巨大差异,我们应该加大力度培养一批熟练掌握西语和熟知西语文化的人才,打造针对西班牙、拉美等地区西语国家的外宣策略,用当地语言、依本土思路来输出中国话语和中国叙事体系。另外,我们应当参照中国—中东欧次区域合作,尽快跟西班牙等南欧国家建立畅通有效的合作方式,巩固原有成果、挖掘未来可能性。往后我们也应该针对引起疑惑和猜测的话题以各种渠道或平台与欧盟以及欧洲各国同时积极进行沟通交流,增信释疑。同时,在民粹主义抬头、全球化不断被质疑的大背景下,继续坚定地走"一带一路",构建人类命运共同体,用行动告诉世界我们不以霸权谋发展,互利共赢是人类的最优选择,同时应积极布局"文化互通",如加大孔子学院建设、加强高校交流以及国别区域等学科的科研合作,理解欧洲认知、讲好中国故事。

Analysis of Spanish Attitudes Towards China-CEEC Cooperation from the Perspective of Think Tank

Chen Meiling

[Abstract] As a major country in the southern part of Europe, Spain has a different perspective and stance on cooperation between China and Central and Eastern European countries (CEEC) than do France and Germany. This paper conducts a discourse analysis of relevant reports and articles from important think tanks in Spain and draws the following conclusions. On one hand, experts from Spanish think tanks generally hold a relatively positive view on the China-CEEC cooperation and also put forward some prospects. Meanwhile, they believe that the China-CEEC cooperation is inevitable and the cooperation somehow inspires that of Chine-Southern European countries. *The 41st Wave of the Barometer of the Elcano Royal Institute* (*BRIE*), released in April, 2020, shows that China has become the Spanish public's second preferred ally outside the European Union (EU).

Spanish scholars suggest that Spain may try to get more financial support from the Asian Infrastructure Investment Bank (AIIB) to give play to its capability of infrastructure construction and provide a bridge for China to enter the European and Latin-American market. On the other hand, scholars from Spanish think tanks still have doubts and concerns about the China-CEE subregion cooperation under the framework of the Belt and Road Initiative (BRI), as some scholars regard it as a "bottom-up" strategy to disintegrate the EU, and think that Spain has "no choice" but to align with China, same as what it has to do with the United States. Based on the analysis of attitudes towards the China-CEEC cooperation of experts from major Spanish think tanks, it can be said that Spain has not treated China as its "systemic rival" yet. As Spain maintains a wait-and-see attitude to the BRI, it has expectations for bilateral cooperation and further consideration of possible areas of cooperation. This paper advises that more efforts should be paid to train a batch of talents who are proficient in Spanish and familiar with Spanish culture, to develop the international communication strategy directing at Spain and Spanish-speaking countries in Latin America. The strength and effectiveness of the *five-pronged approach* of the BRI should be enhanced to boost mutual trust and reduce doubts of Spain and other EU countries about the China-CEE subregion cooperation.

[**Key Words**] Spain, Spanish think tanks, China-CEE subregion cooperation

波兰总统大选背景下中波经贸关系的演变与发展分析

王志岩[*]

摘要：中国和波兰之间的经贸合作由来已久，"一带一路"倡议实施以来，两国多平台、多领域的经贸合作日渐深入。2016年6月，中波签署了《中华人民共和国和波兰共和国关于建立全面战略伙伴关系的联合声明》。在声明中，双方着重强调了双边合作的共同意愿："双方致力于在中国提出的'丝绸之路经济带'和'21世纪海上丝绸之路'和波兰提出的'可持续发展计划'框架下共同推动双边合作。"在这一合作精神的引领下，近年来，中国与波兰的经贸合作取得了卓著的成效。目前，波兰是中国在中东欧地区最大的贸易伙伴，中国与波兰之间进出口总额位列中东欧国家之首。中国在波兰开展了多个投资项目，涉及能源、机械、物流、医药和高科技等领域。中国在波兰的企业不仅运营良好，还为当地居民提供了大量就业机会，因此深受欢迎。由于波兰强大的经济发展潜力、优越的地理位置、高素质的劳动力资源和对国际事务的积极参与，中波经贸合作未来将更加深入。同时，我们也应注意到波兰总统大选后，其国内政治、经济上的不确定因素对双方经贸合作可能产生的影响。2020年，波兰进行了新一轮的总统大选。经过两轮投票，时任总统杜达以微弱优势获得连任。虽然从表面看来，波兰很有可能会延续当前的各项政策，但是国内民意的极化、新冠肺炎疫情的发展、欧盟内部分歧的加剧等因素都使中波经贸合作面临挑战。

关键词：波兰；总统选举；经贸合作

引言

在欧洲国家中，波兰的经济地位不言而喻。波兰的人口、面积、GDP总量、对外贸易、吸收外国直接投资额等方面居中东欧国家之首；它拥有3800多万人口，为欧盟内第六大经济体，周边辐射2亿消费群体。目前，波兰是中国在欧盟第七大贸易伙伴和中东欧地区最大贸易伙伴。[①]

---

[*] 王志岩，中山大学国际翻译学院俄语系教师、专业教研室负责人，中山大学"一带一路"研究院助理研究员，中山大学国际翻译学院俄罗斯与中亚研究中心研究员。

[①] 商务部国际贸易经济合作研究院、中国驻波兰大使馆经济商务处、商务部对外投资和经济合作司：《对外投资合作国别（地区）指南·波兰》，2020年。

当今国内对中波贸易的研究大部分是将波兰置于中东欧或欧盟的框架下进行的，比如，李钢、崔艳新研究了欧盟东扩对中国与欧盟经贸关系的影响；① 刘英杰、张晓静采用贸易竞争力指数分析了中国和东欧国家的农产品贸易竞争力；② 张海森、谢杰构建了3个引力模型对中国与东欧农产品贸易的影响因素进行了验证；③ 龚新蜀、张晓倩分析了2004年加入欧盟后，波兰、捷克、匈牙利等中东欧国家对华贸易中挤出竞争和转移效应的形成、发展及其原因；④ 窦菲菲分析了欧盟东扩对中国的影响，认为中东欧国家加入欧盟将导致对华贸易关系出现比较显著的挤出竞争和转移效应；⑤ 龙海雯、施本植采用产品相对贸易指数、出口市场相似度指数、双边贸易综合互补指数、贸易密度指数，利用历史贸易数据，研究了我国同中东欧国家的互补性和竞争性，得出无论是从产品竞争力角度还是从市场竞争性角度都反映出中国与中东欧国家之间存在低竞争性和高互补性的结论。⑥ 以上成果无论是描述性分析，还是利用数据或模型的定量分析，均已十分详尽充分。但是，以中波经贸合作单独作为研究对象的文章尚不多见。

2020年无论对全球还是对波兰来说都是一个不平凡的年份。本文将分析2020年波兰总统大选的特点，通过数据和实例对之前的中波经贸合作做出总结，并展望大选后波兰的对外政策及中波贸易走向。

一、2020年波兰总统大选过程及结果分析

2020年6月28日，波兰举行总统选举。时任总统杜达获得43.50%选票，其主要竞争对手"公民纲领党"候选人恰斯科夫斯基得票率为30.46%，其他四位候选人得票率均低于1%。由于没有候选人得票率超过半数，两位得票率领先的候选人进入下一轮角逐，选举人需要举行第二轮投票。7月12日，波兰举行总统选举第二轮投票。7月13日，根据波兰国家选举委员会公布的最终结果，杜达得票率为51.03%，恰斯科夫斯基得票率为48.97%，选民投票率为68.18%，杜达以微弱优势赢得选举。

---

① 李钢、崔艳新：《未来第一大贸易伙伴——中国与扩大后的欧盟经贸关系前瞻》，载《国际贸易》2004年第6期，第4-9页。

② 刘英杰、张晓静：《我国与东欧国家农产品贸易现状与前景分析》，载《农业经济问题》2007年第11期，第57-62页。

③ 张海森、谢杰：《中国—东欧农产品贸易：基于引力模型的实证研究》，载《中国农村经济》2008年第10期，第45-53页。

④ 龚新蜀、张晓倩：《中国对中亚五国农产品出口贸易影响因素分析——基于CMS模型》，载《国际经贸探索》2014年第8期，第77-106页。

⑤ 窦菲菲：《中东欧国家对华贸易：竞争中的挤出和转移效应》，载《国际经济合作》2014年第1期，第39-45页。

⑥ 龙海雯、施本植：《中国与中东欧国家贸易竞争性、互补性及贸易潜力研究——以"一带一路"为背景》，载《广西社会科学》2016年第2期，第78-84页。

2020年的波兰总统选举不同寻常，选举是在新冠肺炎疫情暴发后举行的，疫情对政治产生了深刻影响。另外，本次总统选举竞争激烈，双方得票率相差无几，选民投票踊跃，68.18%的投票率是波兰自1989年以来第二高的投票率。

（一）2020年波兰总统选举的特别之处

1. 疫情下的总统选举历经波折，引发争议

3月3日，波兰众议院议长韦泰克宣布，波兰将于5月10日举行总统选举。然而在3月4日，波兰即发现首例新冠病毒感染病例，3月14日，波兰宣布进入疫情威胁紧急状态，3月21日，波兰宣布进入疫情紧急状态。到5月10日，波兰新冠病毒感染人数增加到15996人。原定的5月10日的总统选举事实上并没有举行。2020年5月6日，"协议党"与领先的"法律与公正党"结盟，反对推迟最初的选举日期，而主要反对党"公民纲领党"希望在2021年5月举行选举。最后各方达成了为选举设定新日期的安排。2020年6月3日，波兰众议院议长韦泰克下令在2020年6月28日和2020年7月12日分别进行第一轮和第二轮选举。

除了推迟选举时间，执政党"法律与公正党"也希望改变选举规则，仅通过邮政投票来组织选举。该党认为，如果不举行总统选举，国家将陷入瘫痪，于是提出采取通信投票的方式，提议由波兰议会众议院通过。然而，根据波兰宪法法院2011年的规定，在选举前不到六个月更改选举规则是违宪的。在野党则反对通信投票方式，认为通信投票不但无法保障总统选举的私密性和公正性，也不能完全保障公民健康。除了在野党控制的参议院的阻挠，有七成的波兰民众也表示不认可该选举方式，3名波兰前总统和6位前总理宣称将对选举进行抵制。4月23日清晨，每位波兰市长和市议会主席均收到波兰邮政发来的匿名电子邮件，要求他们以无密码的.txt文件格式提供3000万波兰公民的私人数据，包括其PESEL（国家身份证号码）、出生日期、地址和其他私人数据。许多波兰市长和市议会主席、律师和其他公民批评提供此类私人数据的命令。很多波兰公民和官员表示，他们打算向检察官办公室对波兰邮政和相关政治人物提起诉讼。基于以上原因，5月10日的选举日投票率为0%。在波兰第三共和国政治史上，在法定的投票日未举行选举尚属首次。

虽然由于政府逐步放松疫情控制措施，波兰每天均有200～300新发病例，且选举过程历经波折，但是这些因素并未影响选民的投票意愿。选民投票较为踊跃，第一轮和第二轮选举的投票率分别为64.51%和68.18%。导致高投票率的原因在于波兰国内业已存在的政治极化和不同阵营有效的政治动员，选民热切通过投票表达自己的观点。

2. 在野党"公民纲领党"临时变动总统候选人

"公民纲领党"最初推举的总统候选人是基达瓦·布沃尼斯卡。针对时任总统杜达的亲美疑欧反俄政策，她宣称要寻求朋友而不是敌人，要重建与欧盟的伙伴关系，重新思考对俄政策，恢复跨境交通。她宣布抵制原定于5月10日举行的总统选举，这使她的支持者陷入了茫然的境地，造成其民调支持率从1月底的24%下降到4月底的2%。在5月10日与新的选举日期尚未确定的间隙,"公民纲领党"趁机更换了候选人。5月15日,基达瓦·布沃尼斯卡宣布退出总统竞选,"公民纲领党"选择华沙市市长、"公民纲领党"副主席恰斯科夫斯基作为其总统候选人。由于恰斯科夫斯基拥有良好的教育背景和丰富的政治经验,他一跃成为"公民纲领党"最有感召力的领导人,成为波兰家喻户晓的政治家。

3. 选举结果引发争议

由于时任总统杜达明显占据资源优势,而恰斯科夫斯基临危受命,两个候选人之间不对等的选举最终以在野党的失败告终。虽然选举结果公布后,恰斯科夫斯基随即承认失败,并向杜达表示祝贺,但是,恰斯科夫斯基的一些支持者以及一些团体对选举的有效性提出了质疑。

"公民纲领党"对波兰最高法院的选举结果提出异议,指出选举过程有违规行为且公共广播公司的报道带有偏见。上诉包括来自2000人的投诉,其中包括对选民登记册问题、选票未及时发送以及在国外投票问题的指控。但是,大多数选举抗议活动都是针对公共广播公司对选举的报道。公共广播公司甚至都没有播出过一次恰斯科夫斯基与选民见面的报道。在6月3日至16日之间,专门针对杜达的新闻报道中有近97%是正面的,而关于恰斯科夫斯基的新闻报道中几乎有87%是负面的。最高法院裁定这次选举有效,指出尽管有人质疑电视的诚实性,但公共广播公司并不是唯一可供选民使用的媒体。欧安组织民主制度与人权办公室表示,公共广播公司"未能履行其提供均衡和公正报道的法律义务",并且"充当了现任者的竞选工具"。但是在对选举进行调查之后,欧安组织民主制度与人权办公室认为该选举"尽管缺乏法律上的明确规定,但管理是专业的"。而且由于杜达获得的选票比恰斯科夫斯基多44万多票,且波兰司法独立性不够强大,最高法院很难宣布总统选举无效。

(二)对波兰总统选举结果的分析

1. 政策的延续性和稳定性

自2005年起,波兰进入了两大右翼政党主导的两党政治。无论是保守、疑欧的"法律与公正党"还是自由、亲欧的"公民纲领党"执政,波兰政局都相对稳定。此外,加入欧盟以后波兰经济的快速发展也为国内政治稳定提供了保障。2019年法律与公正党再次赢得议会选举,该党将主导波兰议会直到2023年。2020年,代表法律与公正党的杜达总统竞选连任成功,表明波兰进入了保守的稳定时期,政府推行其政策将不易受到阻碍。

2. 执政党向反对党的妥协将带来部分改变

虽然从国家执政者层面来看波兰内外政策都将保持延续性,但我们也应注意到,2020年的总统选举是一场势均力敌的选举。自2005年起,"保守波兰"与"自由波兰"之争,或者按"法律与公正党"的说法为"团结波兰"与"自由波兰"之争,这一主基调没有根本性改变,"保守波兰"与"自由波兰"的支持者各占半壁江山。根据益普索民调的数据,杜达的支持者主要集中在教育程度较低的、50岁以上的、农村的和社会弱势群体的选民中。这些选民大部分保持本国较传统的价值观,认为欧洲一体化让自己失去了竞争力甚至社会尊严。而恰斯科夫斯基的支持者集中在受过高等教育的、年轻的、大中城市的选民中。这些选民大多支持"公民纲领党"亲欧的路线,更加倾向于认同波兰的欧洲国家身份。由此可见,波兰的代际、社会阶层以及地区差别仍十分显著。

从选民投票的踊跃态度以及杜达胜选优势微弱的事实来看,波兰社会民众的分裂状况严重。杜达连任后虽然容易继续推行其现行政策,但必须考虑反对党所代表的公众利益。投票后的民意调查结束后不久,杜达便邀请恰斯科夫斯基到总统府以公开握手的姿态正式结束竞选,但被恰斯科夫斯基拒绝,并说他们可以在宣布正式选举结果后再举行会见。从杜达这一举动我们可以看出他向反对派领袖及其代表的选民示好以及整合社会、缓解民众分裂现状的意愿。

二、中波经贸关系演变回顾

（一）近年来中波经贸合作概况

近年来,中国与波兰的经贸合作日益深入。目前,波兰是中国在中东欧地区最大的贸易伙伴,中国与波兰之间进出口总额位列中东欧国家之首。

根据《2019年波兰简明统计年鉴》数据,2015年以来中国一直是波兰第二大进口国,2015、2017、2018年从中国进口的额度分别占波兰进口商品总额的11.6%、11.8%、11.6%（原文2016年统计数据缺失）。中国海关数据表明,2019年中国出口波兰商品额为238.8亿美元,比2018年增长14.3%。

根据波兰中央统计局（GUS）的数据,2019年中国是波兰第二十大出口市场。中国海关数据表明,2019年中国从波兰进口商品额为39.4亿美元,比2018年增长7.9%。（见表1）

表1 2015—2019年中波贸易统计   （单位：亿美元）

年份	进出口	中方出口	中方进口	进出口增长率（%）	出口增长率（%）	进口增长率（%）
2015	170.9	143.5	27.4	-0.6	0.6	-6.8
2016	176.3	150.9	25.4	3.2	5.2	-7.6
2017	212.3	178.8	33.5	20.4	18.4	32.1
2018	245.2	208.8	36.4	15.5	16.8	8.7
2019	278.2	238.8	39.4	13.5	14.3	7.9

［数据来源：根据中国海关总署官网相关数据汇编,参见www.customs.gov.cn。］

在2008年欧洲经济危机之后,波兰面临欧盟基金减少的困境,且意识到以前的贸易过度依赖德国。波兰不仅需要欧洲以外的新市场，还需要潜在的资本，因此波兰政府积极寻求欧洲以外的合作伙伴。自中国提出"一带一路"倡议，特别是中波关系升级为"全面战略伙伴关系"以来，双方高层密集的互访证明，波兰高层愈加关注中国经济的发展。中国—中东欧合作机制的建立与波兰的发展战略不谋而合。为了充分利用中国"一带一路"建设的发展契机，波兰在中国—中东欧合作机制框架下积极参与同中国的经贸合作。

2019年3月，波兰中国总商会在波兰首都华沙正式成立，旨在进一步推动中波两国经贸关系发展。总商会现有会员企业40余家，涵盖了高科技、能源、金融、基建、医药和制造等多个行业，既有驻波中资企业，也有波兰本地企业。总商会代表中波企业利益，保护与支持驻波中国企业以及驻华波兰企业的商业利益和业务开拓，以促进中国与波兰经贸关系健康发展。

总体来说，中国—中东欧合作机制极大地促进了波兰从中国的进口，但对促进波兰对华出口的作用并不显著。波兰作为中国在中东欧地区最大的贸易伙伴，其对华贸易逆差从2011年的87.6亿美元扩大到了2019年的199.4亿美元。中国与波兰之间贸易逆差过大正在成为双方经贸关系中的重要问题。

（二）近年来中波经贸合作项目

波兰是与我国开展经贸合作较早的国家。早在1950年，中波就签订了第一个货物交换与付款的协议《中华人民共和国和波兰共和国易货协议书》。1951年1月29日，双方代表在北京签署了《关于组织中波轮船股份公司协定》。中波轮船股份公司是中国第一家中外合资企业，至今仍运营良好。

20世纪80年代中波恢复高层互访后，北京与华沙之间的航班接驳开始了，双方经济合作从而得到了迅猛发展。

自从中华人民共和国2001年加入WTO后，中波两国贸易关系变得更加密切。2004年波兰加入了欧盟，中波贸易进入双边友好合作贸易伙伴关系框架下新的发展阶段。

根据商务部发布的《2019年度中国对外直接投资统计公报》，2018年中国对波兰直接投资流量为1.1783亿美元，在中东欧国家中列第二位，仅次于塞尔维亚；2019年中国对波兰直接投资流量为1.16亿美元，在中东欧国家中仍居第二位，仅次于匈牙利。近年中国在波兰投资的主要项目有：

1. 广西柳工

2012年，广西柳工机械股份有限公司正式完成对波兰HSW工程机械公司民用工程机械事业部全部资产及其3家海外子公司的收购，拥有其旗下品牌锐斯塔（Dressta）的全部知识产权和商标，并成立柳工锐斯塔机械有限责任公司（简称"柳工锐斯塔"）。波兰HSW公司成立于1937年，是全球推土机产品线最全的第三大著名制造商，主要生产军工产品和工程机械产品，由波兰财政部和工业发展局共同持股。这次收购成为第一个由中国企业参与的波兰国有资产私有化项目，也是迄今为止中国在波兰最大的投资项目，共计为当地提供了1800多个就业岗位，是波兰乃至中东欧地区规模最大的中资企业之一。2017 年，柳工将欧洲区域总部、欧洲研发中心、欧洲配件中心正式设立在波兰，并对波兰制造基地的基础设施和生产技术不断改进，对人力资源进行持续优化，在当地发挥了积极而切实的社会责任作用。柳工锐斯塔分别在 2014 年和 2017 年获评"波兰最佳中国投资者"。柳工锐斯塔的 4180D 平地机和全新 TD-16N 推土机在 2019 年 3 月和 2020 年 3 月分别获红点产品设计奖。①

2. 三环集团

2013 年，三环集团有限公司所属襄阳汽车轴承股份有限公司与波兰工业发展局签署股份转让协议，投资 9300 万美元（约合人民币 5.72 亿元）收购亏损企业波兰轴承制造商 FLT Krasnik，占其股份的 89.13%。三环集团是湖北省省属大型制造企业，主要从事专用汽车、汽车零部件和数控锻压机床产品的生产和经营。FLT Krasnik 是波兰最大的轴承制造商，该公司 89% 的股份由波兰国家工业开发署 ARP 持有，有工人 2000 名，年销售额为人民币 3.79 亿元。中国投资收购 FLT Krasnik 滚子轴承厂后的第一年，该厂即实现营业收入 2.87 亿波兰兹罗提，同比增长 21.5%，利润总额更是实现同比增长 52% 的辉煌业绩。2015 年，该厂的销售收入又同比增长超过 20%，利润增长超过 30%。在双方的共同努力下，FLT Krasnik 滚子轴承厂已经走上良性发展的道路。②

3. 同方威视

2017 年 9 月，同方威视华沙公司在华沙近郊的科贝乌卡市（ul. Napoleona 2, Kobylka）举行新工厂暨办公大楼的奠基仪式，该项目于 2018 年 6 月竣工。投资金额相当于 265 千克黄金（约合人民币 8000 万元）。新厂房占地面积 33000 平方米，建筑面积 6000 平方米。同方威视华沙公司新工厂是中国高科技企业在波兰的首个绿地投资项目，成立于 2005 年，是同方威视投资建立的第一个海外生产基地。同方威视华沙公司实行欧盟本地化生产战略，公司 90% 的工作人员来自波兰。2019 年，同方威视华沙公司荣获波兰最佳实体公司奖，本地化生产的 Kylin CT 型行李/物品检查系统和 CT 型托运行李检查系统荣获 2019 年波兰最佳产品奖。如今，同方威视华沙公司在波兰本地生产的产品和集成解决方案已服务于欧洲地区民航、海关、铁路、公路、码头、城市轨道交通、政府部门、公安司法、大型活动赛事等众多领域。③

4. 春兴精工

2016 年，苏州春兴精工股份有限公司在波兰格但斯克投资设立春兴（波兰）有

---

① 红点奖，源自德国，是与 IF 设计奖齐名的一个工业设计大奖，是世界上知名设计竞赛中最大、最有影响力的竞赛之一。此信息来自《柳工再获红点产品设计大奖，TD-16N 荣升业界视野新标杆》，柳工官网，2020 年 3 月 31 日，https://www.liugong.cn/zh-CN/ch/Liugong/LG-news/News/2020/0330。

② 《中国投资助波兰老厂焕发生机》，人民网，2016 年 6 月 20 日，http://world.people.com.cn/n1/2016/0620/c1002-28456617.html。

③ 《同方威视华沙公司和两款 CT 型产品荣获 2019 年波兰最佳公司奖和最佳产品奖》，同方新闻，2019 年 10 月 24 日，http://www.thtf.com.cn/news/2019/1738.html。

限公司，总投资300万美元，注册资本200万美元。2017年，春兴精工股份有限公司发布公告，拟使用自有资金25万欧元对下属子公司春兴精工（波兰）有限公司进行增资。

5. 光大国际有限公司

2016年，中国光大国际有限公司以1.23亿欧元完成收购波兰最大的固废处理公司Novago sp. zo. o.（"Novago"），其中包括1.18亿欧元（约合人民币8.62亿元）的股权价值和500万欧元的土地储备资源。这次海外收购是中国光大集团积极落实国家主席习近平2016年6月访问波兰后落地的第一个中波合作项目。自新冠肺炎疫情发生以来，光大国际通过Novago公司在最短时间内顺利向波兰姆瓦瓦市、兹沃图夫市、兹宁市寄送了9批次防疫援助物资，总价值23万元人民币，有效扭转了三地防疫物资紧缺的被动局面。①

6. 鸿博清洁能源

2016年6月20日，在波兰举行的丝路国际论坛暨中波地方经贸合作论坛上，在中波两国领导人的共同见证下，福建鸿博集团与波兰奥波莱省政府签署投资合作框架协议，以绿地投资的形式在波兰成立鸿博清洁能源（欧洲）有限公司，建厂进行LED灯具的研发、生产和销售。2017年，鸿博清洁能源欧洲有限责任公司在波兰奥波莱省举行LED工厂项目奠基仪式。这是在波兰绿地投资的第一家中国企业，计划投资8500万欧元，创造100个工作岗位。该公司获得了2017年波兰投资贸易局颁布的最佳投资价值奖提名。

在2019年4月25日举行的第二届"一带一路"国际合作高峰论坛"一带一路"企业家大会的集体签约仪式上，奥波莱省与中国鸿博集团又签署了2.2亿美元的投资合作协议。此次的投资协议是双方过去三年合作建厂的进一步升级。鸿博集团在波兰生产的LED节能灯，不仅解决了中国国内的产能过剩问题，而且通过在波兰销售清洁能源产品，使该集团的产品可以进入中东欧国家市场，通过和全球五百强企业的合作，将产品销往整个欧洲。

7. "安智贸"项目

2019年3月，四川自贸试验区成都青白江铁路港片区启动中欧班列（成都）—波兰罗兹"安智贸"项目试点。首家试点企业TCL王牌电器（成都）有限公司首批试点货物——价值197万余美元的液晶电视配件由成都海关办结所有手续，搭乘中欧班列（成都）出口欧洲。这是四川首单"安智贸"出口货物。②

成都加入"安智贸"的申请于2019年2月27日在"安智贸"第32次工作组会

---

① 《光大国际全力支援波兰多地抗疫 获当地政府媒体高度赞誉》，光大环境，2020年5月23日，https://www.ebchinaintl.com/sc/media/corpupdates_content - p200523.html。

② "安智贸"是"中欧安全智能贸易航线试点计划"的简称，是全球首个全面实施世界海关组织（WCO）《全球贸易安全与便利标准框架》的国际合作项目，也是中国—欧盟海关最具实质性意义的重大合作项目。

议上通过,该会议还确定中欧班列(成都—罗兹)为"安智贸"试点线路。由于成都至罗兹的中欧班列班次较多[例如:2018年成都至罗兹班列开行571列,占中欧班列(成都)开行总量的36%],因此这一举措对于中欧贸易、中波贸易都具有重要意义。

8. 亿帆医药

2019年9月,亿帆医药股份有限公司分别以现金4.48亿元和2.68亿元(合计7.16亿元)收购Dongren Singapore Pte Ltd和Perfect Trend两家公司分别持有的波兰胰岛素企业佰通公司(Bioton,华沙交易所上市企业)[①]的19.79%和11.86%的股权。收购完成后亿帆将持有佰通31.65%的股权,成为其第一大股东。

除上述重大项目外,其他投资项目还有:什切青格拉博斯基半岛项目(2017年6月)、克拉科夫机场项目(2017年6月)、伊兹沃尔度假村项目(2018年11月),等等。

随着中波合作的发展,为了满足金融国际化的需求,帮助我国企业熟悉波兰的法律和经贸制度,为今后两国间的经贸往来提供便利,一些中国金融机构纷纷在波兰建立了自己的分支机构。金融机构有中国银行波兰分行、工商银行华沙分行、建设银行波兰分行、中国—中东欧投资合作基金、海通银行华沙分行等。[②]

三、中波经贸合作的优势与发展

波兰总统选举后面临来自民意极化和与欧盟的分歧带来的经济和政治的双重压力,其政策重点仍会放在与欧盟的关系方面。对中国来说,与波兰加强经贸合作的大方向将不会改变,但波兰复杂的国内形势及其与欧盟的微妙博弈关系也将会使中波经贸合作遭遇挑战。

(一)中国与波兰合作的优势所在

1. 波兰强大的经济发展潜力

根据世界银行发布的2020世界营商环境报告数据,波兰属于经合组织高收入国家,人口37978548人,是中东欧第一大经济体,国内消费市场巨大,购买力不断增强,是向东向西可辐射2亿人口的跨国跨区贸易市场。波兰在欧洲越来越引人关注,亦被认为是欧盟最有吸引力和潜力的经济体。自1989年起实行经济转轨,1992年以

[①] 佰通公司是一家在波兰华沙交易所挂牌上市的波兰生物科技公司,是波兰第二大综合性医药企业,也是全球第四家上市的重组人胰岛素制造商,拥有从大规模发酵重组人胰岛素的原料药物到胰岛素制剂产品的整个生产链。目前,佰通公司的总产能为原料药每年约2吨,制剂每年超过1亿支。以上信息来自《新京报》,《扩大胰岛素领域布局 亿帆医药拟7亿间接控股波兰佰通》,2019年9月4日。

[②] 商务部国际贸易经济合作研究院、中国驻波兰大使馆经济商务处、商务部对外投资和经济合作司编制:《对外投资合作国别(地区)指南·波兰》,2020年,第31页。

来经济一直保持快速增长，2009年克服全球金融危机的负面影响，成为欧盟唯一正增长的国家，也是获得欧盟资助最多的国家。国际信用保险公司科法斯（Coface）根据2018年营业额排出中东欧企业500强名单中，波兰有175家公司，占比35%，是中东欧地区进入500强企业数量最多的国家。波兰拥有良好的营商环境：根据世界银行发布的2020年世界营商环境报告，波兰在被统计的190个经济体中居第40位，得分76.4分（满分100分），在中东欧国家中排名第六。其中，在跨境贸易方面，波兰排名全球第一，评分为100分。

2. 优越的地理位置

波兰位于"琥珀之路"与"一带一路"的对接处。北濒波罗的海，东靠白俄罗斯，西邻德国，是连接东欧、西欧的重要交通枢纽。波兰希望成为中国经济的欧洲枢纽，成为中国新丝绸之路的一部分，并有兴趣为中国的运输网络建立多模式物流分拨中心。几乎80%的中国货物都是通过波兰运到欧洲各地的。根据中国到欧洲铁路班列的一级代理——中欧铁运物流有限公司2019年8月的数据，中欧班列共有线路14条，其中9条经过波兰或发往波兰。①

每年波兰几大港口货物吞吐量占全中东欧港口吞吐量的约40%，其中格但斯克港、格丁尼亚港、什切青港和希维诺乌伊希切港共同成为跨欧交通网的重要组成部分，是连接亚洲尤其是中国与北欧及西欧的重要港口和海运基地。格但斯克港是波兰最大的港口，也是波罗的海沿岸最大的港口之一，其DCT深海集装箱码头是世界上效率最高的码头之一，承担了目前为止中波之间最多货物量的承运。波兰港口与中国港口之间有直达航线，并有两条经中国的定期航运线路，是中波两国间进行商品贸易价格最便宜的运输方式。每年波兰铁路的货物周转量约为510亿吨公里，在中东欧地区中排名第一，成为连接东欧西欧以及南欧北欧之间的陆运枢纽。两条由波兰公司运营的中欧班列连接两国，从中国成都到波兰罗兹，从中国苏州到波兰华沙，使物流成本大幅下降，物流时间较以前缩短一个月，且实现了货物在波兰境内的直接转运。

3. 高素质的劳动力资源

素质较高且相对廉价的劳动力则是波兰加入欧洲单一市场过程中最具吸引力的资源优势。根据波兰统计年鉴2019年版的统计数据，波兰劳动力人口（15～74岁）2142.3万人，占总人口的比例超过70%。全国735.4万人受过高等教育，占人口总数的24.2%。根据欧盟统计局的数据，波兰劳动力成本在欧盟仅高于拉脱维亚、匈牙利、立陶宛、罗马尼亚和保加利亚。② 2019年12月，经合组织公布了对全球15岁学生进行的最新PISA（Program for International Student Assessment）测试结果，在2018年参加PISA测试的全部79个国家（地区）中，对15岁学生的抽样测试结果显

---

① 《中欧班列线路，中欧班列开行线路途径站点介绍!》，中欧铁运物流有限公司，2019年8月22日，http://www.99114.com/wkxw/tieyun_article_163823.html。

② 《2019年各国时薪统计》，欧盟统计局，https://ec.europa.eu/eurostat/statistics-explained/index.php/Hourly_labour_costs。

示，波兰学生在阅读、数学和科学方面分别排名欧洲第四、第二和第三。① 从 PISA 测试的数据我们可以预期波兰未来的劳动力素质也或将保持较高水准。

但是，波兰劳动力市场也存在隐患。首先，波兰劳动力相对廉价，造成很多高素质劳动力流向劳动力成本较高的欧盟其他国家。其次，波兰本国人口生育率较低。育龄妇女平均每人仅生育 1.3 个孩子，这导致波兰人口总量呈缓慢下降趋势。根据欧盟统计局发布的数据，到 2100 年，预计欧盟成员国中，波兰的老年受抚养比率最高，达到 63%。② 最后，现任总统杜达在第一任期内逐渐降低了退休年龄，造成退休人口激增。所以波兰国内也将面临"用工荒"的问题。为了留住劳动力，企业将不得不提高薪酬待遇，以维持运转。所以，若不采取积极措施，波兰目前的廉价劳动力市场将无法维持。③

4. 波兰积极参与国际事务，响应"一带一路"倡议

波兰积极参与国际合作，特别是中东欧的地区合作。波兰是联合国、波罗的海国家理事会以及维谢格拉德集团等诸多国际和地区组织的创始成员。此外，波兰还是欧盟和申根区成员，这一身份促进了波兰和欧盟国家的贸易与国际合作。此外，波兰还是北大西洋公约组织、世界贸易组织、经济合作与发展组织、国际能源机构、欧洲理事会、欧洲安全与合作组织、国际原子能机构、欧洲航天局、中欧倡议国组织等重要国际组织的成员国。无论是中国与中东欧国家的合作还是"一带一路"建设，波兰都是不可或缺的重要力量。发展好中波关系有利于带动我国同中东欧地区的整体务实合作，推动中欧关系全面发展。

（二）中波合作前景和主要领域

波兰希望扩大对中国的出口和投资，以吸引来自中国的外国直接投资。波兰政府比较希望引进的投资项目是绿地投资、制造业和研发领域，因为这些领域的投资容易制造就业机会，涉及技术转让。波兰政府感兴趣的还有中国中东欧合作框架下的中波运输合作，希望能够从来往于中国和欧洲的中欧班列中受益。对波兰来说，益处不仅仅限于可以得到实惠的商品，还意味着在物流服务领域获得利润。但是中国企业对融合和并购更感兴趣，更渴望掌握创新产业，并争夺新商标的所有权。

中波未来可能合作的主要领域有：

---

① 这项测试由经合组织与成员国教育系统的代表合作进行，每三年对来自世界上最富裕的国家的 15 岁学生进行一次调查。国际学生评估项目（PISA）每三年发布一次，考查 15 岁学生能否将所学知识转化为解决问题的能力，已经成为世界上规模较大、具有广泛影响的基础教育第三方评价项目。在各国教育系统中，15 周岁学生基本处于初三或高一阶段，因此，PISA 成为各国衡量基础教育水平的一个重要窗口。
② 老年受抚养人比率是指老年人（65 岁及以上）与工作年龄人口（15~64 岁）人数的比率。
③ 《波兰面临用工荒窘境》，人民网，2018 年 4 月 17 日，http://world.people.com.cn/n1/2018/0417/c1002-29930029.html。

1. 农产品

经济学人信息社（The Economist Intelligence Unit，EIU）每年根据优质食品和农产品的安全、性价比等对全世界110多个国家进行排名，其最新发布的2019年全球食品安全指数（Global Food Security Index）显示：波兰在全球排名第24位，得分为75.6分（满分100），在中东欧国家位居榜首，比2018年高0.7分。目前，波兰食品行业中最有竞争力的领域包括：肉类、香肠类、乳制品、家禽饲养业、水果蔬菜栽培以及甜品制造。根据波兰农业和农村发展部出台的"2016农业和食品生产行业推广战略"，中国是波兰农产品和食品出口最有前景的13个市场之一。中欧班列的开通为波兰农产品和食品进入中国市场提供了极大的便利。

2016年8月起中国恢复了波兰禽肉企业的在华注册资格。2016年10月，中国质监局正式发函允许波兰苹果产区的苹果输入中国。

2. 基础设施建设

波兰面临着基础设施陈旧、亟待更新改造的问题。政府未来将建设多条公路，快速路以及现代化铁路网。我国基础设施建设能力较强，可通过工程总承包、PPP、BOT等方式参与波兰基础设施建设。此外，波兰基础设施建设投融资需求较大，目前主要依靠波兰公共基金和欧盟基金。但是"法律与公正党"赞成削弱法院的独立性，加强对法院的政治控制。欧盟认为波兰取消制衡，动摇法治，违反了分权的民主原则。于是欧盟欲将欧盟基金作为经济杠杆干预波兰国内法治建设，波兰执政党对此表达了不满。2020年11月，波兰和匈牙利否决了欧盟2021—2027年的预算和重建基金，欧盟"资金换法治"机制遇阻。因波兰是亚投行的创始成员国之一，所以未来亚投行可对波兰的基础设施建设项目予以重点关注。

3. 电子商务

商务部按照国家主席习近平提出的建设和平之路、繁荣之路、开放之路、创新之路、文明之路的要求，深入推进"一带一路"经贸合作，发展"丝路电商"，打造国际合作新平台。2016年以来，中国已与多个国家签署电子商务合作备忘录并建立双边电子商务合作机制，合作伙伴遍及五大洲，"丝路电商"成为经贸合作新渠道和新亮点。

目前，与中国建立电子商务合作的国家包括：哥伦比亚、意大利、巴拿马、阿根廷、冰岛、卢旺达、阿联酋、科威特、俄罗斯、哈萨克斯坦、奥地利、匈牙利、爱沙尼亚、柬埔寨、澳大利亚、巴西、越南、新西兰和智利。波兰尚未加入，但潜力巨大。

据波通社2019年10月30日的报道称：一份波兰民意调查项目报告显示，约有30%的波兰人每月至少在网上购物一次，而46%的人计划在网上购物的原因是价格低于传统商店。该调查是由波兰银行PKO BP、IBRiS民意调查和可持续技术论坛联合发起的。调查显示，波兰电子商务市场在增长最快的市场中排名第13位，2018年价值达到400亿兹罗提（94亿欧元），而2019年估计将达到500亿兹罗提（117亿欧元）。报告称，使用新平台和通信方式（包括Instagram等社交媒体页面）的消费者正在推动波兰电子商务市场发展。线上"购物篮"中出现频率最高的产品包括服装（60%）、书籍（32%）、计算机硬件和电器（27%）、家用电器和电子产品（25%）以及游戏（15%）。[①] 到2023年，波兰网上购物的所有互联网用户数量预计将增加到2500万以上。

近年来，波兰人均在线购物的年均支出一直在增长。促进波兰电子商务发展的另一个因素是新立法。2018年波兰颁布了一项法令，规定大多数传统零售业务在法定假日关闭，从2020年开始，禁令扩大到所有周日。这种情况对电子商务的发展产生了促进作用。因此，电子商务合作或可成为中波经贸合作的新领域。

四、中波经贸合作面临的挑战

（一）政治上的不确定因素

杜达成功连任总统后，波兰仍会维持亲美疑欧的态度。但鉴于反对党的亲欧立场，或许会在欧盟与美国之间寻求更多平衡。

波兰在加入欧盟后，成为获得欧盟资金支持最多的国家，加上本国政治稳定，国家经济上取得了迅速的发展。但是在德国等大国为主导的欧盟，波兰对自己被边缘化的地位并不满足，并且在法治、环境、移民、安全等问题上与欧盟有诸多分歧。法律与公正党虽然反对欧洲政治一体化，反对将欧盟变成欧洲联邦，但并不反对经济上的一体化，因为波兰在经济上很依赖欧洲市场，而欧盟希望通过控制欧盟基金以影响波兰国内的法治制度。这种窘境让波兰一直积极寻找突破口，与美国的交好就是波兰的应对战略。在过去几年，波兰积极与美国进行全方位的合作，如积极参与北约在欧洲的军演、邀请美国在波兰驻军、购买美国天然气等。

但是，杜达总统这些政策本就在国内遭受质疑，加上美国总统特朗普竞选连任失败，之前尚未落实的波美合作计划或有可能被重新考虑或搁置。

综上所述，2020年总统大选后波兰在亲美疑欧程度的把控，如何平衡国家利益和选民意愿这些政治问题上的不确定性，均会对该国经济政策以至对中波贸易产生难以预估的影响。

（二）经济上的不确定因素

在经济上，法律与公正党以对经济的左翼态度吸引了认为经济自由化和欧洲一体化使自己落后的选民。法律与公正党的一系列左翼经济措施包括支持国家保证的最低

---

① 中华人民共和国驻波兰共和国大使馆经济商务处：《30%的波兰人每月至少有一次在线购物》，2019年11月3日，http://pl.mofcom.gov.cn/article/jmxw/201911/20191102909692.shtml。

社会安全网①和国家在市场经济范围内对经济的干预，国家担保的住房贷款制度，国家提供的全民医疗保健、减税措施，等等。这些国家强力介入市场的措施与欧盟大部分国家的经济理念相悖。

与法律与公正党相反的是，公民纲领党认为波兰经济应更加开放，以加强其在欧洲的市场经济地位。除此之外，该党还赞同提高税收，取消多项免税政策，授予波兰国家银行对货币政策的完全控制权，许可土地私有权，等等。这些主张得到波兰国内大量亲欧的、自由派的选民支持。

综上所述，在经济方面，与其说波兰国内民众的分歧在于对欧洲的态度不同，不如说是对经济体制应更保守还是更自由看法不一，且保守派与自由派势均力敌。应如何应对波兰经济政策在这一天平上的摇摆是我国做出决策时需要考虑的问题。

（三）新冠肺炎疫情的影响

2020年新冠肺炎疫情的暴发和延续对世界各国经济的影响除了既成的损失之外，也包括未来战略变化的可能性。

波兰经济研究所（PIE）发表的《COVID-19大流行后的贸易路线》报告称，由于一些生产业务从中国转移到了其他国家，波兰每年可以赚取80亿美元以上。②波兰经济研究所外贸团队的分析师扬·斯特泽莱基（Jan Strzelecki）表示："我们可以预期国际贸易量将会下降，其区域化程度将不断提高，保护主义将会抬头，供应链将更多元化。""另一个自然趋势是，在各个国家内的贸易政策中将更加强调战略部门供应链的安全性。中国在全球供应链中的重要性也将下降。"波兰经济研究所的专家认为，对欧盟成员国最有利的方案是将经济爱国主义与加强来自中欧和东南欧（捷克、波兰、斯洛伐克、匈牙利、罗马尼亚和保加利亚）的"新"成员国作为其他欧盟国家的"制造中心"的作用相结合。

对于这一问题，国内学者持类似看法。如鲍勤、张珣等在《新冠肺炎疫情对我国对外贸易和产业转移的影响分析与对策建议》中，针对中共中央政治局常务委员会会议提出的"构建国内国际双循环相互促进的新发展格局"提供了建议；③唐宜红、张鹏杨在《后疫情时代全球贸易保护主义发展趋势及中国应对策略》中指出，"维护贸易公平和国家产业安全将成为后疫情时代贸易保护的重要'借口'，全球价值链收缩下区域性贸易保护成为主要形式，而数字智能等领域将成为高发区，贸易保

---

① 社会安全网（SSN）由现有的非缴费型援助组成，可以改善脆弱的家庭和贫困人士的生活，https://en.wikipedia.org/wiki/Social_safety_net。

② "Will Poland gain after the relocation of production from China?"，波兰经济观察网，2020年7月27日，https://www.obserwatorfinansowy.pl/in-english/will-poland-gain-after-the-relocation-of-production-from-china/。

③ 鲍勤、张珣等：《新冠肺炎疫情对我国对外贸易和产业转移的影响分析与对策建议》，载《中国科学基金》2020年第6期，第740-746页。

护或将成为常态。"①

可见，对于疫情后经贸合作的前景，各国专家均做出了较为保守的估计。我们必须对国内产业做出及时调整，应对全球变幻莫测的未来局势。

五、结语

2020 年 7 月，时任波兰总统杜达击败公民纲领党候选人恰斯科夫斯基，以微弱优势成功获得连任。虽然从表面看来，波兰很有可能会延续当前的各项政策，但是从双方候选人相差无几的得票率、选民极高的投票率、双方支持者鲜明的结构差别这些事实来看，波兰国内民意的极化非常明显。这就要求杜达总统在未来的任期中，不仅要坚决推行已经开始的政策进程，还要顾及反对者的意见和需求，弥合民众中业已存在的裂痕。

近三十年来，中波间经贸往来频繁，合作进展顺利。尤其是在"一带一路"建设实施推进以来，两国经贸合作形式多样，发展稳定。但是，2020 年总统大选后，波兰国家领导人面临的艰难抉择将会对其政治经济政策乃至中波贸易发展产生深远影响。除此之外，新冠肺炎疫情的发展、欧盟内部国家间分歧的加剧等因素更是让中波经贸合作面临新的挑战。

Analysis of the Evolution and Development of Economic and Trade Relations Between China and Poland Under the Background of Polish Presidential Election

Wang Zhiyan

[**Abstract**] The economic and trade cooperation between China and Poland has a long history. Since the implementation of the Belt and Road Initiative, the two countries have gradually deepened their economic and trade cooperation in various platforms and fields. In June 2016, China and Poland signed the Joint Statement on Establishing a Comprehensive Strategic Partnership between the People's Republic of China and the Republic of Poland. In the statement, the two sides highlighted the shared aspiration for bilateral cooperation by claiming that "Both sides are committed to jointly promoting bilateral cooperation within the framework of the Silk Road Economic Belt and the 21st Century Maritime Silk Road proposed

---

① 唐宜红、张鹏杨：《后疫情时代全球贸易保护主义发展趋势及中国应对策略》，载《国际贸易》2020 年第 11 期，第 4 – 10 页。

by China and the Sustainable Development Plan by Poland. " In such a spirit of cooperation, the economic and trade cooperation between China and Poland has achieved remarkable success in recent years. Poland is China's largest trading partner in Central and Eastern Europe (CEE), and the total volume of imports and exports between China and Poland ranks first among CEE countries. China has carried out many investment projects in Poland, covering fields of energy, machinery, logistics, medicine and high technology. Chinese enterprises in Poland operate well and create a large number of jobs for local residents, which makes them welcomed among the locals. The economic and trade cooperation between China and Poland will be more in-depth in the future by virtue of Poland's strong potential for economic development, favorable geographical location, high-quality labor force and active participation in international affairs. Meanwhile, we must pay attention to the possible impacts of the political and economic uncertainties in Poland on the economic and trade cooperation between the two sides after its presidential election. In 2020, Poland held a new round of presidential elections, in which the then President Andrzej Duda won re-election by a narrow margin after two rounds of voting. Although it seems that Poland is likely to continue its current policies, the polarization of public opinion in Poland, the deterioration of the COVID-19 pandemic and the intensification of disputes within the European Union have posed challenges to the economic and trade cooperation between China and Poland.

[**Key Words**] Poland, presidential election, economic and trade cooperation

"一带一路"框架下中国与希腊经贸合作研究
——"政治文化距离"视角的解读

骆雪娟[*]

摘要：随着希腊加入中国—中东欧合作机制，中希两国经贸合作日益深化，合作领域逐渐向金融、海洋、科技、教育、旅游等行业拓展，互利共赢，收效明显。希腊在"一带一路"建设中的特殊区位优势已经日益凸显，中希关系也开始为研究者所关注。但纵观国内有关希腊的研究，大部分集中在哲学、文化领域，近年的希腊债务危机吸引了部分研究者关注。但是，中希经贸合作方面的研究屈指可数，而且现有相关研究侧重中希经贸关系发展的描述和展望，缺少对经贸发展动因的分析。而了解发展的动因，理解不同因素与经贸关系发展的相互影响，对进一步推动中希关系务实深化发展，具有深远的现实意义和参考价值。因此，本文试图应用张慧敏、刘洪钟提出的理论框架，提倡"文化有益论"，从"政治文化距离"视角，基于2019—2020年中希经贸合作与政治、文化交流的发展趋势，探讨中希经贸关系快速发展背后的政治、文化驱动力，并对未来双边贸易发展提出建议和展望。研究发现，2019年中希领导人进行了积极的政治交流，各层级文化互动频繁深入，有效缩短了双方的政治文化距离，对双边贸易关系产生了积极的推动作用。基于此，本文进一步指出，在"一带一路"框架下，建立良好的政治关系，加强中希之间的文化交流，可以为双边经贸合作扫除障碍，营造良好的合作环境。同时，还能起到典范作用，通过联动效应，带动其他欧洲国家参与到"一带一路"的建设中来，促进中欧关系健康发展。

关键词：中希关系；经贸发展；文化有益论；"政治文化距离"视角

引言

近年来，中国、希腊两国经贸合作进展显著，合作领域逐渐向金融、海洋、科技、教育、旅游等行业拓展，互利共赢，收效明显。中希双边货物贸易额由2013年到2018年增长了近一倍。2019年，希腊正式退出了为期多年的纾困计划，经济逐渐复苏，两国双向投资也快速增长。希腊加入"中国—中东欧合作"，将会很大程度上改变中国—中东欧合作格局，中希关系研究的重要性凸显。但是，现有中希关系研究

---

[*] 骆雪娟，中山大学国际翻译学院教师，学院国际舆情研究中心负责人，中山大学"一带一路"研究院研究员。

侧重中希经贸关系发展的描述和展望，却罕有探讨其发展变化背后的影响因素。而了解发展的动因，理解不同因素与经贸关系发展的相互影响，对进一步推动中希关系务实深化发展，具有深远的现实意义和参考价值。本文提倡"文化有益论"，尝试从"政治文化距离"视角，基于2019—2020年中希经贸合作与政治、文化交流的发展状况，探讨中希经贸关系快速发展背后的驱动力所在。

一、文献评述和本文研究思路

希腊在"一带一路"建设中的特殊区位优势已经日益凸显，中希关系也开始为研究者所关注。纵观国内有关希腊的研究，大部分集中在哲学、文化领域。近年的希腊债务危机也吸引了部分研究者关注，但是，中希经贸合作方面的研究屈指可数。部分研究总结了两国经贸关系概况，如王志华、王国梁选取了中国与希腊双边贸易的进出口数据，对中希两国的贸易合作历程、规模、产品结构和投资规模进行了阐述，分析了两国面临的挑战和未来合作的发展前景①。贾中正对中希经贸合作现状进行了分析，并前瞻两国合作的愿景，阐释了中希合作的内涵和意义②。有些研究更加聚焦，如吴绍兴深入研究了中国对希腊等四个南欧国家的能源业对外直接投资的发展趋势及其成因，分析我国企业相关对外直接投资策略的差异化特点及动机，为中国能源企业在"一带一路"框架下进一步拓展南欧传统能源和可再生能源市场提供有益的对策建议③。王莉莉总结了中希领导层在中希投资问题上的交流，指出在后疫情时代，中希两国在贸易、投资和能源等领域的合作会越来越密切④。另有少量研究将中希经贸关系放在中国和中东欧合作大框架下，如史志钦、游楠描述了在"一带一路"框架下，两国关系的发展前景，指出中希两国应在文化交流、经贸往来以及应对国际形势变化方面进一步积极合作⑤。总体而言，相关研究数量有限，研究视角较为单一，侧重对近年来中希经贸发展进行描述和展望，对双方经贸关系发展变化背后的影响因素却罕有探讨。

近年来，政治因素和文化距离对国际贸易关系的影响已经引起了广泛关注。国外学者Linders等人⑥和Lankhuizen等人⑦的研究认为，文化距离与文化贸易呈正相关。

---

① 王志华、王国梁：《中希经贸合作现状与展望》，载《对外经贸》2018年第10期。
② 贾中正：《中国和希腊经贸合作的现状与前景》，载《中国远洋海运》2019年第11期。
③ 吴绍兴：《中国对南欧能源业对外直接投资差异化策略研究》，载《经济研究参考》2017年第31期。
④ 王莉莉：《投资希腊，基础设施和清洁能源领域有机会》，载《中国对外贸易》2020年第7期。
⑤ 史志钦、游楠：《"一带一路"倡议下中希关系发展前景》，载《中国国情国力》2020年第1期。
⑥ G. M. Linders, A. H. J. Slangen, H. L. F. D. Groot, et al, Cultural and Institutional Determinants of Bilateral Trade Flows. *Tinbergen Institute Discussion Paper*, 2005, 74 (3).
⑦ M. Lankhuizen, H. L. F. D. Groot, G. M. Linders. The Trade-off Between Foreign Direct Investment and Exports: The Role of Multiple Dimensions of Distance. *World Economy*, 2011, 34.

Cyrus 则实证分析得出文化距离越大越阻碍国家间的贸易。[1] 王珏等指出，中国与亚洲国家间亲近的政治关系距离有利于缩短出口企业与目的国市场的心理距离，扩大了中国企业对亚洲国家的出口规模。[2] 彭雪清等有关文化认同如何影响文化产品出口的定量研究，也佐证了文化距离越近，文化认同度越高，对出口贸易越产生正向促进作用。[3]

对于已有研究中存在的争论和结论不一的现象，张慧敏、刘洪钟指出存在两个原因：首先，研究者的分析角度不同；其次，研究方法多为定性研究，缺乏微观基础，难以经验验证。[4]。为此，他们在方法论上进行了完善：首先，为了全面、准确和客观地把握双边政治关系的连续性和渐变性特点，有效避免事件分析法主观评价所产生的认知偏差，该研究选取了各国在联合国大会的投票行为所构建的"理想点差异"新型指标来衡量两国间的"政治距离"；其次，采用 Kogut 和 Singh 的方法，[5] 利用 Hofstede 文化维度，来计算各国之间的文化距离（CD）；[6] 最后，使用了定量分析方法考察了政治距离、文化差异与经贸往来互动的特殊关系。该研究发现，政治距离的加大会显著降低双边贸易总额，支持了传统的"贸易追随国旗"的观点。同时，随着双边文化距离的增加，双边贸易额对政治距离的偏效应将会增加，这种影响更明显地发生在中国的出口贸易中。

本文试图应用张慧敏、刘洪钟的理论框架，提倡文化有益论，从政治文化视角，阐释中希经贸关系向好的背后推动力，并对未来双边贸易发展提出建议和展望。下文将首先概述 2019 年中希经贸合作发展的特点，再通过观察分析同期两国政治关系及文化交流趋势，探讨中希政治、文化距离对双边经贸关系的影响。

二、中希经贸合作概览

2019 年，希腊成功退出纾困计划，摆脱了长达八年的债务危机，经济焕发出新

---

[1] T. L. Cyrus, "Cultural Distance and Bilateral Trade". *Global Economy Journal*, 2012, 12 (4).

[2] 王珏、李昂、周茂：《双边政治关系距离对中国出口贸易的影响：基于联合国大会投票数据的研究》，载《当代财经》2019 年第 1 期。

[3] 彭雪清、夏飞、陈render谦：《文化认同是中国对东盟文化产品出口的催化剂吗——基于 LSDV 的实证检验》，载《国际经贸探索》2019 年第 12 期。

[4] 张慧敏、刘洪钟：《政治距离、文化差异与中国的对外贸易》，载《国际经贸探索》2020 年第 1 期。

[5] B. Kogut, H. Singh. "The Effect of National Culture on the Choice of Entry Mode". *Journal of International Business Studies*, 1988, 19 (3).

[6] Hofstede 的最新研究数据将国家的文化分为六个维度进行衡量，分别是权利距离指数（Power Distance Index）、个人主义与集体主义（Individualism/Collectivism）、刚柔性（Masculinity / Femininity）、不确定性规避指数（Uncertainty Avoidance Index）、长期与短期导向（Long Term Orientation/Short Term Normative Orientation）、放纵与克制（Indulgence / Restraint），每个维度得分从 0 分到 100 分。

的生机。中希两国在经贸方面的利益契合点也不断增加,中希双边贸易稳步增长,合作领域不断扩展。

(一)双边贸易稳步增长

中国商务部数据显示,近年来,中国和希腊经贸合作持续深化。2019年,中国和希腊的进出口总额约为84.6亿美元,比2018年同期增长19.8%。其中,向希腊出口总额约为77.4亿美元,同比增长19.1%;进口总额7.2亿美元,同比增长28.9%。① 希腊与中国的双边货物贸易额为55.5亿美元,同比增长8.3%。

希腊出口中国的商品中前三位的分别是矿产品、机电产品和化工产品(见表1)。而希腊自中国进口的前三类商品是机电产品、纺织品及原料,以及家具、玩具杂项制品(见表2)。

表1 2019年希腊对中国出口前五位的商品构成(类)

(单位:百万美元)

海关分类	HS编码	商品类别	2019年	2018年	同比(%)	占比(%)
类	章	总值	999	1057	-5.4	100.0
第5类	25-27	矿产品	761	849	-10.4	76.1
第16类	84-85	机电产品	96	49	96.2	9.6
第6类	28-38	化工产品	51	38	32.1	5.1
第11类	50-63	纺织品及原料	24	48	-50.0	2.4
第18类	90-92	光学、钟表、医疗设备	12	8	49.7	1.2

表2 2019年希腊自中国进口前五位的商品构成(类)

(单位:百万美元)

海关分类	HS编码	商品类别	2019年	2018年	同比(%)	占比(%)
类	章	总值	4546	4064	11.8	100.0
第16类	84-85	机电产品	1635	1717	-4.8	36.0
第11类	50-63	纺织品及原料	884	435	103.3	19.4
第20类	94-96	家具、玩具、杂项制品	459	439	4.7	10.1
第15类	72-83	贱金属及制品	404	460	-12.1	8.9
第12类	64-67	鞋靴、伞等轻工产品	287	178	60.9	6.3

近年来,中希双边贸易形式也有了新的变化:除了双边货物和服务贸易外,还出现了中国企业对希腊相关企业直接投资和承包劳务的趋势。② 根据中国商务部《中国

---

① 中华人民共和国商务部欧洲司:《2019年1—12月中国与欧洲国家贸易统计表》,2020年4月5日检索,http://ozs.mofcom.gov.cn/article/zojmgx/date/202003/20200302941074.shtml。

② 贸易结构表现的是一个国家在一定时期,各种商品在整个国家贸易中的比例构成。参见王志华、王国梁:《中希经贸合作现状与展望》,载《对外经贸》2018年第10期,第15—18页。

外资统计公报2019》统计，截至2018年年底，希腊共有170家企业对华直接投资，实际投入外资金额达1亿美元。而2019年，中希两国双向投资不断增长，仅截至9月，希腊在华投资192个项目，投资总额就已达到1亿美元，中国对希腊各类投资总额超过23亿美元，为希腊创造直接就业岗位3000多个。根据希腊银行的数据，2008—2018年，中国对希腊的直接投资金额居全球第七位。

另一个值得关注的投资形式是移民投资。希腊于2013年启动了"希腊黄金签证计划"（Greek Golden Visa Program）。该计划规定，投资者通过购买房地产或对经济进行战略投资，金额达到25万欧元，即可获得希腊黄金签证，并自动获得在希腊居住和自由前往欧洲和所有申根国家的权利。由于其简单和灵活，希腊黄金签证现在被认为是最具吸引力和最直接的欧洲第三国国民计划之一。

根据负责促进投资和贸易的政府机构Enterprise Greece最新公布的数据，自2013年"黄金签证"政策出台以来，希腊总共向投资者和其家属发放的"黄金签证"数量达到了17767份。其中，中国投资者获得了12318份，接近总数的70%。2019年年末，希腊颁发的"黄金签证"增长速度惊人。从9月初到12月初，希腊向非欧盟投资者及其家属发放的742份新"黄金签证"中，约90%（665份）都发放给了中国家庭。

欧洲央行估计，2018年，"黄金签证"计划吸引了4.69亿欧元来自中国的投资，而2019年上半年投资就达到了4.43亿欧元。2020年，随着中国经济的增长和"黄金签证"申请政策的进一步宽松，加上未来房价上涨的可能，会吸引更多的中国投资者，将是"黄金签证"又一爆发之年。

（二）合作领域不断拓展

2019年，新总理基里亚科斯·米佐塔基斯[①]致力于释放经济活力，大力吸引外资，采取了包括减税、精简机构人员、改善经商环境等一系列经济计划和改革措施，对中希之间各领域合作交流给予了大力支持。随着"一带一路"建设的不断推进，中希间的经贸合作领域也在不断拓展。

中希两国在海运方面的合作最具成效，其中比雷埃夫斯港口项目不仅是中希"一带一路"建设合作的旗舰项目，为推动希腊当地经济社会发展做出了重要贡献，更为促进世界各地区互联互通发挥着重要作用。2019年，两国在比雷埃夫斯港示范项目的带动下，进一步推动了中希合作从经贸、能源向旅游、金融和农业等方面拓展。

2019年11月中国国家主席习近平访希期间，双方签署的16个合作文件中包括两项顶层设计文件：国家发展和改革委员会与希腊发展和投资部签署涉及能源、制造业、交通基础设施、环保等领域14个项目的《中希重点领域2020—2022年合作框架计划重点项目清单（第二轮）》，中国商务部与希腊发展和投资部签署了《双向投资

---

① 2019年7月，希腊举行议会选举，新民主党击败总理齐普拉斯领导的激进左翼联盟赢得大选，新民主党领导人基里亚科斯·米佐塔基斯就任希腊总理。

合作谅解备忘录》。这些协议的签订,更是为中希合作实现全方位发展开辟了更广阔的空间,也奠定了坚实的基础。

旅游业是希腊的支柱产业,也是中希合作的核心领域之一。2019年11月4日,希腊总理基里亚科斯·米佐塔基斯与中国吉祥航空总裁签署直航协议,进一步推动中希旅游交流。希腊旅游部部长哈里斯·塞奥哈里斯表示,希腊欢迎中国投资者在希腊旅游业中寻找投资机会,包括酒店的新建和升级、用水管理项目、能源倡议以及废弃物处理等。

2019年,中希在金融领域的合作有了新的进展。中国工商银行希腊代表处正式获颁牌照,在欧洲的服务网络覆盖到16个欧洲国家,进一步提升了工行在欧洲市场和"一带一路"沿线的服务能力。希腊银行(即希腊央行)于2019年11月11日同意设立中国银行(卢森堡)有限公司雅典分行,使中国银行海外机构覆盖至59个国家和地区,全球化服务体系进一步完善。雅典分行开业后,中国银行将积极拓展存款、贷款、汇款、国际结算、贸易融资等业务,为中希经贸往来提供有力的金融支持。

农业方面,5月20日,海关总署副署长张际文在京会见希腊农业发展与食品部副部长特里格力杜·奥林匹亚一行。双方就希腊水果、水产品、乳制品、熟制猪肉等农食产品输华以及希腊猕猴桃输华议定书修订等议题深入交换意见。中国海关总署与希腊农业发展与食品部签了关于藏红花、猕猴桃对华出口协议。中希两国在农业领域优势互补,农业或将成为未来双方合作的重点之一。

2020年,中国海关总署显示,第一季度,受疫情影响,双边贸易额同比下降16%,但希腊对华出口强势增长32.7%。在成功控制疫情后,希腊政府5月20日宣布,自6月15日起,希腊将恢复接待外国游客。该计划将首先适用于遏制新冠肺炎疫情方面取得显著进展的19个国家,中国位列其中,前景值得期待。

2021年对中希两国和两国人民具有重要的象征意义。2021年是希腊独立战争胜利200周年,也是中国共产党建党100周年,两国将在2021年互办文化和旅游年。新任希腊驻华大使伊利奥普洛斯在2020年中国两会前接受记者采访时回顾了中希两国密切、高效的合作,也表示,经过了新冠肺炎疫情危机的考验,"中希两国可以在未来更加紧密地合作,在经济、文化和旅游等更多领域重新定义双边关系"。①

三、中国和希腊经贸发展的政治解释

在国际政治经济学领域,对政治互动与贸易之间关系的研究由来已久。张慧敏、刘洪钟的研究也印证了"贸易会追随国旗"的观点,即一个国家会倾向于与自己政治利益相似的国家进行更多的贸易。② 中希双边政治关系也对贸易有重大的影响。

---

① 《希腊驻华大使:中国两会意义非凡,两国未来合作将更加紧密》,人民网,2020年5月21日,http://world.people.com.cn/n1/2020/0521/c1002-31718350.html。

② T. L. Cyrus, "Cultural Distance and Bilateral Trade". *Global Economy Journal*, 2012, 12 (4).

回顾中希双边政治关系,进入 21 世纪以后,一路升温。两国在多个重大国际问题上看法一致,没有根本的利害冲突。2006 年,建立了全面战略伙伴关系;2018 年,希腊正式同中国签署政府间共建"一带一路"合作谅解备忘录;2019 年,希腊正式加入中国—中东欧国家合作平台,两国关系更是翻开了新篇章。

一年中,两国高层互访频繁。2019 年,希腊主要反对党新民主党击败总理齐普拉斯领导的激进左翼联盟赢得大选。新旧政府顺利更替,对华政策保持不变,前后两届政府首脑与中国领导人频繁互动,2019 年 4 月至 11 月仅两国领导人就进行了 5 次会面,互信关系不断加强。

2019 年 4 月,李克强总理和希腊总理齐普拉斯共同参加了在克罗地亚杜布罗夫尼克举行的第八次中国—中东欧国家领导人会晤。正是在此次会议期间,希腊作为正式成员国加入中国—中东欧合作机制,并写入会后发表的《中国—中东欧国家合作杜布罗夫尼克纲要》。自此,"16 + 1 合作"升级为"17 + 1 合作"。希腊的正式"入群",使中希两国的关系更加密切,也使这个以双赢甚至多赢为目标的国际合作平台获得了进一步的认可。

2019 年 4 月 25 日,希腊总理齐普拉斯在其任内第三次访华,参加第二届"一带一路"国际合作高峰论坛开幕式。其间,两国签订了包括《关于重点领域 2020—2022 年合作框架计划》在内的多项合作协议。紧接着,5 月 12 日,希腊总统帕夫洛普洛斯来华出席亚洲文明对话大会,并对华进行国事访问,双方共同规划了两国关系未来的发展方向。帕夫洛普洛斯表示,希中关系与合作强劲有力,希腊愿成为中国进入欧洲的门户,愿在陆路和海路继续推进共建"一带一路"合作。

2019 年 11 月,中希两国首脑再次密集互访:4 日,希腊新总理米佐塔基斯率大型经贸代表团来华参加第二届中国国际进口博览会,在上海和中国国家主席习近平会面,表明希腊新一届政府仍将高度重视两国关系。时隔不到一周,11 月 10 日至 12 日,中国国家主席习近平应邀对希腊进行了国事访问,访问期间,双方在涉及投资、港口、金融、能源、通信、教育等 16 个领域签署了合作文件。[①] 双方发表了《中华

---

① 习近平主席访希期间,希腊与中国签署的 16 项协议具体如下:(1) 通缉犯引渡条约;(2) "2020—2022 年"合作计划重点项目清单;(3) 希腊投资发展部与中国商务部的双向投资合作谅解备忘录;(4) 希腊农业部与中国海关总署关于希腊西红柿对华出口协议;(5) 希腊农业部与中国海关总署关于希腊猕猴桃对华出口协议;(6) 希腊通信和信息总秘书处与中国国家广播电视总局关于广播、电子媒体和视听媒体的谅解备忘录;(7) 希腊文化体育部与中国残疾人联合会就体育领域的合作谅解备忘录;(8) 希腊民航局与中国民航局的谅解备忘录;(9) 中国社会科学院与艾卡特里尼·拉斯卡里迪斯基金会(Aikaterini Laskaridis Foundation)关于设立中国研究中心的协议;(10) 孔子学院与希腊色萨利大学关于设立孔子学院的协议;(11) 中远海运比雷埃夫斯总体发展计划谅解备忘录;(12) 在雅典设立中国银行分行的公告;(13) 在雅典设立中国工商银行代表处的公告;(14) 希腊大陆与克里特岛电网互联项目意向书;(15) 克里特岛 MINOS 50MW 项目合作协议;(16) 比雷埃夫斯港基建工程系列融资协议。参见雅典新闻通讯社:Sixteen Agreements Signed During President Xi Jinping's visit to Greece,2019 年 11 月 11 日(当地时间),https://www. amna. gr/en/anaxinhua/article/407353/-Sixteen-agreements-signed-during-President-Xi-Jinpings-visit-to-Greece。

人民共和国和希腊共和国关于加强全面战略伙伴关系的联合声明》。此次声明,不仅更加突出地体现出两国在中欧关系、联合国的作用、多边主义国际关系、贸易自由化等重大国际问题上的高度共识,更是将合作落实到具体层面上,就比雷埃夫斯港口示范项目,以及农业和食品安全、海洋研究、科技合作、人文和民间交流等各领域的合作,做出了更为务实的规划和展望。

2019年下半年,在中希两国首脑频繁互访的"引领"作用带动下,双方紧密围绕经贸、海事、旅游、人文等重点合作领域,交流不断。

2019年3月,希腊前任外长卡特鲁加洛斯就任后选择中国作为首个出访国家,来华共同主持中希经贸混委会第13次会议,充分体现了希腊政府和他本人对中希关系的高度重视。10月,国家发展和改革委副主任宁吉喆与希腊发展和投资部部长耶奥尔亚季斯在北京共同主持召开中希重点领域2020—2022年合作框架计划指导委员会第三次会议,会议签署了《中希重点领域2020—2022年合作计划》,商定了第二轮备选合作项目清单和下一步重点工作。

10月底,希腊文化和体育部部长丽娜·门佐妮等率团参加了文化和旅游部主办的第三届文明古国论坛部长级会议,会议审议通过了《北京宣言》。11月,希腊海运与岛屿政策部部长艾奥尼斯·普拉基奥塔基斯和中国商务部副部长王炳南参加了上海第二届中国国际进口博览会配套活动——国际海运年会2019。

2019年,中希双方积极参加旅游、海事等方面的国际交流。10月23日,文化和旅游部部长雒树刚参加了在拉脱维亚首都里加召开的第五次中国—中东欧国家旅游合作高级别会议,会议期间同希腊旅游部部长西奥哈里斯等中东欧高层参会人员会谈,商讨措施,以推动中国—中东欧国家旅游合作迈上新台阶。11月25日,中国交通运输部副部长刘小明出席国际海事组织(IMO)第31届大会,与希腊海运与岛屿政策部部长艾奥尼斯·普拉基奥塔基斯等就进一步深化双边交通运输领域的务实合作交换了意见。

2019年,中希双方高层如此频繁互访,深入交流,一方面体现出希腊前后两届政府对华友好政策的前后一致性,另一方面充分体现了中希领导人之间的亲密友谊和两国关系的高水平发展,① 推进了两个古老文明的对话交流,体现出双方强烈的合作意愿。根据张慧敏和刘洪钟的理论框架,② 两国逐渐减小的政治距离为两国各级经贸

---

① 11月11日,中国国家主席习近平分别与希腊总理米佐塔基斯和总统帕夫洛普洛斯会谈。在与总理米佐塔基斯的会谈中,习近平主席对中希务实合作提出四点建议:(1)加强共建"一带一路"倡议同希腊建设重要国际物流中转枢纽战略对接,早日将比雷埃夫斯港建设成为地中海地区最大集装箱中转港,充分发挥其海—铁联运枢纽作用,提升中欧陆海快线的运能。(2)扩大双向贸易和投资规模,加强电力、通信、制造业、金融等领域合作。(3)深化人文交流。(4)共同推动中欧关系发展。总理米佐塔基斯积极回应了习近平主席的建议,认为希中合作具有战略意义,表达了对中希合作的坚定支持和高度信任。

② 张慧敏、刘洪钟:《政治距离、文化差异与中国的对外贸易》,载《国际经贸探索》2020年第1期。

合作注入了动力，提供了坚实的保障。

四、中国与希腊经贸发展的文化解释

中国和希腊虽同为文明古国，但是作为中西文化的重要代表，文化差异仍然较大，正如中国驻希大使章启月在2019年11月接受新华社采访时所指出的，近年来，中希人文交流和文明间对话交往频繁，两国博物馆换展已成常态，文艺团体密集互访演出，高校和社会团体频繁交流互动。中希人文交流有效地拉近了两国的"文化距离"，成为促进双边经贸关系深化的助力。

近年来，中希双方在学术、商贸、艺术、文化、体育等诸方面的交流活动多达百余次，成果丰硕。

（一）高级别学术会议增多

2019年，中希双方在文明交流、教育和商贸等领域组织了多场高级别学术会议，加强了沟通，深化了共识。

5月15日，中国发起并组织了亚洲文明对话大会，希腊总统帕夫洛普洛斯出席开幕式。10月28日，由中希共同倡议发起的第三届"文明古国论坛"部长级会议学者论坛在北京故宫博物院召开，希腊文化和体育部部长丽娜·门佐妮参加了论坛。通过这些会议，进一步唤起了世界各国对文化多样性及跨文化对话的重视，推动了各个国家通过文化艺术和旅游领域的交流合作增进相互了解。

5月23日，首届中国—希腊高等教育论坛在希腊雅典大学举行，反映出中希关系深厚的人文基础和丰富的人文内涵，也凸显了人文交流对新时期中希全面战略伙伴关系建设发挥的促进和推动作用。10月23日，希腊教育部高教秘书长阿波斯托利斯·迪米特洛泊罗斯来华参加了第21届国际教育年会，希望加强两国之间的教育合作，并同意尽快完成2015年以来两国之间一直在筹备的教育合作计划的签署。中希双方同意对通过签署合作备忘录，建立联合教学与研究计划，以及在哲学、考古学、历史学、欧洲研究和其他社会科学共同感兴趣的领域建立合作研究所等。

11月4日，"希中合作新纪元"商业论坛在上海举行，希腊总理米佐塔基斯在论坛上致辞。此次论坛旨在促进中希经贸关系，拓展务实合作，吸引了68家希腊企业代表以及200多名中国企业代表参加。

（二）民间学术交流卓有成效

2019年，中希两国在高等教育、医疗、法律和科技创新等方面的学术交流频繁，卓有成效。

新年伊始，中国科学院张亚平院士应雅典科学院的邀请对希腊进行了友好访问，并访问了雅典科学院所属基金会和研究中心，寻求与希方强强对接，推动实质性合作。

以此为序幕，中希多所高校在 2019 年进行了交流，其中最值得一提的是，5 月份，希腊总统帕夫洛普洛斯在访华期间访问了清华大学，并在海外名师讲堂发表题为"希腊语对文明对话的贡献"的主题演讲，号召不同文明之间进行真诚的对话。这一年中，希腊雅典市代表团访问了沈阳大学，希腊爱琴大学校长 Chryssi Vitsilakis 和著名科技考古专家 Ioannis Liritzis 访问了河南大学、中国科学院地质与地球物理研究所，希腊雅典市市长科斯塔斯·巴戈雅尼斯率团访问了上海外国语大学。而中方的东南大学、西南交通大学、中央财经大学、北京语言大学、南京师范大学、安徽中医药大学、暨南大学、广州大学等大学代表团走进希腊，与希腊雅典理工大学、亚里士多德大学、雅典经济与商业大学、雅典商务孔子学院、雅典大学、色萨利大学、希腊美国大学、塞萨斯德谟克里特大学等高校一起探索在美术、管理工程、语言、建筑、中医药等专业进行学术交流、联合培养、师生交流、科研合作等方面的合作机会。

除了两国高校互访，中希两国不同行业和组织在医疗、科技创新、法律、金融等专业领域也进行了广泛交流。

2019 年，中希双方在儿童肿瘤癌症治疗和传统医学合作上进行了有益的探索。11 月 5 日，国家儿童医学中心、首都医科大学附属北京儿童医院与希腊 Aghia Sophia（埃格西亚索菲亚）儿童医院签约。双方将分享前沿儿科知识，启动完成科研课题，共同组织学术活动，最大限度地利用合作平台和专业技术资源，带动双方科研和临床水平提升，从而更好地服务于中国和希腊的白血病等恶性肿瘤患儿，更好地服务于"一带一路"沿线的患儿。11 月 1 日，北京市中药研究所与希波克拉底国际基金会签订协议，今后双方将在北京市与科斯市共同建设"传统医药科研中心"，并通过此项目带动"一带一路"沿线国家的天然药用植物资源研究与开发利用。12 月 18 日，由安徽中医药大学、希腊国际健康旅游中心和阿提卡省政府共同成立的希腊首家中医药中心落户雅典，为中希两国架起了新的医疗合作桥梁。

随着"17 + 1"合作深入推进，两国经贸往来、人员交流更加密切，司法合作需求日益扩大，中希法律界互相了解、加深合作的需求日益凸显。2019 年 9 月，最高人民法院院长周强率中国法院代表团对希腊进行友好访问，并签署两国最高法院交流与合作谅解备忘录。希腊众议院第二副议长阿萨纳西乌在希腊会见了中国代表团，介绍了立法运作过程以及其与欧洲法律的兼容性。不久，希腊司法部国际司法关系及人权事务总司司长埃芙蒂西娅·卡齐加拉基一行 4 人访问了中国人民公安大学，就中国与希腊开展追逃引渡合作等问题进行交流，希望继续与中国合作，为国际执法合作贡献力量。10 月 1 日，中国国家知识产权局副局长甘绍宁率团对德国、捷克、希腊三国的知识产权局及欧洲专局进行了工作访问。中希司法界未来将在司法改革、海事司法、法院信息化、法官培训、法律文化、双边司法协助等领域不断拓展合作广度和深度，营造良好法治环境，为推进"17 + 1"合作保驾护航。

科技创新合作是中希全面战略伙伴关系的重要组成部分，两国签订有政府间科技合作协定。2019 年，双方在科技创新领域开展了卓有成效的合作。4 月 2 日至 5 日，雅典商务孔子学院、北京市环亚青年交流发展基金会、R&J 国际文化生活会和希腊教育网站 Study in Greece 在雅典共同主办了"一带一路"中希大学生峰会,主题是创新与创业。6月25日,一带一路·中国 AI 科技落地希腊人工智能高峰论坛在希腊地标性建筑扎皮翁宫举行。峰会现场各政府要员和学者分别围绕"未来智能交通""技术转移增长机遇"以及"人工智能对于希腊的核心改变"三个方面的话题进行了交流探讨。会上,深兰科技与希腊知名高等学府塞萨洛尼基亚里士多德大学签署了战略合作协议。此次希腊和中国人工智能独角兽企业深兰科技在智能城市方面的国际级合作就是创新互动、合作共赢的典型范例,也侧面反映了中国人工智能企业在国际领域的强劲影响力。7月12日,华为联合希腊 Wind 电信公司在卡拉玛达市(Kalamata)正式发布希腊首个 5G 商用移动网络。卡拉玛达市已正式成为希腊首个使用 5G 商用移动网络的城市。5G 技术将对当地市民的生活带来积极影响,带动该市的投资业与旅游业。11月16日至17日,中科院光电技术研究所(以下简称光电所)与希腊科技界开展集"科学研究、技术创新、人才培养和成果转化"于一体的战略合作的尝试和探索。双方签订了合作意向书,共建中希联合实验室,在激光防护(清洗和诊断)、先进光学材料制造、微纳光学、自适应光学和光纤光学以及生物医学光学等领域开展深入交流合作。

希腊发展与投资部主管研究与技术的副部长季马斯表示,希腊新一届政府认为,科技创新在经济发展中的作用至关重要,希方高度重视与中国的科技创新合作,欢迎中国企业参与希政府新的科技创新发展计划。

(三)各类文化活动频繁

中希两国人民在患难与共中建立的深情厚谊,是中希人文交流蓬勃开展的重要民心支柱。2019年,中希文化交流和文化产业合作非常紧密,两国在演艺、影视、出版、美术、中医、茶文化等领域互动频繁。

1月和2月期间,围绕春节主题,在希腊举办了"2019希腊华人文化节""2019希腊欢乐春节""雅典喜迎新春联欢晚会"等多场文化交流活动,庆祝中国农历猪年的到来。这些活动使得两国人民更加了解彼此的新年风俗和历史,因文化上的相似和共通之处而产生亲近感,加深了彼此友谊。

11月,中国国家主席习近平访希前,希腊举行了一系列中希两国人文交流活动,在当地掀起了一股中国热潮。纪录片《习近平治国方略》希腊首播仪式11月1日在雅典举行,活动现场,中希两国传媒机构还举行签约仪式,将合作拍摄分别介绍中国和希腊人文地理和社会旅游服务的纪录片《旅居中国》和《旅居希腊》。由中央广播电视总台拍摄制作的专题片《平"语"近人——习近平喜欢的典故》希腊语版,11月10日起在天空电视台网站上线开播。大型文献专题片《我们走在大路上》希腊语版11月10日起在雅典—马其顿通讯社网站和新媒体平台上线播出。

舞台表演方面,中希诸多优秀戏剧、舞蹈、音乐作品登陆两国舞台。中国国家话剧院出品的中希双语话剧《阿伽门农》,新世纪音乐作曲家、演奏家雅尼·克里索马利斯和雅典爱乐乐团的北京音乐会,为中国观众呈上了艺术盛宴。另一方面,中国艺术家走进希腊,结合中国少林功夫与现代舞蹈的跨界经典舞剧 Sutra（即《舞经》）、大型诗乐舞《大国芬芳》、音乐剧《诗经·采薇》、"2019 中国爱乐乐团地中海巡演",也让希腊观众感受到中国艺术元素的魅力。

与此同时,各类展览不断,精彩纷呈,如中国艺术家许鸿飞女性雕塑展（1月11日）、"道的冥想"——中国美术家作品联展（4月10日）、图书展、2019 中国电影展（5月6日）、"感知中国·大美青海"民族文化艺术展（5月9日）、中医养生文化展（6月7日）、2019 中国（广东）电影欧洲展映（9月6日）、中国丝绸服饰艺术展（9月20日）、"一带一路"中国南京传统艺术展（9月25日）、"物观三者——三城雕塑展"（11月1日）、"从丝绸之路到'一带一路':2019 中国主题图书文化创意展"（11月1日）、"设计中国·魅力汉字"展（11月2日）、"中国动漫游希腊"中国动漫作品展（11月4日）、齐白石艺术展（11月12日）、中国艺术品展（12月18日）等。

2020年至2021年,虽然受疫情影响,两国文化交流活动有所减少,但是两国共同抗击疫情反而让中希关系得到了巩固和升华。中希双方进行了多场线上研讨会和视频交流会,邀请两国各界人士一道,共同探讨下一步深化拓展合作的新领域。双方努力抓住后疫情时代的机会,将合作领域进一步拓展到医疗卫生、新能源和可再生能源、信息科技、电子商务、绿色技术和创新等领域。2020年6月,中国猛犸基金会向雅典大学微生物实验室捐赠"火眼"病毒检测实验室核心设备,助力其提升新冠病毒核酸检测能力,成为双方进一步推动医学科研领域合作的良好开端。同年6月初,200多家中国企业代表参加了"2020外洽会系列论坛——投资希腊"国际在线论坛,也充分展现了中国企业界投资希腊的热情。

正如希腊文化和体育部前部长莉迪娅·科尼奥尔祖所指出的,"在'一带一路'倡议中,文化的角色非常重要,文化交流有助于弥合差异,团结人民"。中希文化交流频繁,形式多样,成果丰硕,缩短了两国的文化距离,加强了中希人民的文化认同,促进了民心相通,为两国经贸关系的发展起到了催化剂的作用,并在"一带一路"建设中发挥着固本强基的作用。

五、结语

本文尝试运用张慧敏和刘洪钟提出的理论模型探讨推动 2019—2020 年中希贸易关系发展背后的政治文化动因。结果表明,两国领导人积极的政治交流,各层级频繁的文化互动,有效缩短了政治文化距离,对双边贸易关系产生了积极的推动作用。

基于以上探讨,为进一步推动中希经贸合作,可以得到如下启示:

第一,进一步巩固和提高与希腊的政治合作水平,增强彼此信任,积极发挥政治在经贸关系中的积极作用。

总的来说,中希双方在政治层面没有利益冲突。自 1972 年建交以来,两国始终互相尊重、互相信任、互相支持,已发展成为不同规模、不同制度、不同文化国家之间和平相处、合作共赢的典范。但是，国际局势正在发生深刻的变化，不稳定、不确定性因素增加。积极发展和希腊合作共赢关系的同时，我们也要看到两国关系所面临的挑战。首先，"一带一路"的政治化解读引发欧洲重新定位中欧关系，间接施压中希合作。其次，中美关系日趋对抗，给中希关系增加阻力。最后，希腊独特的地缘政治地位，中国有异于西方的政治体制，易引发其他国家警惕，制造分裂，产生担忧。但是，与美国不同，欧盟并未将中国视为"战略"竞争对手，而是把它当作"系统性"竞争对手。这意味着在融合而非趋异的治理模式理念基础上，双方存在着合作的空间。希腊国际问题学者乔治·佐戈普鲁斯曾在接受《人民日报》记者采访时指出："在全球化深入发展的今天，'一带一路'让两国紧密相连。希腊是'一带一路'沿线重要国家，共建'一带一路'正在使希腊的区位优势转化为发展优势、竞争优势。"所以，未来我们仍需进一步巩固和提高与希腊的政治合作水平，增强彼此信任，积极发挥政治在经贸关系中的促进作用。

第二，推动文明交流和对话，加强两国文化互相传播、交流和互鉴，拉近文化的距离，增强文化认同，推进人类命运共同体建设。

希腊比雷埃夫斯大学2014年发布的一项调查显示，60.9%的被调查者认为希腊和中国的文化有共同之处，其中38.2%的希腊人深信这两种文化"存在很多共同之处"。两国人民的文化认同，为中希之间的文化交流奠定了良好的基础。这将有利于中国与希腊的人文交流，是增进两国人民互信互利的重要保障。接下来，两国应在旅游文化、学术和人才合作、文明对话等方面进行更广泛的交流，将孔子学院、文化贸易、互联网等传播方式有机结合，通过多层次、多领域、多形式的活动，将"一带一路"合作共赢的精神传达出去，化解矛盾与分歧，营造良好的经贸合作环境，为中希经贸合作的深化夯实民意基础。

2019年，随着习近平主席的希腊之行，中希关系迈上了新的台阶。国家主席习近平强调："中希友好不仅是两国的合作，更是两大文明的对话。当今世界正在经历百年未有之大变局，我希望两国共同努力，深化合作，以跨越时空的文明成果，推动兼收并蓄的文明交流，倡导更加公正合理的国际秩序，让中希两个文明古国在新时代焕发出新的光芒。"① 2020年的疫情对世界经济造成了严重冲击，但更凸显了世界各国团结谋发展、合作促繁荣的重要性。可以预见，在"一带一路"框架下，建立良好的政治关系，加强中希之间的文化交流，可以为双边经贸合作扫除障碍，营造良好的合作环境。同时，还能起到典范的作用，通过联动效应，带动其他欧洲国家参与到"一带一路"的建设中来，促进中欧关系健康发展。

---

① 2019年希腊当地时间11月11日，国家主席习近平在雅典同希腊总统帕夫洛普洛斯会谈中的一段话。2019年12月3日检索，http://www.xinhuanet.com/world/2019－11/11/c_1125218942.htm。

A Study on China-Greece Economic and Trade Cooperation in View of China-CEE Subregion Cooperation: A Political and Cultural Distance Perspective

Luo Xuejuan

[**Abstract**] With Greece officially joining the China-CEEC cooperation group, the economic and trade ties between Greece and China have been strengthened, with cooperation extending into fields of finance, marine industry, science and technology, education and tourism. Both countries have received great benefits from this win-win relationship.

Greece has attracted increasing attention from researchers owing to its special geographical location that gives it a tremendous advantage in promoting the development of the Belt and Road Initiative (BRI). A review of the studies on Greece in China shows, however, that most domestic researchers focused mainly on philosophy, culture and more recently on the Greek debt crisis. The number of studies on China-Greece economic and trade cooperation is still small, with the few existing ones centering only on a general description of the China-Greece economic and trade development. Deep analysis of the possible driving forces behind the development is rarely seen.

This study, therefore, aims to explore the driving forces behind the rapid development of bilateral economic and trade relations based on the case study of the China-Greece relations in the past two years. Data concerning the economic and trade cooperation and political as well as cultural exchanges between the two countries were collected and analyzed using the model of political distance, cultural differences and foreign trade. The results show that the active political exchanges between leaders of China and Greece and frequent and in-depth cultural interactions at all levels in 2019 effectively shortened the political and cultural distance between the two countries which are the two major driving forces promoting the bilateral trade relations.

On the basis of the findings, suggestions for the future development of the bilateral trade are given from the perspective of political and cultural distance. It is then further pointed out that the sound political relations and the strengthened cultural exchanges within the framework of BRI can help remove obstacles from the bilateral economic and trade cooperation and create a favorable cooperation environment. Meanwhile, the Sino-Greece partnership can serve as a good example to attract more willing cooperation from European countries in the construction of BRI and more importantly boost a healthy development of China-EU relations.

[**Key Words**] China-Greece relations, economic and trade development, benefits of cultural exchanges, "political and cultural distance" perspective

"多层级治理"视角下中国与塞尔维亚合作浅析

马菁雪 陈 硕[*]

摘要：随着世界经济发展和各地区之间交往的增多，各地区对于交往机制的探索从未止步；随着"一带一路"倡议的提出和中国—中东欧合作机制的建立，二者间的交往有了行之有效的中国方案。中国与中东欧地区有着深厚的合作基础，早在中国实施"走出去"战略之际，中东欧地区就是中国投资的沃土，双边贸易亦欣欣向荣。近年来，随着合作领域拓宽与合作层次深化，中国与中东欧地区间合作成为高质量共建"一带一路"的重要组成部分，为中国—中东欧合作机制的平稳运行保驾护航。塞尔维亚地处中东欧地区核心位置，历史悠久，民族众多，矿产资源丰富，在基础设施建设、重工业、人文交流等领域与中国密切合作，为中国与中东欧国家合作树立了良好典范。中国与塞尔维亚的合作与互动非常具有典型性，是研究中国与中东欧地区合作的优秀案例。20世纪90年代伊始，"多层级治理"逐渐成为研究欧盟治理方略的一个重要理论流派，"多层级治理"理论被广泛应用于探究多个层级权力主体的相互重叠与相关政治行为体在多个层级之间的互动。本文从"多层级治理"视角入手，探究中塞多层级合作的内涵和特点，总结双方在政治、经贸、人文等领域合作取得的成就，预判双方未来合作中法律接轨、国际环境等层面潜在的风险，旨在为中国与中东欧地区合作厘清思路，提供参考方向。

关键词：中国—中东欧合作；中塞合作；多层级治理

引言

塞尔维亚地处东南欧巴尔干半岛中部，与克罗地亚、波黑、黑山、阿尔巴尼亚、马其顿、保加利亚、罗马尼亚以及匈牙利接壤。国土面积77474平方千米（不含科索沃地区）。北部为著名的伏伊伏丁那多瑙河冲积平原，地势平坦，土壤肥沃，被誉为粮仓。中部、东部、西部及南部为丘陵和山地。塞尔维亚主要矿产资源有褐煤（储量55亿吨）、石油（储量7740万吨）和天然气（储量481亿立方米）。塞尔维亚位于连接东西方的十字路口，自诞生之日起就对全球主要的几大战略性力量具有重要意义。

---

[*] 马菁雪，中山大学国际翻译学院教师，中山大学"一带一路"研究院副研究员。陈硕，中山大学海洋科学学院教师，中山大学"一带一路"研究院助理研究员。

中塞友谊源远流长,曾在诸多重大历史时刻并肩作战。当前,中国与中东欧的合作有两个重要平台,一个是"一带一路"倡议,另一个是中国—中东欧合作机制平台。以上两个平台在建设之初都得到了塞尔维亚的积极响应,中塞两国合作领域不断扩展,合作方式愈益多元化。两国合作面临诸多发展机遇,合作潜力较大,机遇与挑战并存。本研究认为,在"多层级治理"理论视角下,中国与塞尔维亚两国双边政治互信、外交合作、经贸往来、人文交流等领域的合作各具特点,地方层级合作会促进中国与整个中东欧地区的高层级合作,中塞合作将是推动"一带一路"建设和巩固中国中东欧合作机制的重要一环,是中国与中东欧地区形成多层级、全方位合作的重要基础。

一、文献评述与本文研究思路

20世纪90年代开始,"多层级治理"逐渐成为研究欧盟治理方略的一个重要理论流派。该理论方法最基本的观点是把欧盟看成是国家内部地区、国家和超国家层次间的相互联结和互动。[①] "多层级治理"理论模式最初是由美国学者盖里·马克斯(Gary Marks)提出的,多层级治理的核心在于多个层级政府权力的相互重叠与相关政治行为体在多个层级之间互动。[②] "多层级治理"理论的重要代表性学者胡奇·利斯贝特(Hooghe Liesbet)和盖里·马克斯认为,欧洲一体化是一种创造政体过程,在这一过程中,政治权威和决策影响力是由多层次政府分享的,形成了国家权力向上、向下和向侧的多维度转移,即政府权威同时向超国家层面、次国家层面以及公共私人网络分散和转移。多层级治理强调不同层级之间要进行权力分配,反对将权力集中于某一个层级。[③] 在"多层级治理"思路之下,欧盟与成员国之间形成了超国家、国家和次国家的多层级治理结构。

自"多层级治理"理论诞生以来,规范性研究大多聚焦于欧洲联盟的性质和构成,实证经验研究则侧重于欧洲议会与重要的非政府组织(商业组织、大公司、环保组织等)在欧洲联盟利益分配中的作用。[④] 随着该理论日趋成熟,以"多层级治理"理论框架为指导的研究领域不断拓宽,呈现出蓬勃发展的态势。后来,政治学其他研究领域以及公共管理研究领域也借用这一概念来描述发生在人们身边的多层级治理现象。同时,后来的研究者们突破了马克斯仅将视野局限于各级政治或行政层面

---

① Gary Marks. "Competencies, Cracks and Conflicts: Regional Mobilization in the European Union." *Comparative Political Studies* 1996, 29 (2): 167.

② Gray Marks, Hooghe Liesbet, and Kermit Blank, "European Integration from the 1980s: State-Centric V. Multi-Level Governance." *Journal of Common Market Studies*, 1996, 34 (3).

③ 臧术美:《"一带一路"背景下中国与中东欧地方合作——一种多层级合作机制探析》,载《社会学》2020年第1期,第50-62页。

④ 吴志成,李客循:《欧洲联盟的多层级治理:理论及其模式分析》,载《欧洲研究》2003年第6期,第100-113、156页。

的政府行为体的局限,开始将不同层面的非政府行为体也纳入多层级治理之中,多层级治理被界定为多个管辖权层面上的政府行为体与非政府行为体为解决公共问题而进行的持续互动的制度安排。多层级治理这一概念至少包含三个特征:多层级治理是治理的一种表现形式,多层级治理涉及多个管辖层级,多层级治理中的互动是一种平等式互动。① 多层级治理理论主张在维护现有制度有效性、稳定性的前提下,将合作主体视为不同层级内的主体,通过机制和体系创新,协调、统筹各个层级行为主体的活动,从而实现有序、高效的合作。有学者将欧盟内部的"多层级"划分为欧盟、次地区、成员国、地区和地方五个层面。地方合作也分为两种形式:一种是地方政府完全自主的地方间合作;另一种就是受中央政府主导或者引导的地方间合作。②

随着"多层级框架"理论内容的丰富,其被广泛应用于多个学科视阈下公共管理或公共治理研究。多位学者在"多层级治理"理论指导下结合其他学科成熟的研究方法,搭建出跨学科的分析框架,分析实际问题,得出了诸多有价值的结论。有学者在粤港澳大湾区治理体系研究中以该理论为指导,分析得出粤港澳大湾区是国家主导的、在一个新的特定区域空间上展开集体行动的多层级治理框架的结论,认为粤港澳大湾区是一种制度性构建,是在"一国两制"和珠三角区域一体化的制度实践与治理经验基础上,谋求国家治理体系创新和治理能力提升的制度性尝试。该治理框架纳入跨层级和跨部门的行动主体,既包括中央政府、广东省政府、香港和澳门两个特别行政区以及广东省的9个城市政府等跨层级的政府行动者,又包括来自全国、区域和地方层面的企业、社会组织和社会公众等市场和社会行动主体。③ 有学者在中国城市群制度一体化评估框架构建中以"多层级治理"的理论框架为基础,构成"三组关系"与"两个层次"的评估理论框架,即在宏观层次的城市群治理结构与微观层次个案型制度安排上检验层级政府间的科层关系、跨市区域合作关系,以及政府—市场—公民社会的三方关系。并构建评估实证框架,宏观层次上以社会网络分析、文本、桌面分析及半结构访谈识别城市群治理结构;微观层次以政策网络分析及焦点小组、深度访谈识别基于个案的制度安排。最终证明,简单构建评估指标忽视了制度特征与演化,可实证的理论评估与实践实证框架的建立有助于深度揭示城市群的制度一体化机制。④ 除应用于区域、城市治理研究以外,"多层级治理"理论还被应用于教

---

① 张继亮:《治理的"立体化"面相:多层级治理的概念、模式及争议》,载《行政论坛》2017年第24卷,第3期,第64-69页。
② 臧术美:《"一带一路"背景下中国与中东欧地方合作——一种多层级合作机制探析》,载《社会学》2020年第1期,第50-62页。
③ 张福磊:《多层级治理框架下的区域空间与制度建构:粤港澳大湾区治理体系研究》,载《行政论坛》2019年第26卷第3期,第95-102页。
④ 张衔春、许顺才、陈浩等:《中国城市群制度一体化评估框架构建——基于多层级治理理论》,载《城市规划》2017年第41卷,第8期,第75-82页。

育合作①、海洋环境治理②、港口治理③、欧洲难民研究④等各研究领域，可见，"多层级治理"理论具有较强的理论生命力、跨学科潜力和应用价值。

中东欧国家是转型经济体的代表，正经历从新兴经济体向发达经济体过渡的阶段，对中国有较大的融资需求。中东欧地区人力、产业等投资基础相对较好，在该地区获取欧盟技术和市场也较为便利，多层次合作交流日益铺开。中东欧国家大部分与中国有传统友好关系，双方没有突出的历史矛盾，也没有历史遗留问题。中国在此区域建设丝绸之路经济带不会遇到明显的战略阻力⑤。中国与中东欧国家合作具有良好的历史积淀和现实优势，随着"一带一路"建设日趋成熟，中国—中东欧合作机制不断完善，中国与中东欧地区互动增多，关于两国政治互动、经贸合作、人文交流等方面的研究不断涌现，近年来合作呈现出"多层级"特点，但鲜有研究将中国—中东欧互动置于"多层级治理"视角下进行考察。

鉴于此，本文旨在以"多层级治理"的视角探究中国与中东欧国家政治、经贸、人文领域的合作，研究过程中淡化不同层级之间的政治隶属关系。中国与中东欧的合作实践中，中国层面完全由地方主导的、纯粹的地方合作还比较少，多数地方合作或多或少都会受到中央政府的指导，因此，本研究不对中国做层级划分。中国的合作和互动对象可划分为中东欧地区、主权国家、地方三个层级，而本文聚焦中国与塞尔维亚的合作交流，总结双方多层级、跨层级互动与合作中的宝贵经验，探讨未来合作潜在的风险，为中国与中东欧地区合作厘清思路，为未来合作提供参考。

二、中国与塞尔维亚政治交往

塞尔维亚是中东欧地区的核心国家之一。中塞友好关系历史悠久，我国在塞尔维亚困难时期给予的帮助，为两国关系发展打下了坚实的基础。塞尔维亚也非常重视与中国的友好关系，视中国崛起为重大历史机遇。塞方非常期待我国对塞尔维亚交通、基础设施、能源等领域的投资。此外，在人权、南海、产能合作和市场经济地位等问题上，塞方了解中国立场，支持中国利益。这在部分欧盟成员国针对上述问题释放出

---

① 李妮：《多层级治理框架下的粤港澳大湾区职业教育合作体系研究》，载《教育与职业》2020年第18期，第20-26页。

② 全永波：《全球海洋生态环境多层级治理：现实困境与未来走向》，载《政法论丛》2019年第3期，第148-160页。

③ 章强、陈扬、陈舜：《多层级治理视野下中国船舶排放控制区政策研究——以长三角区域核心港口为例》，载《大连海事大学学报（社会科学版）》，2017年第16卷，第5期，第56-61页。

④ 杨娜、万梦琪：《多层级治理—政治系统理论视角下的欧盟难民政策研究——以两次难民问题为例》，载《欧洲研究》2019年第37卷，第1期，第126-146，8页。

⑤ 刘作奎：《中东欧在丝绸之路经济带建设中的作用》，载《国际问题研究》2014年第4期，第72-82页。

对华不利姿态的背景下,塞尔维亚的立场尤显珍贵。塞尔维亚在涉台、涉疆和涉藏等问题上也坚决维护中国立场。① 经过科学测算,中国与"一带一路"国家间商品以产业间贸易为主且互补性大于竞争性。② 中东欧经济处于转型期,有学者以波兰、匈牙利、捷克和斯洛伐克等中东欧国家为研究对象,分析四国在全球与欧洲区域价值链中的位置与角色,证明了实体经济与中高端制造是国家经济的"压舱石"。③ 中塞两国的友好合作拥有广阔前景,有望将塞尔维亚打造成中国在西巴尔干地区的交通基础设施建设、物流和金融合作中心。

近年来,中塞关系实现了跨越式发展,两国最高层会晤频繁,科学、教育、卫生、司法、海关等领域高层也积极互访并签署了一系列推动中塞关系发展的协议,中塞两国各领域务实合作不断迈上新的台阶。中塞两国政治领域的互动呈现出层级高、规格高的特点,中国的互动对象聚焦国家层级,多采用以两国领导人或高级官员互访的形式,以发布国家级联合声明或签署合作协议为结果。

1955年,中国同南斯拉夫建立外交关系。2009年,中塞宣布建立战略伙伴关系。2013年,中塞两国元首共同签署《中华人民共和国和塞尔维亚共和国关于深化战略伙伴关系的联合声明》。2016年6月,两国元首在塞尔维亚共同签署了《中华人民共和国和塞尔维亚共和国关于建立全面战略伙伴关系的联合声明》,将中塞关系定位提升为全面战略伙伴关系。同年11月5日,中塞两国总理共同见证签署《中华人民共和国政府和塞尔维亚共和国政府关于互免持普通护照人员签证协定》。2017年5月,中塞政府签订《关于共同推进"一带一路"建设的谅解备忘录》,设立经贸混委会机制。此后两国还签了《投资保护协定》《避免双重征税协定》《基础设施领域经济技术合作协定》《文化合作协定》《科技合作协定》和《中华人民共和国公安部和塞尔维亚共和国内务部合作协议》等文件。迄今,两国已经签署了多份有关经济合作和"一带一路"建设相关的文件,包括《中华人民共和国与塞尔维亚共和国政府关于共同推进丝绸之路经济带和21世纪海上丝绸之路建设的谅解备忘录》等。一系列文件的签署在推动两国政治和经贸关系持续发展方面,发挥了重要作用。2019年9月21日,中国驻塞尔维亚使馆当天举办主题为"钢铁友谊,共创繁荣"的国庆70周年招待会。塞尔维亚总统武契奇在招待会上致辞说,中国是塞尔维亚最真诚、最可信赖的朋友。布尔纳比奇总理在接受记者采访时积极评价70年来中国的发展以及中国人民生活水平的提高。她说,中国是塞尔维亚"最强有力的伙伴之一",塞中之间有着"钢铁般的友谊"。

---

① 刘作奎:《塞尔维亚国内形势、外交政策走向与中塞关系》,载《当代世界》2016年第9期,第32-35页。

② 胡玫、郑伟:《中国与"一带一路"国家贸易竞争性与互补性分析》,载《经济问题》2019年第2期,第101-108页。

③ 余南平、夏菁:《区域价值链视角下的中东欧国家经济转型——以波兰、匈牙利、捷克和斯洛伐克为分析对象》,载《欧洲研究》2020年第38卷,第1期,第104-131,7-8页。

近年来，中塞两国高层领导人互动频繁。2019 年 4 月 25 日，国家主席习近平在北京人民大会堂会见塞尔维亚总统武契奇。2019 年 4 月，李克强总理在出席第八次中国—中东欧国家领导人杜布罗夫尼克会晤期间同塞尔维亚总理布尔纳比奇举行双边会见；同年 11 月，塞尔维亚总理布尔纳比奇率团来华出席第二届中国国际进口博览会并与中国国家主席习近平在上海进行了会见。2019 年 5 月 27 日，全国人大常委会委员长栗战书在北京人民大会堂会见塞尔维亚国民议会副议长阿尔西奇。栗战书说，中塞友谊历久弥新，两国互为真诚的朋友。

此外，中塞两国各领域部长级互访也十分频繁。2019 年 7 月 31 日塞尔维亚农业、林业和水利部部长访问中国，中国海关总署副署长王令浚在署会见。双方高度评价中塞检验检疫合作，并就塞尔维亚猪肉、牛肉、水果、玉米、乳品等食用农产品和食品输华检疫准入问题深入交换意见。① 2019 年 11 月 18 日，塞尔维亚文化媒体部国务秘书阿莱克桑达尔·加约维奇先生率领的媒体代表团一行访问中国，国务院新闻办公室副主任郭卫民在京会见，中宣部国际联络局副局长张洪斌等陪同会见，双方围绕加强两国新闻媒体领域交流合作、如何开展对外传播等话题进行了探讨。2019 年 3 月底，应塞尔维亚教育科技发展部邀请，中国科学院院长白春礼率团访问了塞尔维亚，在"一带一路"倡议下进一步推动中科院同塞尔维亚在科技创新和教育领域的合作。2019 年 6 月 17 日至 19 日，海关总署副署长张际文访问塞尔维亚。张际文受到塞总统武契奇的亲切接见。2019 年 9 月 18 日至 21 日，中华人民共和国首席大法官、最高人民法院院长周强率中国法院代表团对塞尔维亚进行友好访问。2019 年 10 月 7 日至 10 日，应塞尔维亚创新和技术发展部、教育和科技发展部以及公共卫生研究所邀请，国家自然科学基金委员会高福副主任率团访问塞尔维亚。2019 年 11 月 26 日，中国国家知识产权局局长申长雨率团访问塞尔维亚，与塞尔维亚知识产权局局长弗拉迪米尔·马里奇举行会谈，并共同签署两局升级版合作谅解备忘录。

三、中国与塞尔维亚经贸合作

当今世界处于百年未有之大变局，中塞关系站在一个新的历史起点上。塞尔维亚是最早同中国签署共建"一带一路"政府间谅解备忘录和合作规划的中东欧国家之一，中塞双边贸易发展良好。根据中国国家统计局发布的数据，2015—2018 年间，中塞两国进口和出口总额均有大幅攀升，2015 年为 54883 万美元，2016 年为 59494 万美元，2017 年为 75722 万美元，2018 年为 95217 万美元。中国商务部发布的数据显示，2019 年 1—12 月，中国与塞尔维亚进出口总额达 139216 万美元，同比增长 46.2%，其中出口额达 103198 万美元，同比增长 41.7%，进口额达 36018 万美元，

---

① 《王令凌在署会见塞尔维亚农业、林业和水利部部长内迪莫维奇一行》，中华人民共和国海关总署网站，2020 年 5 月 18 日，http://nanning.customs.gov.cn/customs/302249/hgzssldzj/302340/302384/2557607/index.html?ivk_sa=102432ou。

同比增长60.9%（见图1）。

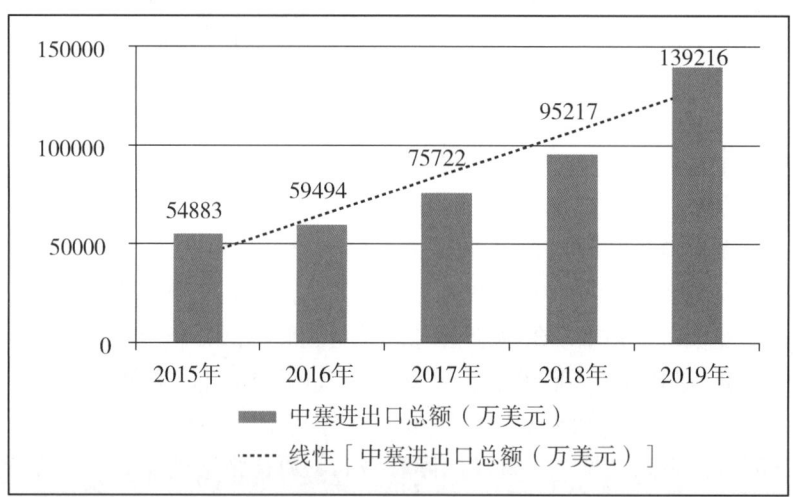

图1　中塞进出口总额

［数据来源：中华人民共和国国家统计局，http://data.stats.gov.cn/easyquery.htm?cn=C01&zb=A06050203&sj=2019，最后访问日期：2020年5月18日；中华人民共和国商务部，http://santodomingo.mofcom.gov.cn/article/tongjiziliao/sjtj/xyfzsbjmsj/202003/20200302941074.shtml，最后访问日期：2020年5月18日。］

（一）中国与中东欧地区合作典范：匈塞铁路

匈塞铁路是中国与中东欧国家合作的旗舰项目，是中国与中东欧国家共建"一带一路"的重点项目。塞尔维亚驻华大使米兰·巴切维奇此前表示，塞尔维亚处于连接中国和欧洲最短的线路上，并将继续在未来充当连接中国和欧洲的桥梁。[①] 匈塞铁路项目自匈牙利首都布达佩斯至塞尔维亚首都贝尔格莱德，铁路全长350千米，设计速度200千米/小时。作为中国—中东欧合作的标志性项目，匈塞铁路建设符合双方利益互补需求。中国铁路建设近30年来发展迅速，装备、技术、施工经验都愈加成熟，与新兴市场国家合作经验丰富，具有明显的性价比优势。匈牙利、塞尔维亚等大多数中东欧国家都面临铁路、公路、港口等交通设施更新改造问题，中国与中东欧国家加强交通基建合作可以帮助相关国家设施转型升级。中塞大项目合作的数量和规模在中东欧国家中位居前列。此外，中国投资建设的匈塞铁路等旗舰项目对构建中欧陆海快线、促进中欧互联互通具有重要意义，是中国与中东欧地区互动的优良典范。中塞双方在经贸领域的合作呈现出典型的多层级特征，地方性的合作对整个区域的发展有重要的推动作用。

---

① 高潮：《"一带一路"建设中塞尔维亚的投资机遇》，载《中国对外贸易》2016年第2期，第78页。

匈塞铁路建设涉及中国、匈牙利、塞尔维亚，其中匈牙利是欧盟成员国，塞尔维亚是欧盟准成员国，这种"多层级"的合作互动案例为中国与中东欧合作提供了有效经验。2014年12月17日，在塞尔维亚贝尔格莱德举行的第三次中国—中东欧国家领导人会晤期间，中国国家发展改革委，匈牙利外交与对外经济部，塞尔维亚建设、交通和基础设施部在中匈塞三国领导人的见证下，签署了《关于匈塞铁路项目合作谅解备忘录》。该铁路总长约350千米，塞尔维亚段境内184千米，已于2018年6月开工，由中国企业承建，计划2022年完工；匈牙利境内166千米，2019年5月中匈企业联合体经公开招标成为项目主承包商，并签署EPC合同。2019年9月24日，中国铁路物资集团和山东高速集团为匈（牙利）塞（尔维亚）铁路承运的物资设备，乘中欧班列"齐鲁号"首发驶向塞尔维亚。中欧班列装载国产铁路设备首次大批量进入欧洲市场，标志着匈塞铁路施工进入新阶段。2020年4月，中国国家发改委传来消息，进出口银行与匈牙利财政部克服疫情影响，签署匈塞铁路匈牙利段贷款协议，标志着匈牙利段即将进入实施阶段，匈塞铁路项目取得新的重要进展。匈塞铁路作为中国同塞尔维亚、匈牙利三方合作的旗舰项目，标志着中、匈、塞合作迈出了新的重要步伐，也表明中国同中东欧国家务实合作站在了新的历史起点上。这是中国与中东欧区域合作的良好典范。

匈塞铁路连接了塞尔维亚和匈牙利，项目建设过程中，中国、塞尔维亚、匈牙利、欧盟等主体形成了"多层级"互动，这种互动既有积极意义，也存在困难与挑战。匈牙利是欧盟成员国，欧盟成员国需要严格遵守欧盟采购方面的法律，而塞尔维亚是"欧盟潜在成员国"，欧盟对其约束相对宽松。因此，在匈塞铁路项目中，中国在塞尔维亚路段和匈牙利路段采取了不同的合作方式，其中塞尔维亚段采取"议标"形式，中塞两国政府间以经济协议为基础，采用传统贷款支持下的EPC总承包模式。中国与匈牙利签署的政府间协议，将项目执行工作直接授权给由中匈两国国有铁路公司合资成立的企业，因而绕开了公开竞争的招标规则。此外，建设过程中也存在"中国标准"与"欧盟标准"的冲突和协调问题。① 目前，匈塞铁路建设进展良好，匈塞两国交通联通为拉动整个区域经贸往来和人文交流奠定了良好的基础，这是"多层级"合作带来的福祉。同时，也要看到"多层级"背景下的合作仍面临诸多挑战和困难。

随着中塞投资进程不断加快，两国政府对投资引导更加有效，并逐步建立起长效机制。中国与塞尔维亚在国家层级积极开展政策协作和机制协调。2019年4月28日，中国投资网报道称，塞尔维亚政府表示已与中国签署谅解备忘录，成立共同投资合作工作小组。在建立投资机制的基础上，两国通过举办经贸洽谈会等活动进一步加强沟通。此外，宁波市商务局于2018年组织建设了数字"17＋1"经贸促进中心平台。作为"17＋1"经贸合作示范区公共服务示范工程的一项重要内容，数字

---

① 赵红霞、赵天琦：《"匈塞铁路"成功实践及"高铁外交"的启示》，载《现代企业》2020年第12期，第165-166页。

"17 + 1"经贸促进中心于2018年11月12日上线。平台主要包括"17 + 1"综合门户网站、"17 + 1"贸易数据中心,以及"17 + 1"项目信息发布中心三部分,立足于促进我国与中东欧国家之间的信息资源互联互通、增进相互友谊、加强合作交流,探索建立面向社会公众、企业及政府部门需求的"17 + 1"经贸合作信息服务长效机制。① 这是省市层级与中东欧地区互联互通的良好典范。

在国家层级之上,中国与中东欧整个区域的合作与互动也非常活跃。2019年7月4日上午,第25届中国兰州投资贸易洽谈会开幕,并邀请塞尔维亚为主宾国。来自42个国家和3个国际组织的外国嘉宾及众多国内外知名企业代表围绕"深化经贸合作,共建绿色丝路"主题,开展相关论坛峰会、经贸洽谈活动。中国与中东欧地区的合作为"多层级"合作背景下的合作提供了有益经验。"多层级"背景下的合作要因地制宜,设计出各国、各地区法律框架内可行的合作方案,实现各方利益最大化。同时,要做好机制建设,加强人文交流,促进民心相通。具体地区的成功个案会促进更广泛区域、更高层级的合作互动。

(二)中塞国家间合作典范:欧洲11号走廊塞尔维亚路段、河钢斯梅代雷沃钢厂、博尔铜矿

从2006年至今,中塞两国贸易关系历经2006—2008年的快速发展期、2009—2016年的平稳恢复期和2017—2019年的突破期三大发展阶段,目前,中塞双边贸易仍处于加速发展期。②

欧洲11号走廊是一条渡轮、高速公路走廊,途经黑山共和国的巴尔港和塞尔维亚的贝尔格莱德,连接意大利的巴里,并通往罗马尼亚的布加勒斯特。中国企业承接了欧洲11号走廊塞尔维亚段的建设,建设完成后有利于塞尔维亚与整个欧洲地区的互联互通。在此项目中,中国与塞尔维亚国家层级的合作成果从某种程度上转化为中国与中东欧,甚至是欧洲地区的合作互通,具有深远意义。目前,该项目建设进展顺利。2019年8月18日19时,由山东高速集团承建、中国—中东欧国家合作框架下首个落地的基础设施项目——塞尔维亚E763高速公路第3、4、5标段通车。山东高速集团以施工总承包模式承建该项目3、5标段,全长50.2千米,合同金额3.75亿美元。塞尔维亚E763高速公路全长约300千米,连接塞尔维亚首都贝尔格莱德至黑山共和国边境城市比耶洛波列,是欧洲11号走廊的重要组成部分。2019年8月19日,塞尔维亚政府表示已与中国交通建设公司签署一项价值7050万美元(6350万欧元)的协议,建设连接新贝尔格莱德(Novi Beograd)和苏尔钦(Surcin)的高速公路路段,总长为7.9千米。新贝尔格莱德至苏尔钦路段,以及苏尔钦至奥布雷诺阿茨路段

---

① 龙力见、殷军杰、高聪:《高质量打造面向中东欧国家的经贸合作平台——数字"17 + 1"经贸促进中心建设的实践与探索》,载《全国流通经济》2020年第30期,第33 - 35页。
② 南江:《浅析2006—2019年中国与塞尔维亚贸易和投资合作》,载《欧亚经济》2020年第5期,第103 - 124,126,128页。

将有助于将贝尔格莱德市与新开通的 Milos Veliki 高速公路连接起来。Milos Veliki 高速公路连接奥布雷诺阿茨和塞尔维亚西部普瑞立那镇（Preljina），作为欧洲 11 号走廊的一部分。

成立于 1913 年的斯梅代雷沃钢厂曾经辉煌一时，当年被称为"塞尔维亚的骄傲"。但由于国际市场竞争激烈以及管理不善等原因，该厂一度陷入困境，几乎濒临倒闭。2016 年 4 月，河北钢铁集团与塞尔维亚政府签约，以 4600 万欧元收购斯梅代雷沃钢铁厂，保留其 5000 名员工，成立了塞钢。2018 年，河钢集团继续加大对塞尔维亚公司的资金和技术投入，改造升级现有生产设备，深挖产能，培训提升员工技能，企业的经营状况不断改善。据塞尔维亚海关统计，2018 年，河钢塞尔维亚公司出口 7.5 亿欧元，同比增长 39.6%，首次成为塞第一大出口企业，比排列第二位的意大利菲亚特车厂高出 3500 万欧元。《光明日报》在 2019 年 3 月 14 日的报道中援引塞尔维亚政治经济研究所前所长巴比奇教授的观点，高度赞扬河钢斯梅代雷沃钢厂对塞尔维亚经济和社会带来的积极效益。巴比奇教授表示，中国河钢集团收购塞尔维亚斯梅代雷沃钢厂，是塞中两国合作中的标志性事件，也是促进两国民心相通的样板工程，更是向其他国家宣传"一带一路"倡议给相关国家带来实际好处的范例之一。同时，他称赞斯梅代雷沃钢厂在社会责任方面的贡献。钢厂员工主要生活在斯梅代雷沃市，但不管是不是钢厂员工，钢厂每年都会给当地的学龄儿童送去新年的书包、文具等。钢厂还为该市的数个乡镇修建公路，为一些偏远的村子通上了自来水，以前还没有别的外国企业做过这些事情。巴比奇教授表示，在两国合作中，民心相通是合作达成的最高境界，而民心相通也能促进合作达到更高和更广的范围，河钢塞钢集团就是这样一个例子。

2018 年，中国紫金矿业集团中标塞博尔铜矿项目，投资总额达 14.6 亿美元，并拥有 63% 的所有权。① 按发展规划，博尔铜业将在交割后 3 年内保留现有就业规模，并在交割后 6 年内投入 12.6 亿美元，用于博尔铜业四个矿山和一个冶炼厂的技改扩建和新建。项目投产并达产后，阴极铜产能将由 2018 年的 6.7 万吨/年提高至 15 万吨/年。② 2019 年 3 月 16 日，在驻塞尔维亚大使陈波、紫金矿业集团总裁蓝福生陪同下，塞总统武契奇考察博尔铜业，塞国家电视台等数十家媒体跟随报道。武契奇总统强调，博尔铜业是塞中两国合作的重要项目，感谢中国企业挽救了这家濒临破产倒闭的国有企业。武契奇对企业发生的积极变化表示十分满意，相信博尔铜业在新管理层的领导下，将成为推动塞尔维亚东部经济发展的中坚力量。武契奇期待两国全面战略伙伴关系在相互信任、互利共赢基础上，依托"一带一路"合作，取得更多成果，更好地惠及两国人民。2020 年一季度，紫金博尔铜矿旗下位于塞尔维亚的 Veliki

---

① 《中国紫金矿业集团中标博尔铜矿项目》，中国驻塞尔维亚大使馆经商处网站，2020 年 5 月 18 日，http://yu.mofcom.gov.cn/article/jmxw/201809/20180902782256.shtml。

② 《紫金矿业依托"一带一路"在塞尔维亚创造双赢》，中国矿业网，2020 年 5 月 18 日，http://www.chinamining.org.cn/index.php?a=show&c=index&catid=8&id=28535&m=content。

Krivelj 浮选厂总计生产了 5828 吨铜精矿，去年同期为 5064 吨，同比增长 15%。2020 年一季度，该浮选厂总计处理了 251.9 万吨铜矿石，去年同期为 205.9 万吨。目前，此浮选厂日均矿石处理量可达到 2.8 万～2.9 万吨。这座浮选厂是 Veiliki Krivelj 露天矿的一部分，矿石储量大约有 5.605 亿吨（铜品位为 0.33%）。①

中塞两国国家间的合作互动取得了大量成果，但是，需要注意的是，中国与塞尔维亚的合作处于"多层级"合作背景中，塞尔维亚作为欧洲国家已于 2014 年正式开启加入欧盟谈判，欧盟也在协助塞尔维亚加速"入盟"进程。塞尔维亚成为欧盟成员国之后，中国与塞尔维亚的合作将会在更大程度上受欧盟层级的影响，欧盟技术、法律、经济等规范性标准势必对中国在塞基础设施投资带来新的挑战。2019 年 4 月，中塞两国政府签署备忘录共同成立投资合作工作小组，这项举措旨在为中塞基础设施合作与金融务实合作奠定坚实的制度基础，但制度的成熟需要经历漫长的调整期和检验期。此外，中国与塞尔维亚的合作聚焦于基础设施建设和能源等重工业领域，合作项目大多具有投资周期长、建设施工难度大、需要国家主权担保等特点，在新冠肺炎疫情影响下，塞尔维亚内外的经济环境都面临较大压力，这就要求中国企业在投资前充分做好各层面调查和风险评估工作，确保"多层级"合作背景下的投资安全。"多层级"合作背景下两国的合作辐射面更广，影响力更大，对于推动两国直接技术合作、贸易往来、资金融通有促进作用。对塞尔维亚而言，有利于提升区域影响力，强化本国基础设施建设和促进与欧盟的经贸往来。对中国而言，从企业层面来说，是融入世界规则、提升全球化参与水平的重要契机；从国家层面来说，增强了我国影响力，提供了走向世界舞台中央的新机遇。② 此外，中塞交往发扬了传统义利观中的集体主义精神，墨家认为通过利可以伸张义，"兴天下之利，除天下之害"（《墨子·非攻》），要"利人乎，即为；不利人乎，即止"（《墨子·非乐》）。中塞合作不仅体现了集体主义精神，而且彰显了超越国界的"命运共同"思想，艰苦奋斗和集体主义精神促进了企业的发展，跨国合作实现了义与利的双赢。③ 中国—中东欧国家合作的重点是在经济领域，经济领域的合作决定了双方互动的程度和规模，为双边全方位合作奠定了基础。

四、中国与塞尔维亚人文沟通

中东欧国家是中国最早开展人文交流的一批对象国。20 世纪 50 年代，在双方有

---

① 《紫金矿业旗下 Veliki Krivelj 浮选厂一季度铜精矿产量同比增 15%》，新浪财经网站，2020 年 5 月 18 日，http://finance.sina.com.cn/money/future/indu/2020 - 05 - 07/doc - iircuyvi1732094.shtml。

② 李璎珞：《"一带一路"视野下的中塞合作》，载《高校马克思主义理论研究》，2018 年第 4 卷，第 4 期，第 141 - 148 页。

③ 李璎珞：《"一带一路"视野下的中塞合作》，载《高校马克思主义理论研究》，2018 年第 4 卷，第 4 期，第 141 - 148 页。

关部门的推动下,包括保加利亚索菲亚大学在内的不少中东欧国家高校就已经开展了汉语教学,并且与中国互派留学生。中国与中东欧国家人文交流合作的特点可以概括为:起点低、发展快、潜力大、任务重。中国与中东欧国家人文交流已经取得丰富成果,但仍然存在一些问题。一是尚未形成成熟的机制化人文活动平台。二是人文交流主要依靠中国—中东欧国家合作机制,国家间的双边互动不足,且分布不平衡,人文交流活动的质量和规模差异较大。三是人文交流易受经济关系和政治关系的影响。①近年来,中国与中东欧国家的交流也呈现了"多极化"态势,双边或多边开展了一系列教育、文化、艺术、文学等活动,为中国与中东欧国家文化交流搭建起良好平台。旅游促进机制和签证通关手续减免从整体上推动了中国和中东欧国家的人员往来,以中国—中东欧国家合作框架为基础开展的"小多边"和双边人文交流合作也引人关注。中东欧国家与中国建交最早,双方民间友好交往历史悠久。随着冷战结束和该地区国家转向西方,中国在该地区的人文交流影响已明显存在诸多空白点,但民间友好基础仍好于"老欧洲"。中国应积极学习欧美国家经验,构建"政府引导,社会(含企业)为主"的对欧人文交流新格局,加强民间友好往来,在厚植民意基础上多下功夫。②

迄今为止,塞尔维亚共设立两所孔子学院。以孔子学院为平台,中国与塞尔维亚的人文互通呈现"多层级"特征,中国国内高校、政府和企业多次到访孔子学院,增进沟通交流,增强民意。塞尔维亚贝尔格莱德孔子学院是塞尔维亚第一所孔子学院,学院成立于2006年5月30日,所在地为贝尔格莱德,承办机构为贝尔格莱德大学,合作机构为中国传媒大学。2019年该孔子学院开展了丰富多彩的教学和文化活动。2019年7月12日,在塞尔维亚进行正式友好访问的中共中央政治局常委、中央纪委书记贺国强参观塞尔维亚贝尔格莱德大学,并出席向该校孔子学院赠书仪式。诺维萨德大学孔子学院是塞尔维亚第二所孔子学院,学院成立于2013年8月30日,所在地为诺维萨德,承办机构为诺维萨德大学,合作机构为浙江农林大学。中国国内对该孔子学院也十分关注。2019年3月11日,河北中医学院代表团一行访问塞尔维亚诺维萨德大学孔子学院,并开展交流会。5月16日,浙江省科技厅副厅长宋志恒一行6人访问塞尔维亚诺维萨德大学孔子学院。6月17日,凤凰出版传媒集团总经理孙真福一行6人访问塞尔维亚诺维萨德大学孔子学院。6月10日,浙江大学国际教育学院院长沈杰一行5人访问塞尔维亚诺维萨德大学孔子学院。12月2日,浙江省教育厅代表团一行6人访问塞尔维亚诺维萨德大学孔子学院。12月10日,广州市侨务代表团一行4人访问塞尔维亚诺维萨德大学孔子学院,与孔院教师进行座谈。

中塞两国高校也通过校领导互访、开展学术活动和开展艺术活动等形式展开了多

---

① 宋黎磊:《中国—中东欧国家人文交流:合作进程、影响因素与前景》,载《当代世界》2020年第4期,第17-21页。

② 刘作奎:《大变局下的"中国—中东欧国家合作"》,载《国际问题研究》2020年第2期,第65-78页。

层次的交流。2019年4月15日，主题为"'一带一路'倡议：六年历程"的学术研讨会在塞尔维亚首都贝尔格莱德举行，塞尔维亚国际政治经济研究所所长布拉尼斯拉夫·乔尔杰维奇为研讨会开幕致辞。2018年9月19日至24日，中科院高文书研究员、屈小博副研究员、程杰副研究员及办公室主任张彦海一行四人应塞尔维亚国际政治经济研究所邀请，赴塞尔维亚开展学术访问。2018年5月28日，第六届中国—中东欧国家教育政策对话于深圳举办。教育部副部长田学军、广东省副省长黄宁生、深圳市副市长高自民以及中东欧国家教育主管部门的部领导、驻华大使、中外高校代表约200人参加了会议。2019年4月8日至11日，"中国—中东欧国家舞蹈文化艺术联盟"第四届年会在塞尔维亚首都贝尔格莱德成功举办，北京舞蹈学院邓佑玲副校长等两人代表学校参加会议。此次年会是继第三届北京年会中方十所艺术院校加入联盟后，第一次由中东欧方举办。2019年9月23日，中国儿童剧亮相塞尔维亚戏剧节。受塞尔维亚第26届苏博蒂察国际儿童戏剧节组委会邀请，西安儿童艺术剧院在塞北部城市苏博蒂察上演儿童剧《二十四个奶奶》，充满中国民俗风情的演出受到当地观众喜爱。2019年12月18日，中国美食文化周于塞尔维亚贝尔格莱德校园开幕，来自浙江旅游职业学院烹饪专业的10名学生为到场嘉宾烹饪了一桌中国传统宴席。

欧洲旅游局发布的数据显示，2018年塞尔维亚是欧洲外国游客数量增长第二迅速的国家，其中中国游客增幅最大，增长率超过100%。欧洲旅游局分析认为，中塞两国免签政策是赴塞中国游客数量激增的主要原因。① 2019年1—12月，塞入境中国游客达144961人次，同比增长41.6%，过夜天数达268572，同比增长49.8%。②

当前，双方人文交流与合作以文化交流、人员交流和思想交流为重点，涉及媒体互访以及举办文化论坛、艺术节、旅游项目以及青年节等，开始出现"全方位、多层次、宽领域"的交往模式。③ 民心相通依赖人文交流，加强中国与中东欧国家人文交流合作是夯实双方合作民意基础的重要保障。当前，双方人文交流合作已取得丰富成果。习近平总书记在党的十九大报告中指出，要"加强中外人文交流，以我为主、兼收并蓄。推进国际传播能力建设，讲好中国故事，展现真实、立体、全面的中国，提高国家文化软实力"。对中东欧地区开展人文交流既是中国构建和强化自身文化软实力的战略选择，也为中国与中东欧国家在"一带一路"框架下加深合作提供了重要的民意基础。

---

① 《欧洲旅游局：赴塞中国游客数量增长迅速》，中国驻塞尔维亚大使馆经济商务处网站，2020年5月18日，http://yu.mofcom.gov.cn/article/jmxw/201904/20190402853706.shtml。
② 《2019年12月塞尔维亚宏观经济数据》，中国驻塞尔维亚大使馆经商处网站，2020年5月18日，http://yu.mofcom.gov.cn/article/ztdy/202003/20200302945543.shtml。
③ 王明国：《构建中国—中东欧国家人文交流与合作新格局》，载《当代世界》2016年第7期，第28－30页。

五、结语

(一) 中塞合作面临的问题

首先,中东欧国家普遍经济基础薄弱,在新冠肺炎疫情冲击下经济风险加剧。其次,各国法律体系健全程度和执法力度不一,大多数国家普遍存在法律体系不完备、不透明、变动频繁等问题,这些国家在法律上与我国接轨的程度都比较低,法律差异比较大,导致合作中税收缴纳、劳资关系、招标程序、并购审批等存在风险。再次,中国与中东欧国家的金融合作尚处于初级阶段,市场化严重不足,金融配置资源效率偏低。① 此外,从未来发展看,中塞关系不可避免面临一些挑战。其中,最大的干扰因素是美国。过去一两年来,美国全面"重返"巴尔干,积极介入北马其顿国名更改、塞尔维亚和科索沃"关系正常化"、波黑是否加入北约等关乎地区和有关国家稳定的重大议题。② "多层级"背景下中国与中东欧地区的合作必须将欧盟作为重要影响因子纳入考量,与欧盟的政策沟通是中国—中东欧"17 + 1"合作需要关注的议题。在与中东欧地区的合作层面,中国已经成为欧盟的竞争对手,欧盟国家对华态度也不一致。欧盟曾公开反对中国同中东欧国家关系"长期化"与"机制化"的提法,并收紧了中东欧国家在公共债务率和财政赤字率方面的约束,使得中东欧国家不得不放弃一些依靠举债融资开展的项目合作,间接地拖慢了"17 + 1"经贸对接的步伐。③ 这些都对中东欧合作带来潜在风险。中国与中东欧的合作应从多层级的视角进行考察,考察各个层级之间的关系,力争实现"一带一路"在中东欧的落地生根,进而助力中东欧经济发展,有效发挥中国—中东欧合作对欧盟的溢出效应。此外,鉴于中国与中东欧地区交往呈现出的"多层级"特点,相关研究应进一步覆盖更多层次,涵盖更多内容,在国别研究、次区域研究基础之上,中东欧的研究可以置于欧亚大板块、全球大国关系的框架下进行考察。

(二) 中塞合作展望

在政治领域,中国与中东欧国家具有良好的合作基础,政治互信不断增强、各层级往来日益密切,逐年递增的双边、多边协议降低了潜在的政治风险。在经贸领域,中国未来投资潜力巨大,有学者通过模型计算将中国对"一带一路"沿线国家的投资区位划分为四类,即引力巨大型、引力型、引力一般型、引力不足型。研究结果表

---

① 王曼怡、郭珺妍:《"一带一路"沿线直接投资格局优化及对策研究》,载《国际贸易》2020 年第 5 期,第 43 - 51 页。
② 徐凤江:《中塞关系:机遇与干扰因素》,载《世界知识》2020 年第 22 期,第 74 页。
③ 韩萌:《新形势下深化中国—中东欧国家贸易合作的政策选择》,载《欧亚经济》2020 年第 6 期,第 95 - 107,126 页。

明，中国在"一带一路"沿线的投资国家，属于引力巨大型和引力型的国家较多。① 中国与中东欧地区逐步建立和强化长期合作平台，推进合作平台数字化，进一步实现信息互联互通，提升了合作国家投资环境评估的准确性、前瞻性。中国和中东欧国家目前设立的近 40 个专业性协调机制或平台，尤其是旅游、地方、农业、林业、智库等平台的作用突出，是中国和中东欧国家发挥多样性优势的综合性体现，② 这些都为未来合作奠定了良好基础。此外，双边及多边"多层级"合作形式不断丰富，对外投资的金融服务体系不断完善，更加开放的市场导向型投资融资体系格局正在形成。"17 + 1"合作在战略相向、制度相容、法律相符等方面的有效对接将推动中国与欧盟的合作，"17 + 1"合作的成果对欧盟内部也具有示范效应。③ 人文交流既是中国构建、强化自身特色鲜明的文化软实力的战略选择，也是中国对中东欧国家的一项长远战略。人文交流功在当前，利在长远。人文交流培养和巩固了中国与中东欧国家民众间的友谊，从而影响中东欧国家民众的对华态度，是一项长期的系统工程。在各方共同努力下，中国与中东欧国家间合作领域不断拓展、内涵持续丰富、规模逐步扩大，彰显了强大的生机与活力，在中国—中东欧国家合作机制的推动下，中国与中东欧国家人文交流已经取得丰富成果，未来前景广阔。

Analysis of China-Serbia Cooperation from the Perspective of Multi-level Governance

Ma Jingxue & Chen Shuo

[Abstract] With the development of the world economy and the increase of exchanges between various regions, the exploration for mechanism of exchanges has never ceased. In this context, the proposal of the Belt and Road Initiative (BRI) and the establishment of the mechanism of cooperation between China and the Central and Eastern European region offered a Chinese plan in this regard. Even when China was implementing its "going global" strategy, the CEE region was a fertile land for Chinese investment. China's outward direct

---

① 陈伟光、郭晴:《中国对"一带一路"沿线国家投资的潜力估计与区位选择》，载《宏观经济研究》2016 年第 9 期，第 148 – 161 页。

② 刘作奎:《大变局下的"中国—中东欧国家合作"》，载《国际问题研究》2020 年第 2 期，第 65 – 78 页。

③ 张颖、贺亮:《中国—中东欧"17 + 1"合作中的欧盟因素》，载《区域与全球发展》2020 年第 4 卷、第 6 期，第 104 – 119, 159 页。

investment in this region has been booming, and bilateral trade has also been flourishing. In recent years, with the expansion of cooperation areas and the deepening of cooperation levels, cooperation between China and this region has become an important part of high-quality Belt and Road cooperation, guaranteeing the smooth operation of the cooperation mechanism. Serbia, located at the core of CEE, is a multiethnic country with a long history and rich mineral resources. Serbia enjoys close cooperation with China in various fields such as infrastructure, heavy industry, cultural and people-to-people exchanges, setting a good example for cooperation between China and other CEE countries. In the academia, the cooperation and interaction between China and Serbia are very typical and taken as an excellent case study. Ever since the early 1990s, "multi-level governance" has gradually become an important theoretical approach to study the administrative system of the European Union. The theory has been widely applied to study the entanglement among multiple levels of authority and the interaction between political actors at various levels. From the perspective of "multi-level governance", this paper explores the multi-level mode and characteristics of China-Serbia cooperation, summarizes successful experiences, and aims to clarify the thinking and provide reference for the cooperation between China and CEE.

[**Key Words**] China and Central and Eastern Europe cooperation, China-Serbia cooperation, multi-level governance

中国与匈牙利经济与政治互动研究：
合作与发展

李 卓[*]

摘要：中国与匈牙利两国友谊源远流长，贸易关系密切，建交70多年来，两国关系在相互尊重、平等相待的基础上，不断取得新的发展。两国领导人往来密切，各领域合作不断加强，经贸关系稳定、发展顺畅。从2012年4月到2019年4月，中国先后与中东欧国家建立了合作机制，双方在政治、经济、文化等领域保持良好合作关系，贸易关系具有互补性；其中，匈牙利在中东欧国家中具有重要战略地位，对"一带一路"建设、提升中国与中东欧国家关系意义重大。匈牙利是中国在中东欧地区的第三大贸易合作伙伴，中国也是匈牙利在欧盟以外的第一大贸易合作伙伴。中匈两国近几年来的双边贸易额不仅保持百亿美元水平，而且双方经贸合作的领域也展现出了广阔的态势，尤其在基础设施建设与能源产业的合作方面有了突破，制造业、房地产等行业将来还有很大的拓展空间。本文以2018和2019年中匈两国经贸往来的数据为基础，结合国内产业优势和相关政策，分析和梳理中匈两国投资合作领域分布，展望将来合作发展空间，为进一步扩大双方经贸合作与投资做出指引和参考。

关键词：中东欧；匈牙利；"一带一路"倡议；经贸关系

引言

经济全球化当前遭受冲击，成为世界经济的一大挑战。身为世界第二大经济体，中国通过十九大向世界传递了重要信息："中国开放的大门不会关闭，只会越开越大；推动经济全球化朝着更加开放、包容、普惠、平衡、共赢的方向发展。"[①] 中国与欧洲贸易来往历史悠久，进入21世纪以来，双方全面扩大深层次合作，推动经济全球化发展，抵制贸易保护主义。截至2019年4月12日，中国先后与中东欧17个

---

[*] 李卓，中山大学国际翻译学院教师，中山大学"一带一路"研究院副研究员。
① 《中共十九大为经济全球化开出"新药方"》，新华网，https://www.chinanews.com/cj/2017/10-22/8358044.shtml。

国家①建立合作机制，中国—中东欧合作机制对"一带一路"建设和经济全球化起到了引领作用。据商务部欧洲司中欧经贸数据统计显示，中国与中东欧的贸易额从2010的482亿美元上涨至2019年的954亿美元，其中，中国与匈牙利2019年的贸易额超过百亿美元。② 由此可见，匈牙利在中国与中东欧合作机制中占据了重要的位置。本文拟以2018年和2019年中匈两国经贸往来的数据为基础，展望双方将来的合作发展空间，为进一步扩大双方经贸合作与投资做出指引和参考。

一、文献评述及本文研究思路

中匈两国在中华人民共和国成立之初就建立了外交关系，70多年来，两国关系在相互尊重、平等相待的基础上，不断取得新的发展。近些年，国内关于中匈两国的研究主要集中在制度理论方面和文化方面，与经贸相关的研究不多。胡磊就主张要抓住匈牙利加入欧盟的契机，立足匈牙利，及早部署，开拓欧盟市场，加强与欧盟的经贸来往以及提高对其的影响。③ 自2012年以来，中国对匈牙利的投资势头迅猛，经济交流广泛开展，相互间的合作频繁，合作机制不断完善。④ 匈牙利不仅是欧盟成员国，而且还是维谢格拉德集团成员，与波兰、捷克、斯洛伐克三国不断加强彼此间合作。刘华认为中国与维谢格拉德集团在政治、经济、文化等领域应继续保持良好合作关系，因为它是中国与欧盟之间的纽带。⑤ 匈牙利作为中东欧国家中的一个大国，在中国与中东欧的交流中也扮演着重要的角色。张海森、刘英来通过分析中国与中东欧国家的贸易数据，总结了双方农产品的竞争互补关系。⑥ 李敬等指出，中东欧国家与中国之间的贸易关系具有互补性，是中国最重要的贸易伙伴。⑦ 白洁等以中国与中东欧双边货物贸易数据为基础，研究了双方货物贸易的竞争互补关系及动态变化。⑧

---

① 中东欧国家17国为：波兰、捷克、斯洛伐克、匈牙利、斯洛文尼亚、克罗地亚、罗马尼亚、保加利亚、塞尔维亚、黑山、马其顿、波黑、阿尔巴尼亚、爱沙尼亚、立陶宛、拉脱维亚以及希腊。

② 中华人民共和国商务部欧洲司：《2019年1—12月中国与欧洲国家贸易统计表》，http://ozs.mofcom.gov.cn/article/zojmgx/date/201903/20190302846188.shtml。

③ 胡磊：《立足匈牙利 开拓欧盟市场》，载《国际经贸探索》2003年第6期，第19-22页。

④ 罗芳：《"16+1"合作框架下中国对匈牙利直接投资的发展前景及优化》，载《对外经贸实务》2019年第2期，第75-78页。

⑤ 刘华：《"16+1"合作机制下中国与维谢格拉德集团关系研究》，载《当代世界与社会主义》2017年第3期，第154-162页。

⑥ 张海森、刘英杰：《我国与东欧国家农产品贸易现状与前景分析》，载《农业经济问题》2007年第11期，第57-62页。

⑦ 李敬、陈旎：《"一带一路"沿线国家货物贸易的竞争互补关系及动态变化——基于网络分析方法》，载《管理世界》2017年第4期，第10-19页。

⑧ 白洁、梁丹旎、王悦：《中国与中东欧国家贸易的竞争互补关系及动态变化》，载《财经科学》2020年第7期，第92-105页。

综观前人的相关研究，可以发现学者对中国与中东欧国家贸易状况的研究偏多，而针对中国与匈牙利两国经贸方面的研究较少，尤其是缺乏运用两国经贸数据的分析研究。本文拟以 2018 和 2019 年中匈两国经贸往来的数据为基础，结合国内产业优势和相关政策，分析和梳理中匈两国投资合作领域分布，展望将来合作发展空间，为进一步扩大双方经贸合作与投资做出指引和参考。

本文首先回顾总结中匈两国交往的历史以及近况后指出，两国领导人频繁互访，大大促进了各领域的合作，为经贸关系稳定顺畅发展打下了坚实的基础。在此背景下，本文概述、分析了中匈两国的经贸关系。两国在近几年来双边贸易额不仅保持百亿美元水平，并且双方经贸合作的领域也展现出了广阔的态势，尤其在基础建设与能源产业的合作方面。最后，本文基于中匈两国的经贸关系现状，指出了日后两国合作发展拥有的机遇，并尝试对可能遇到的挑战提出相应的对策。

二、中匈两国政治交往概述

匈牙利位于欧洲中部，是"一带一路"沿线国家之一。中匈两国友谊源远流长。1949 年中华人民共和国成立之初，中匈两国即建立了外交关系。70 多年来，两国关系在相互尊重、平等相待的基础上，不断取得新的发展。两国领导人互访等各种形式的往来密切，各领域合作不断加强，经贸关系稳定、发展顺畅，两国人民的友谊进一步加深，双方在国际事务中相互支持，密切配合。匈牙利是中国重要的政治伙伴，也是重要的经贸、投资伙伴。自中国提出"一带一路"倡议以来，匈牙利积极响应，2015 年成为第一个与中国签署"一带一路"合作文件的欧洲国家，2016 年成为第一个同中国建立和启动"一带一路"工作小组机制的国家。近两年来，双方高层互访频繁，涉及两国多个领域的合作与发展。

（一）中方领导人频繁访匈

近两年来，中方领导人及高层官员出访匈牙利频繁，共同推动各项目的发展。2018 年 7 月，第七次中国—中东欧国家领导人在保加利亚索非亚晤期间，李克强总理同匈牙利总理欧尔班举行双边会见。在此次会见中，中方不仅表达了同匈方继续保持并加强高层交往势头的意愿，还表达了同匈方继续积极推动包括匈塞铁路在内的大项目合作的意愿。同时，欧尔班表示，匈中两国间有着高度的相互信任，匈方愿以次年两国建交 70 周年为契机，同中方共同制定长远规划，将两国互利合作提升到新水平，匈方愿同中方进一步携手推进"16+1 合作"。随后，同年 11 月，中央政治局委员、中央书记处书记、中央政法委员会书记郭声琨访问匈牙利，并得到匈牙利国会主席克韦尔、副总理兼内务部长平特的会见。

2019 年是中匈建交 70 周年，两国双边关系正处于历史最好时期。4 月，中国—

中东欧国家领导人杜布罗夫尼克会晤①期间，李克强总理同欧尔班总理举行双边会谈。李克强表示，中方愿同匈方保持高层密切交往，巩固政治互信，推动务实合作取得更多进展，加强两国经济联委会的沟通协作。稳步推进两国包括匈塞铁路（匈段）在内的大项目合作，欢迎匈农产品在内的优质产品进入中国市场，鼓励有实力的中国企业通过公开投标赴匈投资兴业，支持更多中国公民赴匈旅游，扩大人文、教育等领域的交流互鉴，夯实两国民意基础。同年5月，全国人大常委会委员长栗战书访问匈牙利，会见阿戴尔总统、欧尔班总理，同克韦尔国会主席举行会谈，出席中匈建交70周年研讨会并做主旨演讲。欧尔班表示，匈方坚定支持并积极参与共建"一带一路"，愿与中方共同维护自由贸易体制，推进欧亚经济发展。随后，同年7月，国务委员兼外长王毅访匈牙利，会见欧尔班总理，同西雅尔多外长举行会谈并共同召开中匈"一带一路"工作组第二次会议。西雅尔多表示，匈中关系已达到历史上的最高层面，希望两国进一步促进人文关系，加强金融合作，消除贸易障碍。西雅尔多介绍道，匈牙利已经和中国签署建设匈塞铁路的贷款协议，②并计划在年底之前推出更多的直航航班和联合大学课程。中国的两家银行正寻求在匈牙利设立总部，这将进一步促进匈中两国的贸易和经济关系。王毅表示，中匈建交70年来，在当前充满挑战的国际形势下，中匈在涉及彼此核心利益和重大关切问题上要继续坚定相互支持，发挥共建"一带一路"的先行优势，持续扩大各领域合作，不断增进利益交融，不断提升两国关系的战略性，共同维护世界公平正义与和平发展。

（二）匈方领导人多次访华

近两年来，不仅中方多次派出高层领导人到访匈牙利，匈牙利政府也积极派高层官员访问中国。2018年2月，匈牙利副总理谢姆延、国会副主席劳多尔曹伊访华。国务院副总理刘延东会见两位领导人，表示中匈关系保持快速发展的良好势头，处于

---

① 《"16+1合作"——跨越亚欧的彩虹之桥——驻罗马尼亚大使姜瑜接受罗国家新闻通讯社专访》，外交部，https://www.fmprc.gov.cn/web/dszlsjt_673036/ds_673038/t1655362.shtml。此次中国—中东欧国家领导人会晤上，各国领导人围绕"搭建开放、创新、伙伴之桥"的主题，共商合作大计，取得丰硕成果。一是共同发表《中国—中东欧国家合作杜布罗夫尼克纲要》，传递了维护多边主义的明确立场，对次年的工作做出了具体规划。二是各方达成了交通基础设施、能源、金融、文化、质检等领域共39项合作协议，交出了务实合作的亮眼"成绩单"。三是希腊正式加入中国—中东欧合作机制，"16+1"大家庭变成"17+1"合作。这是该合作首次吸纳正式成员，具有里程碑意义，也以实际行动彰显中国—中东欧国家合作不搞封闭排他的小圈子，而是要建成公开透明的大平台。四是"16+1全球伙伴中心"揭牌成立，将为企业拓展贸易投资合作提供咨询，这标志着"16+1"的开拓创新又进一步，合作平台更加丰富。

② 《进出口银行与塞尔维亚财政部签署贷款协议》，中国金融新闻网，2019年4月29日，https://www.financialnews.com.cn/yh/sd/201904/t20190429_159050.html。进出口银行与塞尔维亚财政部在京签署匈塞铁路塞尔维亚诺维萨德—苏博蒂察—边境（凯莱比亚）段项目和E763高速公路普雷利纳—波热加段项目贷款协议。匈塞铁路是我国推进"一带一路"建设的重要标志性项目，也是中国—中东欧"16+1"合作的旗舰项目。

历史最好时期。中方对中匈关系未来发展充满信心，愿同匈方一道，不断深化各领域交流与务实合作，推动中匈全面战略伙伴关系不断达到新水平。匈方表示愿与中方加强交往，不断提升双方务实合作水平，深化两国议会的交流与合作。同年 11 月，欧尔班总理应邀来华出席首届中国国际进口博览会，国家主席习近平出席开幕式并同其会见，还发表了题为"共建创新包容的开放型世界经济"的主旨演讲。①

2019 年 4 月，欧尔班总理应邀来华出席第二届"一带一路"国际合作高峰论坛，国家主席习近平、国务院总理李克强分别同其会见。习近平指出，中方期待同匈方一道努力，推动两国全面战略伙伴关系迈向新高度，还展望了下阶段的包括匈塞铁路建设等的"一带一路"框架内合作。他强调，中国—中东欧合作是中欧关系的重要组成部分，希望匈方为此发挥更大作用。李克强表示，当前中匈关系保持健康稳定发展，中方愿将"一带一路"倡议同匈牙利发展战略对接，本着共商共建共享原则，实现互利共赢；愿同匈方一道，推动项目融资、建设过程符合国际化标准和公开、透明原则。他指出，中国—中东欧国家合作（"16 + 1"合作）是一个务实合作平台，中方愿同匈方一道推动合作取得更多成果，促进中国—中东欧国家以及中欧关系发展。欧尔班表示，匈方高度赞赏长期以来中方为匈牙利现代化发展发挥的积极作用，欢迎中国企业继续扩大在匈投资兴业。匈方高度重视"一带一路"倡议，这是推进自由贸易的重要平台，匈方将继续积极参与共建"一带一路"。"16 + 1"合作为促进中东欧国家发展及中欧关系开辟了新的渠道，匈方愿同中方携手推动合作在新的起点上取得更大发展。会见后，两国总理共同见证了多项双边合作文件的签署。②

近年来，国家主席习近平、国务院总理李克强多次同匈牙利领导人会面，持续引领了新时期中匈关系发展方向。中方持续表达了进一步落实两国领导人就多个方面达成的共识、深化政治互信、推进务实合作、拓展各个领域交流、丰富中匈全面战略伙

---

① 《习近平出席首届中国国际进口博览会开幕式并发表主旨演讲》，中国共产党新闻网，2018 年 11 月 06 日，http://cpc.people.com.cn/n1/2018/1106/c64094 - 30383510.html。在该演讲中，习近平强调：回顾历史，开放合作是增强国际经贸活力的重要动力；立足当今，开放合作是推动世界经济稳定复苏的现实要求；放眼未来，开放合作是促进人类社会不断进步的时代要求。各国都应该积极推动开放合作，实现共同发展，开创人类更加美好的未来。中国推动更高水平开放的脚步不会停滞，推动建设开放型世界经济的脚步不会停滞，推动构建人类命运共同体的脚步不会停滞。

② 《第二届"一带一路"国际合作高峰论坛成果清单》，外交部，2019 年 04 月 27 日，https://www.fmprc.gov.cn/web/ziliao_674904/zt_674979/dnzt_674981/qtzt/ydyl_675049/zyxw_675051/t1658760.shtml。在高峰论坛期间或前夕签署的多项双边合作文件包括：（1）中国国家发展改革委与匈牙利外交与对外经济部签署关于在"一带一路"双边合作规划框架下共同建立中匈合作促进中心的谅解备忘录，与匈牙利创新和技术部签署关于开展"数字丝绸之路"合作的双边行动计划。中国交通运输部与国际劳工组织签署《关于通过"21 世纪海上丝绸之路"倡议推动〈2006 年海事劳工公约〉有效实施的合作谅解备忘录》。（2）中国国家邮政局与伊朗邮政局、匈牙利国际发展部、巴基斯坦邮政局签署《响应"一带一路"倡议加强邮政和快递领域合作的谅解备忘录》。（3）中国工业和信息化部与匈牙利创新和技术部，巴西科技、创新和通信部，智利交通通信部，卢旺达信息通信技术和创新部签署工业和信息通信领域的合作文件。

伴关系内涵的意愿。同时，匈方领导人高度重视发展对华关系，理解和支持中方核心利益和重大关切，特别是支持"一带一路"倡议，并且愿与中方加强沟通协调，提升不同领域合作水平，推动两国关系和中国—中东欧国家合作持续向前发展，为中匈关系高水平发展发挥了积极作用。

三、中国与匈牙利经贸关系概述

匈牙利是位于欧洲中部的内陆国家。匈牙利采取各种措施优化投资环境，是中东欧地区人均吸引外资最多的国家之一。匈牙利的农业基础较好，在国民经济中占重要地位，不仅为国内市场提供丰富的食品，而且为国家赚取大量外汇；同时，其旅游业比较发达。2020年，欧盟统计局初值数据显示，基于季度数据，匈牙利GDP增长强劲，增速超过4%。2015年6月6日，中国与匈牙利签署"一带一路"合作谅解备忘录，匈牙利成为第一个确认加入中国倡导的"一带一路"的欧洲国家，并且在基建、产能、经贸等合作领域都有意愿深度参与"一带一路"倡议。由此，匈牙利成为"一带一路"建设在欧洲的重要支点。以中匈共同建设匈塞铁路为契机，匈牙利成为欧亚物流的重要枢纽。匈牙利是中国在中东欧地区的第三大贸易合作伙伴，中国也是匈牙利在欧盟外的第一大贸易合作伙伴。

（一）双边贸易额保持百亿美元

按全球贸易数据统计，2018年匈牙利货物贸易进出口总值2474.7亿美元，其中出口1257.9亿美元，进口1216.8亿美元。匈牙利主要贸易伙伴集中在欧盟国家，中国是其在欧盟外的第一大贸易合作伙伴，占其贸易总额的3.8%，其中中国在其出口市场中位列第19位，进口来源地中位列第3位。

地处欧洲腹地的匈牙利是中东欧地区重要的交通枢纽之一，也是中国商品进入欧洲市场的重要中转地和集散地。匈牙利加入欧盟后，针对与中国、亚洲的经贸往来，专门建设了各类新型批发中心。其中投资2亿美元的亚洲中心，是亚洲（包括中国）产品在中欧地区的重要物流中心。除亚洲中心外，布达佩斯还成立了同样为中国投资和批发配送服务的中国商城（又名"匈牙利中国品牌产品贸易中心"）。匈牙利作为中国商品在中东欧地区最主要集散地的地位基本确立。

根据欧盟统计局数据显示，2013—2018年匈牙利对中国始终处于贸易逆差状态，且贸易逆差在近两年有扩大趋势。2018年，匈牙利对中国的贸易逆差进一步扩大至57.8亿美元，较上年增长了27.59%。根据中华人民共和国商务部欧洲司发布的2018年1—12月中国与欧洲国家贸易统计表，2018年1—12月，中匈进出口额达108.8亿美元，其中出口额占65.4亿美元，进口额占43.4亿美元，与去年同期相比,进出口额增长7.5%,出口额增长8.1%,进口额增长6.5%。① 2019年1—12月中国与欧洲国家贸易统计表显示:在该时期,中匈进出口额为102.1亿美元,其中出口额约为64.7亿美元,进口额约37.5亿美元,进出口累计比去年同期下降6.2%,出口额下降1.1%,进口额下降13.7%(见表1)。②

表1 2018年1—12月和2019年1—12月中国与匈牙利贸易统计表

(单位:万美元)

时间	进出口额	出口额	进口额	累计比去年同期(%)		
				进出口	进口	出口
2018年1—12月	1088339	654180	434160	7.5	8.1	6.5
2019年1—12月	1021301	646790	374511	-6.2	-1.1	-13.7

[数据来源:中华人民共和国商务部欧洲司]

据统计,2018年,中国对匈牙利货物贸易总额为715.8亿元人民币,其中出口430亿元,进口285.8亿元,贸易顺差144.3亿元。按贸易规模来看,匈牙利在中国贸易伙伴中进出口值位居第53位,其中出口占第49位,进口占第55位。近年来,中国与匈牙利双边贸易保持良好增势,由2014年的500亿元水平升至700亿元。与2014年相比,5年间中匈贸易额增长29%,其中出口增长21.5%,进口增长42.3%。同期,中国对全球贸易分别增长15.4%、14.1%和17.0%。对比可见,中国对匈牙利贸易增速高于全球平均水平,特别是进口增速明显偏高。具体到国内省市来看,广东是我国对匈牙利贸易第一大省,也是唯一进出口值超过200亿元的省份,其中出口将近190亿元,占全国对匈出口总值的44%,是我国对匈贸易的主要拉动力。江苏位居第2位,进出口值也超过100亿元。北京位居第3位,但主要以进口拉动。2018年天津市对匈牙利进出口总值11.1亿元,位居全国第10位,占全国对匈牙利贸易总值的1.6%,其中出口7.8亿元,进口3.3亿元(见表2)。③

---

① 2019年3月25日,《2018年1—12月中国与欧洲国家贸易统计表》,中华人民共和国商务部欧洲司,2021年1月10日检索,http:// ozs. mofcom. gov. cn/article/zojmgx/date/201903/20190302846188. shtml。

② 2020年3月2日,《2019年1—12月中国与欧洲国家贸易统计表》,中华人民共和国商务部欧洲司,2021年1月10日检索,http:// ozs. mofcom. gov. cn/article/zojmgx/date/202003/20200302941074. shtml。

③ 《一带一路追踪分析——匈牙利》,关务科技,http:// www. 51guanwu. com/articles/ydylzz7838. html。

表2 2018年中国与匈牙利贸易额前十名的省市分布表　　（单位：亿元）

	进出口		出口		进口	
	贸易额	同比（%）	贸易额	同比（%）	贸易额	同比（%）
广东省	217.9	-2.6	189.0	-5.7	28.9	24.4
江苏省	110.1	8.2	78.6	14.3	31.5	-4.6
北京市	86.2	2.4	5.1	4.1	81.0	2.3
浙江省	66.1	26.5	60.0	28.5	6.1	9.4
上海市	62.7	6.9	18.4	28.5	44.3	-0.1
吉林省	42.1	-10.6	0.4	105.5	41.7	-11.1
辽宁省	28.9	30.6	5.6	2.2	23.4	39.9
福建省	22.9	11.6	20.7	15.4	2.2	-15.2
山东省	18.1	44.1	12.5	49.6	5.5	33.0
天津市	11.1	-6.3	7.8	-8.4	3.3	-0.9
全国合计	715.8	4.4	430.0	4.9	285.8	3.7

［数据来源：关务科技］

2018年，就主要进出口商品来看，机电产品是中国与匈牙利贸易的主要商品。出口方面，中国对匈牙利出口机电产品总计约340亿元，约占中国对匈牙利出口总值的80%，其中电器电子类产品出口值居前，主要为手机、电脑及相关零配件、液晶显示板等。劳动密集型产品主要出口纺织服装和鞋等。进口方面，中国自匈牙利进口机电产品主要涵盖电器电子产品、交通工具、精密仪器等。具体来看，汽车工业是中国自匈牙利进口的主要合作领域，其中汽车整车、汽车零配件、内燃发动机等位居中国自匈牙利进口商品前列，进口值合计占中国自匈牙利进口总值的35%以上。此外，进口值较高的商品还有电子仪器、药品、阀门、集成电路、电线电缆等（见表3）。①

表3 2018年中国与匈牙利贸易进出口前五位的商品构成

（单位：亿元）

出口			进口		
HS编码	商品名称	价值	HS编码	商品名称	价值
85-17	手机及基站	89.2	87-03	汽车	58.3
84-73	电子设备零件附件	26.7	87-08	汽车零件、附件	30.4

---

① 《一带一路追踪分析——匈牙利》，关务科技，http://www.51guanwu.com/articles/ydylzz7838.html。

续表 3

出口			进口		
90－13	液晶显示板	25.5	85－04	变压器	23.8
84－71	电脑	20.9	84－07	内燃发动机	12.1
85－04	变压器	10.4	90－32	自动调节或控制仪器及装置	9.7

[数据来源：关务科技]

在2019年，据欧盟统计局统计，机电产品是匈牙利对中国最主要的出口商品，1—3月出口额为2.0亿美元，下降17.8%，占匈牙利对中国出口总额的52.1%。匈牙利自中国进口的主要商品也为机电产品，1—3月进口额14.8亿美元，增长18.8%，占匈牙利自中国进口总额的69.6%，中国占匈牙利机电产品进口市场份额的13.6%（见表4、表5），比排名第一位的德国（占29.0%的份额）低15.4个百分点。在匈牙利市场上，来自德国的多类进口商品占据主要的进口市场份额，但在鞋、靴、伞等轻工产品进口中，中国占据第一位，比德国的12.8%的占比高3.5个百分点。①

表4 2019年1—3月匈牙利对中国出口前五位的商品构成

（单位：百万美元）

海关分类	HS 编码	商品类别	2019年1—3月	上年同期	同比(%)	占比(%)
类	章	总值	374	437	－14.3	100.0
第16类	84－85	机电产品	195	237	－17.8	52.1
第6类	28－38	化工产品	39	38	4.4	10.5
第18类	90－92	光学、钟表、医疗设备	31	52	－41.1	8.2
第15类	72－83	贱金属及制品	27	18	44.9	7.1
第20类	94－96	家具、玩具、杂项制品	25	22	15.8	6.7

[数据来源：中华人民共和国商务部国别数据网]

表5 2019年1—3月匈牙利自中国进口前五位的商品构成

（单位：百万美元）

海关分类	HS 编码	商品类别	2019年1—3月	上年同期	同比(%)	占比(%)
类	章	总值	2132	1795	18.8	100.0
第16类	84－85	机电产品	1483	1248	18.8	69.6
第11类	50－63	纺织品及原料	112	100	12.0	5.3
第18类	90－92	光学、钟表、医疗设备	91	53	70.8	4.3

① 《2019年1—3月匈牙利货物贸易及中匈双边贸易概况》，中华人民共和国商务部，https://countryreport.mofcom.gov.cn/record/view.asp? news_id=65149。

续表5

海关分类	HS 编码	商品类别	2019 年 1—3 月	上年同期	同比（%）	占比（%）
第 6 类	28–38	化工产品	86	71	20.8	4.0
第 15 类	72–83	贱金属及制品	83	78	5.2	3.9

［数据来源：中华人民共和国商务部国别数据网］

在新冠肺炎疫情形势下，中国和匈牙利间经贸务实合作迎难而上，2020 年 1—8 月，双边贸易额逆势实现两位数增长，中资企业在匈投资活跃，成果丰硕。目前，匈牙利中资企业商会共有会员单位 66 家，业务涵盖化工、金融、能源、通信、物流、航空、汽车及零部件、基建、中医药和文化科技等领域。在"一带一路"倡议推动下，中匈两国经贸合作驶入快车道，合作水平不断提高，2020 年中国对匈牙利投资稳步增长，匈牙利则继续是中国在中东欧地区最大投资目的地国。

（二）经贸合作领域广阔

近年来，中匈两国高层频繁互访，为双边经贸关系发展奠定了坚实基础。中匈双边贸易呈现出三个特点：商品附加值较高、相互投资金额较大、涉及领域较多。两国投资、贸易相关人员均对两国经济合作发展前景展示出了积极的态度。

中匈双边贸易以附加值较高的机电和高新技术产品为主，其中，电机、电气设备及零部件、锅炉、机械器具及零部件，车辆及零部件，光学、照相、医疗设备及零部件等四大领域在双边贸易额中的占比超过 80%。截至 2019 年年底，中国对匈累计投资达 36.9 亿美元，投资领域涵盖化工、金融、通信设备、新能源、物流等行业。烟台万华集团收购的匈牙利宝思德化工公司项目，是中国在中东欧地区最大投资项目。华为公司在匈牙利设立了欧洲供应中心和欧洲物流中心，建立了覆盖欧洲、独联体、中亚、北非等地区的物流网络。中国通用技术集团中技公司在匈考波什堡市投资兴建 100MW 光伏电站项目，是中东欧地区最大光伏电站之一。深圳比亚迪、四川波鸿集团和上海延锋汽车内饰公司等汽车产业企业均在匈投资设厂。我国在匈牙利设有中国匈牙利宝思德经贸合作区和中欧商贸物流合作园区两个国家级境外经贸合作区。截至 2019 年年底，匈对华累计投资 3.9 亿美元，投资领域涵盖污水处理、水禽养殖、环保建材生产等。

近两年来，中匈两国多次举办投资贸易相关活动，双方参会人员均展现出对两国经济合作发展前景的积极态度。2018 年 3 月 28 日，欧洲代表处受邀参加由匈牙利工商会主办的匈—中经济论坛暨匈—中分会会员年会。来自中国驻匈牙利使馆经商处、匈牙利外交部中国司、中国—中东欧基金会和匈牙利企业等机构代表 30 余人出席了会议，探讨共同促进中匈双边企业开展投资、贸易交往与合作。

2019 年 2 月 21 日，驻匈牙利大使段洁龙巡视并参观了第 42 届匈牙利国际旅游交易会中国展区。段洁龙对中国展团在推动中匈文化和旅游交流合作做出的努力予以高度肯定，勉励参展单位充分利用中匈建交 70 周年和开通新直航的有利契机，进一步加大力度开拓匈牙利旅华市场。随后，同年6月，东航上海直飞布达佩斯首航成功。段洁龙大使表示，这是两国和两国人民深化友好交往与合作、互利共赢的又一件大事，也是增进两国各层级、各方面相互了解及交流与合作的又一重要举措。同时，该直航也为两国务实经贸合作提供了更多便利，拉近了匈牙利与中国东南部经济发达地区的时间与空间距离，必将为进一步提升中匈之间的经贸、旅游和人文交流合作注入新的动力。同年9月，中车株机公司与匈牙利铁路货运公司机车租赁项目签约仪式在布达佩斯举行。段洁龙大使表示，希望中国中车集团和中车株机继续利用自身技术和设备等方面的优势，助力"一带一路"与匈牙利"向东开放"政策深入对接，服务中欧陆海快线建设和欧洲铁路市场，推动中匈经贸关系高质量发展，期待未来中匈奥三国发挥各自优势，进一步加强在交通和基础设施领域的合作。国务秘书莫索奇·拉兹洛表示，匈牙利政府非常支持环保技术的发展，中车株机公司的产品技术领先、绿色环保，符合匈牙利的市场需求，希望未来双方有更多的合作机会。同年10月，商务参赞刘波会见匈牙利出口促进局（HEPA）新任局长亨德里奇·鲍拉日。刘波表示，使馆经商处希望继续与HEPA保持密切联系，推动更多高质量匈牙利产品进入中国市场，进一步促进两国贸易伙伴关系。亨德里奇局长表示，期待与使馆经商处继续保持更为紧密的合作关系，并与中国贸易投资促进相关部门建立合作，了解中国市场准入政策，促进双边经贸发展。除进口博览会外，HEPA还希望组织匈牙利企业参与更多中国展会，向中国消费者展示匈牙利特色产品。紧接着，同年11月，中国辽宁—匈牙利经贸交流推介会在匈牙利布达佩斯举行。中国驻匈牙利大使段洁龙、辽宁省副省长王大伟、匈中经济商会副会长乔巴·沃尔夫出席推介会并致辞，使馆经济商务参赞刘波陪同出席。2020年9月，第五次中国—中东欧国家地方领导人会议在辽宁省沈阳市举办。随着匈牙利"向东开放"战略和中国"一带一路"倡议的加速对接，辽宁省与匈牙利有望在各领域加强全面务实合作，为中匈关系做出更大贡献。

匈牙利是一个开放的、出口导向型经济体，既从开放的世界经济中受益匪浅，也容易受到国际贸易保护主义等的影响。"一带一路"倡议加强了其基础设施建设，消除了一些自然屏障；中欧物流枢纽可以具有多边性质，能够进一步促进多边合作和政策协调，进而促进周边国家和地区经济发展。

四、中国与匈牙利间的基础设施建设与能源合作

除了传统贸易上的往来合作，中国与匈牙利在基础设施建设和能源合作方面也有了一定的突破，包括电站、铁路、汽车等领域的实质性进展。2018年11月6日，在首届上海中国国际进口博览会匈牙利馆，中国电力建设集团国际工程公司（电建国际）副总经理姚强拜会了匈牙利总理欧尔班·维克多一行，双方进行了深入交谈，并见证了电建国际公司与土耳其波拉特集团签署750MW光伏项目合作备忘录。2019年4月25日，在第二届"一带一路"国际合作高峰论坛期间，中机公司与匈牙利创新与科技部就能源领域项目合作签署合作备忘录。2019年5月13日，匈牙利总理办

公室代表团莅临中国核建,双方就核电产业工人培训、帕克仕核电站扩建及厂外配套工程项目建设等合作事宜进行了深入探讨。2019年6月17日,由中国通用技术集团所属的中国机械进出口(集团)有限公司投资兴建的匈牙利100兆瓦光伏电站正式在考波什堡市破土动工,该项目总建设资金约1亿欧元,目前是匈牙利最大的光伏电站项目。

在匈牙利的货物及旅客交通运输中,公路货物运输量占总运输量的三分之二强,公路旅客运输量占运输总量的四分之三。其公路特点是高速公路质量高,在总公路里程中的占比也高,但整体公路的密度过低,在中东欧国家中排末位,公路总体发展滞后于高速公路发展。尽管现阶段匈牙利交通基础设施发展比其他中东欧国家更为迅速,但欧尔班政府仍将继续加强物流基础设施建设作为国家的战略发展方向之一。目前,匈牙利也正在积极新建及改造铁路,完善本国的交通运输网络。匈塞铁路塞尔维亚境内贝尔格莱德—旧帕佐瓦段,2017年11月举行开工仪式,2018年6月正式开工,该项目是中国与中东欧国家合作的旗舰项目,项目自匈牙利首都布达佩斯至塞尔维亚首都贝尔格莱德,线路全长342千米,设计时速200千米/小时,改造既有线并增建二线,形成双线电气化客货共线快速铁路。中国中铁2019年6月19日发布公告,由该公司旗下全资子公司中铁九局集团匈牙利有限责任公司、中铁电气化局集团匈牙利有限公司和匈牙利当地公司组成的联营体中标匈牙利肖罗克莎尔(含)—克莱比奥(边境)铁路升级采购EPC项目,授标通告已在欧盟"电子投标系统"(TED)网站发布。该项目合同工作范围包括设计、环评、路基、桥涵、轨道、四电、房建、站场以及附属工程施工等,项目工期60个月,中标金额约为20.79亿美元。

在汽车产业创新领域,重庆与匈牙利达成合作意向。2019年5月14日,重庆市科学技术局与匈牙利驻重庆总领事馆日前联合举办"2019中国(重庆)—匈牙利汽车产业创新论坛",宣布"智能终端产品生产项目"正式签约落户重庆市潼南区。这一项目投资5000万元,主要进行智能手机、智能手镯、触摸式键盘、汽车电子等产品的设计、研发及生产,投产达效后可实现年产值15亿元,实现年税收1500万元。

五、中匈合作发展的机遇与挑战

从近两年中匈两国的经贸数据可以看出,两国的经贸关系保持着良好的势态。但另一方面,尽管中国对匈牙利的直接投资近年来大幅提升,从匈牙利吸引投资的国家排名来看,中国的排名尚不突出。从整体来看,中国对匈牙利的投资份额仅占亚洲国家对匈牙利直接投资的6.6%,全世界的0.28%。[1] 因此,中国对匈牙利的投资潜力巨大,合作发展机遇多,还有很大的拓展空间,可以重点关注交通基础设施、新能源、制造业以及房地产等行业。

---

[1] 刘洪钟、郭胤含:《"丝绸之路经济带"与"16+1"合作框架内的中匈投资合作》,载《欧亚经济》2017年第4期,第31-43,125-127页。

匈牙利招商引资对象主要是中国基础设施投资建设企业和商贸物流企业。匈牙利是欧洲交通网络枢纽之一，也是重要的物流集散中心。尽管匈牙利交通网络发展处于欧洲前列，但基础设施仍有待更新完善。其铁路建设年代久远，通信、信号等设施设备陈旧老化，技术水平较低，线路等级不高；高速公路里程仍较低，国家大力推进高速公路建设，努力使高速公路路网密度达到欧盟平均水平。近年来，匈牙利十分重视交通基础设施发展，重点方向是将匈牙利交通体系完全融入欧盟大框架，采纳欧盟交通标准，发展国内通往欧盟的基础设施，并建立环保的交通系统。[①] 另外，匈牙利希望外国投资的重点领域是汽车、生物制药、电子、食品加工、可再生能源及服务业，并在优惠政策总体框架内给予支持。在电商领域，匈牙利是第一个有物流补贴的国家。政府会进行一定数额的补贴，即达到多少销售额，当地政府会直接进行补贴。作为传统的外向型经济体，投资一直是匈牙利经济增长的主要动力之一。匈牙利对外经济和外交部部长西雅尔多承诺，未来将继续对外来投资给予税收优惠等鼓励措施。[②]

与此同时，对匈牙利的投资也要深切关注不确定风险因素，如英国脱欧对欧洲经济、市场环境的影响以及对匈牙利国内通货膨胀、福林汇率波动、劳动力市场等的影响，这些不确定因素会直接影响两国之间的经贸活动，也会影响到双方企业的健康发展。

六、结语

在中国—中东欧合作机制下，中国和匈牙利两国政治互信不断加深，经济合作关系保持稳定，两国领导人就双方经济合作发展前景都展示出了积极的态度。近年来，中匈两国的经贸关系良好，不仅双边贸易额保持百亿美元，而且经贸合作领域广阔，在基础建设与能源产业等多个领域也有着巨大的发展空间。匈牙利未来将继续鼓励外来投资，中国应抓住机会，防范风险，继续发挥投资潜力。不难得出，在经贸合作方面，匈牙利在中国与中东欧国家合作、"一带一路"建设中扮演着重要角色。但是，在国际贸易保护主义盛行的环境中，在美国推行"美国优先"的政策下，中匈两国在未来的合作与发展中也存在挑战，双方需要进一步加强战略互信和深层合作，创造并保持安全可靠的营商环境，吸引更多的投资，进一步促进两国间的经贸活动，携手构建和谐的人类命运共同体。

---

① 文辉、赖行健：《加强中欧城镇化合作推动共建"一带一路"走深走实——德国、匈牙利城镇化发展考察报告》，载《中国经贸导刊（中）》2019年第3期，第12-15页。

② 梼杌：《匈牙利"向东开放"对接中国一带一路》，载《中国对外贸易》2019年第3期，第72-73页。

A Study of the Economic and Political Interaction Between China and Hungary: Cooperation and Development

Li Zhuo

[Abstract] China and Hungary have a long history of friendship and close trade relations. Since the establishment of diplomatic relations more than 70 years ago, China-Hungary relations have seen stable development on the basis of mutual respect and equal treatment. Heads of the two states have had close exchanges; all-round cooperation has been continuously strengthened; the economic and trade relations have witnessed stable and smooth development. China successively established cooperation mechanisms with Central and Eastern European countries (CEECs) from April 2012 to April 2019. The two sides have maintained the partnership in political, economic, cultural and other fields with trade complementarity. Hungary boasts strategic importance among CEECs, which is of great significance to the construction of the Belt and Road Initiative and the promotion of China-CEEC relations. Hungary is China's third largest trading partner in Central and Eastern Europe, and China is Hungary's largest trading partner outside the European Union. In recent years, the two sides have not only maintained a bilateral trade volume of ten billion US dollars, but also shown a broad prospect in the economic and trade cooperation. Such expectations are nurtured by the breakthroughs made by the two countries in infrastructure and energy cooperation particularly and the great development potential for cooperation in manufacturing and real estate. Based on the data of economic and trade exchanges between China and Hungary in 2018 and 2019 as well as domestic industrial advantages and relevant policies, this paper analyzes and clarifies the distribution of investment cooperation between China and Hungary, and anticipates the development space of cooperation in the future so as to provide guidance for the expansion of economic and trade cooperation and investment between the two sides.

[Key Words] Central and Eastern Europe, Hungary, Belt and Road Initiative, economic and trade relations

"中国—中东欧次区域合作"视角下中国和捷克的商贸与投资再研究

廖 悦[*]

摘要：捷克是中国—中东欧次区域合作中的一个重要节点。多年以来，中捷互为重要的合作伙伴。捷克2004年加入欧盟，2006年被世界银行列入发达国家行列。在中东欧国家当中，捷克经济持续增长、财政状况良好、负债率和失业率较低，拥有较高的人类发展指数。近年来，中国与中东欧国家的联系日益密切，中捷经贸往来增长更加快速，人文交流持续增多。在2012年中国和中东欧合作平台建立和2013年"一带一路"倡议提出以后，中捷各方面合作稳步增长，尤其体现在经贸和投资方面。作为第一批与中国签订"一带一路"建设谅解备忘录的国家，捷克是"一带一路"倡议的重要沿线国家，在互联互通、产能、金融、物流等领域表现突出。在"一带一路"倡议和"中国—中东欧次区域合作"的背景下，中捷合作具有良好的示范效应，是推动中国—中东欧次区域合作深化的重要路径。本文将首先回顾近年来国内外对中捷合作的研究成果，进而着重分析中捷贸易现状和投资现状，探寻目前中国对捷克投资的几大特点，试图找出存在的问题，并寻求解决和突破的途径。最后，对未来中捷合作和中国—中东欧次区域合作提出相应的建议与展望。

关键词：中国—中东欧次区域合作；捷克；经贸合作；双边投资

引言

捷克位于欧洲中部，与德国、奥地利、波兰、斯洛伐克四国接壤。1993年1月1日成为独立主权国家，经济增长态势良好，社会和谐安定。2004年5月加入欧盟，2005年被世界银行列为高收入国家。同时也是OECD、北约和申根协议成员国。

中国同原捷克斯洛伐克于1949年10月6日建交，建交后，互为重要合作伙伴。两国相互尊重独立主权和重大利益与关切、平等互利开展友好合作。中捷两国关系传统良好，近年来，双方重要领导人互访频繁，民间交流逐渐增多，两国关系已进入快速发展新时期。2016年3月，捷克成为中国国家主席习近平首次访问中东欧国家的首选。同年3月29日，中捷两国联合发表了《中华人民共和国和捷克共和国关于建

---

[*] 廖悦，中山大学国际翻译学院西班牙语系专业负责人，西班牙语系专业课教研室主任，中山大学"一带一路"研究院副研究员。

立战略伙伴关系的联合声明》,标志着两国关系进入合作发展新时期。捷克共和国是重要的中东欧国家,也是欧盟和北约成员国,国内政局稳定,经济发展态势良好,位列中等发达国家,是传统的工业国家,在信息通信、汽车制造、机械、生物、医药等行业具有相当的优势,与中国传统制造业具有互补优势。在 2012 年中国与中东欧合作平台建立和 2013 年"一带一路"倡议提出以后,中捷各方面合作稳步增长,尤其体现在经贸和投资方面。捷克是第一批与中国签订"一带一路"建设谅解备忘录的国家,是"一带一路"倡议的重要沿线国家,在互联互通、产能、金融、物流等合作上都能在中国—中东欧合作甚至中欧合作中起到良好示范效应。

因此,深入开展对捷克的研究,兼具学术意义和现实意义。本文将梳理学界对捷克的研究现状,并着重从经贸和投资两方面,分析现状和问题,试图提出解决问题的方法,致力于在"中国—中东欧合作机制"和"一带一路"倡议背景下,促进未来中捷双边合作健康发展。

一、文献评述

近年来,在"一带一路"倡议和"中国—中东欧合作机制"背景下,随着中欧关系向好发展,中国和中东欧的发展吸引了世界越来越多的关注。学者们从政治、政策、经贸、文化交流等角度切入,建言献策,提出建设性建议。

中国社科院欧洲研究所中东欧研究室主任刘作奎发表了多篇关于中国和中东欧合作的文章,指出了当前合作的现状、问题,提出了很多建设性的建议。如在《"一带一路"倡议背景下的"16+1合作"》一文中,他指出"16+1合作"是推进欧亚大陆互联互通的重要制度保障,有助于形成全面均衡发展的中欧合作关系,有助于"一带一路"建设在中东欧区域形成良性互动效应。我们需要采取措施应对好中东欧地区的动荡局势,确保金融支持工具有效投放至中东欧市场,要处理好与其他利益相关国的关系,不能忽视对于合作的负面舆论及不友好态度,以及协调好中国和中东欧国家的战略需求对接问题。他建议注重不同框架和平台之间的合作,坚持开放办平台的政策,加强对欧盟相关法律和法规的认知,发挥好"走出去"企业的作用以及完善双方合作的金融支持工具。① 在《捷克外交政策的转变与中捷关系的前景》一文中,他分析了捷克外交政策转变的重要因素是捷克经济严重依赖的欧盟目前危机缠身,难以顾及中东欧区域。因此,捷克必须积极寻找包括中国在内的外部市场。他指出,中国和捷克的发展潜力巨大,但需要解决诸如"民间因意识形态问题导致的不友好态度"问题。② 他在《中国与捷克的战略伙伴关系:现状、前景、问题及对策》

---

① 刘作奎:《"一带一路"倡议背景下的"16+1"合作》,载《当代世界与社会主义》2016 年第 3 期,第 144 – 152 页。
② 刘作奎:《捷克外交政策的转变与中捷关系的前景》,载《战略谋策》2016 年第 8 期,第 28 – 31 页。

一书中以报告的形式对中捷几个方面做出分析,如政治、经贸与人文交流的现状、前景等。他指出,欧洲总体上的政治环境在改变,政治上的"新实用主义"越来越流行,中捷两国可以合作共赢的领域越来越多,捷方有希望短期内通过和中国的友好关系获得利益的倾向。①

学者王义桅在《"一带一路"为中捷关系插上腾飞的翅膀》一文中对捷克的战略性意义进行了分析:在双边关系上,捷克积极参与"一带一路"建设,可发挥中国进入中东欧市场,与各国开展能源、科技、运输等领域合作的"桥头堡"作用。在多边关系上,中捷关系的好转得益于中欧关系的向好发展,并服务于中欧四大伙伴关系。中捷战略合作伙伴关系是中欧关系的新亮点。②

此外,也有不少国内学者从经贸合作和投资的角度进行了研究。如范越龙在《中国对捷克投资:动因、障碍及建议》一文中指出:捷克在中国企业开拓欧盟市场中充当门户作用。政策上,我国政府鼓励企业投资中东欧以开拓新市场,同时转移国内过剩的产能。中捷关系的提升有效促进了中国对捷克的投资。捷克投资环境良好,对来自中国的投资有需求。中国企业赴捷克投资应做好充足准备,要做好市场调研、选对适应捷克及欧盟法规的投资方式,并积极解决因文化语言障碍带来的问题。③

安娜在《捷克经济形势及投资风险分析》一文中,分析了中国对捷克投资的风险,包括政局不稳、中捷贸易存在逆差、确保公平竞争的法律法规尚不完善、投资优惠的门槛高、规定细等问题。④

从国外的研究看,捷克布尔诺孟德尔大学助理教授、布拉迪斯拉发中欧亚洲研究所(CEIAS)项目主任 Richard Q. Turcsanyi 在《中欧对中国能源投资的态度:以波兰、斯洛伐克和捷克共和国为例》一文中探讨了三个中欧国家对中国能源投资态度的异同。他认为,这三个国家都不希望外国对战略资产进行控制,而中国的能源投资就属于这一类,会让这些国家感到有"潜在的威胁"。

捷克布拉格国际关系研究员鲁道夫·弗斯特(Rudolf Furst)和上海对外经贸大学国际经贸学院马艺婷在《捷克与中国的经贸关系评估》一文中分析了中捷近年来的贸易合作情况,并指出:20世纪90年代初捷克与中国的双边贸易发展并不顺利,进入21世纪以后,捷克政府和工商界高度重视与中国的经贸关系,两国在对方的投资保持一定的水平,但远低于捷克的预期。文中还指出,当前执政的左翼政党比保守

---

① 刘作奎:《中国与捷克的战略伙伴关系:现状、前景、问题及对策》,中国社会科学出版社2016年版。

② 王义桅:《"一带一路"为中捷关系插上腾飞的翅膀》,载《21世纪经济报道》2016年第5期。

③ 参见范越龙:《中国对捷克投资:动因、障碍及建议》,载《北方经济》2020年第9期,第34－37页。

④ 安娜:《捷克经济形势及投资风险分析》,载《一带一路报道》2019年第4期,第108－111页。

派更重视发展跟中国的关系,并认为双边的政治关系与经济关系不一定是"正相关"。①

总体来看,虽然有国外学者对"16+1合作"背景下的中捷关系提出质疑,对于"一带一路"倡议存在曲解,但总体上对捷中关系发展保持了客观态度,认为捷中关系能在"求同存异"中稳步前进。

二、中捷双边贸易概况

(一)捷克经贸总体情况

捷克是欧盟成员国,同时也是经合组织、世贸组织、国际货币基金组织、欧洲复兴开发银行和世界知识产权组织等国际组织成员国。捷克除了执行欧盟对外经济政策外,还要履行有关国际组织规定的义务。从贸易伙伴上看,2019 年,捷克对外贸易总额为 3761 亿美元,其中出口 1990 亿美元,进口 1771 亿美元,贸易顺差 219 亿美元(见表 1)。②

表 1　2015—2019 年捷克对外贸易统计

(单位:亿美元)

指标	2015 年	2016 年	2017 年	2018 年	2019 年
对外贸易总额	3074	3048	3424	3858	3761
出口额	1626	1627	1804	2021.5	1990
进口额	1448	1421	1620	1836.6	1771
贸易差(顺差)	178	206	184	185	219

[数据来源:根据捷克统计局数据自制,参见:International trade in goods (change of ownership) CZSO]

从商品种类上看,2019 年捷克主要进口商品包括车辆、机械设备、电子产品、化工医药产品等;进口商品主要包括机械产品、电子产品、电信设备、通用机械、石油及其产品、轻工产品、食品等(见表 2)。③

---

① Rudolf Furst、马艺婷:《捷克与中国的经贸关系评估》,载《国际商务研究》2017 年第 6 期,第 48-54 页。
② 商务部国际贸易经济合作研究院,中国驻捷克大使馆经济商务处,商务部对外投资和经济合作司:《对外投资合作国别(地区)指南·捷克》,2020 年版,参见商务部"走出去"公共服务平台:fec.mofcom.gov.cn.article/gbdq2n/。
③ 商务部国际贸易经济合作研究院,中国驻捷克大使馆经济商务处,商务部对外投资和经济合作司:《对外投资合作国别(地区)指南·捷克》,2020 年版,参见商务部"走出去"公共服务平台:fec.mofcom.gov.cn.article/gbdq2n/。

表2 2019年捷克主要进口产品情况

（单位：亿美元）

进口商品种类	进口金额	主要来源国（地区）
车辆	185	德国、波兰、韩国
电动机械、仪器设备	187	德国、中国、英国
办公机械和自动数据处理设备	119	中国
通信及录音设备	157	中国
通用工业机械及设备	94	德国、意大利、中国
工业制成品	81	德国、中国
金属制成品	71	德国、波兰、中国
钢铁	61	德国、斯洛伐克、波兰
发电机械设备	61	德国、斯洛伐克、波兰
医药产品	54	德国、法国

［数据来源：根据捷克统计局数据自制，参见：International trade in goods (change of ownership) CZSO］

（二）中捷经贸情况

中国尚未与捷克签署自由贸易协定。2016年3月，中捷双方签署了《关于投资促进及第三方市场合作的谅解备忘录》和《关于投资促进的合作框架协议》。

捷克是中国在中东欧地区重要经贸合作伙伴之一。中国与原捷克斯洛伐克共和国的经贸关系始于1950年。1991年以前，两国贸易方式为政府记账贸易方式，此后改为现汇贸易。2004年5月加入欧盟后，捷克一直采取积极务实的对华贸易政策，制定旨在鼓励企业开拓中国市场的对华贸易策略，是欧盟中主张发展自由贸易的国家。

据中国海关统计，2019年中捷贸易额达176亿美元，同比增长7.9%，捷克是中国在中东欧的第二大贸易伙伴。其中，中国对捷克出口129.7亿美元，同比增长8.9%；中国自捷克进口46.3亿美元，同比增长5.2%（见表3）。同时，双边贸易的商品结构不断优化，机电产品占中国对捷克出口的90%。

表3 2015—2019年中捷经贸情况

（单位：亿美元）

	2015年	2016年	2017年	2018年	2019年	2020年
进出口总额	110.0	110.0	125.0	163.1	176.0	188.7
中国对捷克出口	82.2	80.5	87.9	119.1	129.7	137.4
中国自捷克进口	27.8	29.5	37.0	44.0	46.3	51.3

［数据来源：根据中国海关2020年12月进出口商品国别（地区）总值表（美元值）自制，参见：customs.gov.cn］

据中国海关统计,近年来,中国对捷克出口商品主要包括:①机电产品;②贱金属及制品;③家具、玩具、杂项制品;④纺织品及原料;⑤塑料、橡胶;⑥运输设备;⑦化工产品;⑧光学、钟表、医疗设备;⑨鞋靴、伞等轻工产品;⑩皮革制品及箱包。中国从捷克进口商品主要包括:①机电产品;②运输设备;③光学、钟表、医疗设备;④家具、玩具、杂项制品;⑤塑料、橡胶;⑥贱金属及制品。①

自2013年以来,中捷两国关系快速发展,带动双向投资迅猛增长。据中国商务部统计,2019年中国对捷克直接投资流量6053万美元;截至2019年年末,中国对捷克直接投资存量2.88亿美元。

近年来,中捷两国双边贸易显著增长,可见,在"一带一路"倡议和"中国—中东欧合作机制"框架下,中捷经贸合作取得了初步的成果。

三、中国对捷克投资情况

2013年以前,中捷两国双向投资处于较低水平。随着"16+1合作"的启动和中捷双边关系的逐渐改善,两国双向投资迅猛发展。捷克投资局认为,从投资额和新创造的工作岗位角度看,2018年中国是捷克最大的投资来源国,超越了捷克传统的投资来源国德国、日本和韩国。1993—2017年,中国在捷克的投资额累计为66.7亿捷克克朗,2018年达到37亿捷克克朗。根据中方统计,截至2019年2月,中国累计批准捷企业在华投资项目483个,捷克实际投入3.1亿美元;中国在捷克直接投资额累计达2.4亿美元,在捷克工程承包完成营业额5.9亿美元。②

中国对捷克投资呈现以下特点:①绿地投资③逐渐增多;②高科技领域投资稳步增长;③金融行业投资成为新热点;④传统行业投资焕发活力。④

目前,在捷克投资的中国企业超过50家,中国对捷克投资领域从传统行业向高科技领域和金融行业发展,投资方式从股权并购向绿地投资发展,⑤投资领域及代表企业见表4。

---

① 商务部国际贸易经济合作研究院,中国驻捷克大使馆经济商务处,商务部对外投资和经济合作司:《对外投资合作国别(地区)指南·捷克》,2020年版,参见商务部"走出去"公共服务平台:fec.mofcom.gov.cn/article/gbdq2n/。

② 参见姜俐:《"17+1合作"框架下中捷经贸合作:机遇与挑战》,载《海外投资与出口信贷》2020年第2期,第18-22页。

③ 绿地投资又称创建投资或新建投资,是指跨国公司等投资主体在东道国境内依照东道国的法律设置的部分或全部资产所有权归外国投资者所有的企业。绿地投资会直接促进东道国生产能力、产出和就业的增长。

④ 商务部国际贸易经济合作研究院,中国驻捷克大使馆经济商务处,商务部对外投资和经济合作司:《对外投资合作国别(地区)指南·捷克》,2020年,参见商务部"走出去"公共服务平台:fec.mofcom.gov.cn/article/gbdq2n/。

⑤ 参见姜俐:《"17+1合作"框架下中捷经贸合作:机遇与挑战》,载《海外投资与出口信贷》2020年第2期,第18-22页。

表 4　在捷克投资的中国企业分类

电器制造	四川长虹电器股份有限公司、青岛海信欧洲控股有限公司、浙江正泰电器股份有限公司等
汽车制造	亚普汽车部件股份有限公司、宁波继峰汽车零部件股份有限公司、北京京西重工有限公司、延峰汽车内饰系统有限公司等
其他制造业	西安陕鼓动力股份有限公司、大连橡胶塑料机械股份有限公司、万丰航空工业有限公司、万向集团、山西运城制版集团股份有限公司、瑞声科技控股有限公司等
信息技术	华为技术有限公司、中兴通讯股份有限公司、联洲技术有限公司（TP‑LINK）等
交通运输及仓储	中远集装箱运输有限公司、深圳市递四方信息科技有限公司、海南航空、中国东方航空、四川航空等
金融业	中国中信集团、中国进出口银行、中国银行、工商银行、交通银行等

[数据来源：商务部国际贸易经济合作研究院、中国驻捷克大使馆经济商务处、商务部对外投资和经济合作司：《对外投资合作国别（地区）指南·捷克》，2020 年，参见商务部"走出去"公共服务平台：fec.mofcom.gov.cn.article/gbdq2n/。]

四、中国企业对捷克投资面临的问题和对策建议

中东欧国家对中国的投资有强烈的需求，捷克也不例外。这是因为，一方面，可以降低对欧盟的依赖程度，以在欧洲经济下滑时期降低风险；另一方面，来自中国的资金不存在附加的政治条件，①因此，各国视中国为一个重要的经济合作伙伴。事实上，捷克历届政府均对中国中东欧合作机制持欢迎和积极参与的态度。2017 年年底，巴比什政府上台执政，2018 年年初米洛什·泽曼总统获得连任，捷克继续支持"中国—中东欧合作机制"和"一带一路"倡议。

捷克具备良好的营商环境。捷克经济发展水平在中东欧 16 国排名第一，对于中国企业而言，增加对捷克的投资有助于转移产能，促进跟欧洲国家的合作，也有助于提高企业的竞争力。

然而，中国企业投资捷克会面临一系列障碍和风险。

首先，捷克对欧盟的依赖严重。近年来，美国也加强了跟中东欧国家的合作，受欧盟和美国的影响，捷克领导人对中捷经贸合作成效态度谨慎。

---

① 参见范越龙：《中国对捷克投资：动因、障碍及建议》，载《北方经济》2020 年第 9 期，第 34‑37 页。

其次，捷克政策不稳定，民间对中国的不友好声音常有出现。泽曼总统上台后，中捷双边关系有了显著的改善，但捷克政府内部的不稳定因素仍可能影响双边关系，进而阻碍经贸合作。

再次，中捷两国的历史、文化、语言等差异，都是影响双边合作的潜在因素。捷克出生率低、人口少、市场小、劳动力不足。截至2020年，人口约为1071万人。生育率在欧洲国家处于最低行列。低生育率和人口下降导致人口老龄化，捷克人的平均年龄现在为43.2岁，比1980年时大了10岁。人口老龄化将导致对合格工人的需求不能得到满足，经济竞争力下降，创新性产业发展受限。[1]

最后，捷克不是欧元区国家，采用自己的货币克朗。目前人民币与捷克克朗不可以直接结算，需要通过第三方货币如欧元或美元才能完成结算，这给中国企业的投资和贸易结算带来了不便，并带来了额外的汇兑成本。[2]

综上所述，笔者建议：

首先，充分了解捷克的法律法规，尤其是投资政策。企业可通过商务部、外交部、中国海关、捷克驻中国使领馆等权威机构发布的信息获得一手数据，了解政策动态，在绝对遵守对方法律法规的前提下开展商业活动。

其次，考虑因地制宜的投资方式。与并购投资相比，捷克政府更欢迎能够创造就业岗位、创造税收的"绿地投资"方式，对此也有一系列政策鼓励。就行业而言，捷克更欢迎科技、金融等新兴行业的投资。中国企业应在考虑对方需求的基础上，选择灵活的投资方式，以达到最佳合作效果。

再次，做好对外宣传。由于历史遗留原因，捷克民间时有出现对中国质疑的声音，这些都会成为阻碍中捷贸易合作的因素。我国应加快培养捷克语人才，同时大力加强对捷克的研究。外交部、使领馆以官方交往推动民心相通，为双边合作奠定良好的民意基础。

最后，支持民营企业赴捷克投资。民营企业得到的政府扶持力度低于国有企业，各级政府及中国进出口银行、亚投行等金融机构应该给予民营企业更多帮助，助力民营企业在捷克的投资和发展。欧盟的"投资筛选框架"规定，国有企业在欧盟的投资活动将受到审查，而民营企业则不在投资审查范围之列。因此，民营企业到捷克开展并购方式投资遇到的阻力相对较小。但根据欧盟的这项规则，如果中国民营企业投资的是敏感产业（如能源、通信等跟国家安全相关的行业），则依然会受到欧盟的投资审核。[3]

---

[1] 《世界人口报告》，https://worldpopulationreview.com/countries/czech-republic-population。
[2] 参见范越龙：《中国对捷克投资：动因、障碍及建议》，载《北方经济》2020年第9期，第34-37页。
[3] 参见范越龙：《中国对捷克投资：动因、障碍及建议》，载《北方经济》2020年第9期，第34-37页。

五、结语

欧盟成员国捷克是中东欧经济最发达、发展潜力最大的国家,也是中东欧国家中与中国有着最紧密合作的国家之一,近年来双方各领域的合作增长明显。得天独厚的欧洲中心的地理位置使它成为我国"一带一路"倡议在欧洲的重要支点。我们看到,在"中国—中东欧合作机制"框架下,中捷在经贸和投资领域合作形势向好,但仍有诸多困难和阻碍。发展经贸和投资领域的合作,是中国和捷克的共同需要。我国政府和科研机构应当为企业提供进一步的智力支持,企业自身也要完善机制、提高竞争力,采取符合欧盟和捷克法律要求的方式,谋求深层次的合作。

Further Research on China-Czech Republic Business Investment from the Perspective of China-CEE Subregion Cooperation

Liao Yue

[**Abstract**] The Czech Republic is a landlocked country in Central Europe. The Czech Republic and China have been important partners for each other since the two countries established diplomatic ties seventy-two years ago. The Czech Republic joined the European Union in 2004 and was recognized by the World Bank as a "developed country" in 2006. Among the Central and Eastern European Countries (CEECs), the Czech Republic maintains sustained economic growth, sound fiscal positions, low debt ratios and unemployment rates, and a relatively high human development index. Recent years have seen the increasingly close connection between China and CEECs. China and the Czech Republic also enjoy rapidly growing trade and economic exchanges and steadily increasing cultural and people-to-people exchanges. Since the establishment of the China-CEEC cooperation platform in 2012 and the launch of Belt and Road Initiative (BRI) in 2013, China-Czech cooperation has seen steady improvement in various areas, especially in trade and economic exchanges and investment. The Czech Republic is among the first batch of countries to sign a Memorandum of Understanding on BRI cooperation and it is one of the countries along the Belt and Road. Its cooperation with China in fields like connectivity, finance and logistics can set a good example for China-CEEC cooperation and China-EU cooperation.

[**Key Words**] China-CEEC cooperation, Czech, economic and trade cooperation, bilateral investment

中国—中东欧国家合作机制视域下的中国与罗马尼亚经贸合作交流

张 弛[*]

摘要：2012年4月，首次中国—中东欧国家领导人会晤在华沙举行，会议宣布了中国关于促进与中东欧国家友好合作的12项举措。回望过往，中国—中东欧国家合作已经走过了9年历程。9年来，中国与中东欧国家建立起以领导人会晤机制为引领、涵盖20多个领域的立体合作架构，在多个领域取得了早期收获和重要成果。如今，中国—中东欧国家合作已经成为具有重要影响力的跨区域合作平台。[①]

作为亚欧大陆经济带的重要组成部分，中东欧地区具有的产业及区位优势决定了其可在"一带一路"倡议中发挥重要的区域性支点作用。中东欧处在连通最发达的欧盟一体化市场和最主要的能源产地间的接合部，其东联西通的地缘优势明显，是欧盟市场的重要接入口。[②]

罗马尼亚位于巴尔干半岛东部，自然条件优越，资源丰富，是中东欧地区极具吸引力的投资地之一。罗马尼亚作为欧盟成员国，也是重要的"一带一路"沿线国家。近年来，在中国—中东欧国家合作机制和"一带一路"倡议的推动下，中罗经贸合作不断向前发展，双边合作关系在许多领域已经展开。罗马尼亚的石油化工、机械、软件等优势产业都是与中国进行经贸合作的重要领域。本文以中国—中东欧国家合作机制为背景，详细研究中罗两国在经贸合作方面取得的成就，并就出现的问题提出建议。

关键词：中国—中东欧国家合作机制；罗马尼亚；经贸合作

引言

中国—中东欧国家合作机制是中国与中东欧国家在全球化的时代背景下，基于经

---

[*] 张弛，中山大学国际翻译学院俄语系教师，中山大学"一带一路"研究院副研究员，俄罗斯与中亚研究中心研究员。

[①] 新华国际时评：《推动中国—中东欧国家合作更稳、更实、更远》，新华网，2021年2月9日，http://www.xinhuanet.com/world/2021-02/09/c_1127087382.htm。

[②] 《中东欧："一带一路"的区域支点》，新华网，2016年3月27日，http://www.xinhuanet.com/world/2016-03/27/c_128837091.htm。

济发展的相似性与互补性,以互联互通合作为起点,以务实合作为中心,打造出亚欧大陆重要的跨区域多边务实合作平台。中国—中东欧国家合作机制建立以来,已经搭建起全方位、多层次、宽领域的立体架构,在近二十个领域建立合作机制,每个领域都取得了早期收获和重要成果。

罗马尼亚位于东南欧巴尔干半岛东北部,自然资源丰富。自 1949 年与中国建交以来,双方保持着友好合作关系。当前,罗马尼亚正在大力发展经济,改善民生。中罗合作基础牢靠,大有可为。中国—中东欧国家合作机制为中罗关系发展提供了新契机和新平台,两国在贸易往来、能源、基础建设等方面的合作取得了一定的成果。

一、 文献评述与本文研究思路

中国—中东欧国家合作机制引起了国内外学者的广泛关注。国内基于中国与中东欧国家经贸合作的研究较多,但将视角设置到以中国—中东欧国家合作机制为背景下中国与罗马尼亚经贸合作的研究几乎没有。杨超等介绍了罗马尼亚投资环境的现状,探讨了中罗两国的合作潜力和机遇。① 张梦婷利用中国与罗马尼亚的双边货物贸易数据,梳理出 1992—2015 年间两国的货物贸易关系。② 康永兴等分析了罗马尼亚的种植业、畜牧业,以及其农业经营组织模式、物质装备水平和农产品加工业的基本情况,梳理了罗马尼亚的农产品贸易现状和与农业相关的政策,对中国与罗马尼亚开展农业合作开发的前景进行了探究并提出建议。③ 刘羽茜等通过 SWOT 分析勾勒了罗马尼亚电力市场的现状,提出了中资企业把握机遇、寻求与当地合作的可能性。④

国外学者虽积极关注中国—中东欧国家合作机制,但主要是针对合作机制本身进行分析。Grieger 分析了该合作机制下中国对中东欧国家的直接投资以及对欧盟产生的可能的影响。⑤ 也有部分学者研究中国与某个或某些国家的合作,如 Dubravčíkova 等人研究探索在中国—中东欧国家合作机制基础上建立中国和 V4 国家(匈牙利、波兰、斯洛伐克和捷克)合作机制的可行性并分析合作前景。⑥ Stopić 分析了中国和克

---

① 杨超、祁欣、王志芳、刘峻彤:《罗马尼亚产业投资环境与合作潜力》,载《国际经济合作》2018 年第 7 期,第 72 – 76 页。

② 张梦婷:《中国与罗马尼亚双边货物贸易关系研究》,载《商场现代化》2019 年第 9 期,第 63 – 66 页。

③ 康永兴、杨旖旎、严昌宇、穆娜娜:《中国—罗马尼亚农业合作开发前景分析》,载《安徽农业科学》2019 年第 4 期,第 253 – 257 页。

④ 刘羽茜、冯一铭、周保中:《罗马尼亚电力市场概况及投资分析》,载《中外能源》2019 年第 10 期,第 16 – 21 页。

⑤ G. Grieger, "China, the 16 + 1 Cooperation Format and the EU", European Parliament Research Service, 2017.

⑥ Dubravčíkova, Šebok, Šebeňa, Šimalčík and Turcsányi, "Prospects for Developing the V4 + China Cooperation Platform", CEIAS, 2019.

罗地亚在合作中出现的问题和挑战,并探索了解决方法。①

　　以上学者从不同角度研究了中国和中东欧的经贸合作,研究内容涵盖经贸关系的诸多层面,但大多数学者仅仅从单一角度展开分析,未结合中国和罗马尼亚在中国—中东欧国家合作机制下展开的经贸合作现状进行分析。本文引用近期数据研究中罗经贸合作的现状,分析中罗经贸合作所面临的机遇与挑战,最后,就当下如何进一步改善中罗经贸合作提出建议。

二、中国—中东欧国家合作机制视域下中国与罗马尼亚经贸合作的背景

　　中国与罗马尼亚自1949年10月5日建交以来,两国一直保持着友好合作关系。建交70多年来,两国高层交往频繁,相互了解与相互信任不断增强。两国的重要领导人均已实现互访。两国高层更是多次在不同场合表达了对中国—中东欧国家合作机制框架的寄望。中国企业雄厚的资金和中国的大市场对罗马尼亚完善本国的基础设施并进一步开发本国的经济资源有着巨大的吸引力。中国—中东欧国家合作为两国的政治往来注入了更多的活力,优势互补、互利互赢、进一步深化合作是两国领导人的共同愿望。

(一) 自然条件优越,资源丰富

　　罗马尼亚位于欧洲东部,为欧盟的"东大门",处于欧盟与独联体和巴尔干国家交汇处。它交通便利,泛欧4号、7号和9号通道穿越境内;它拥有黑海第一大天然良港——康斯坦察港,河运发达,产品可经黑海—多瑙河运河直抵西欧。其石油和天然气储量居欧洲前列。罗马尼亚土地肥沃,地表水和地下水蕴藏量较丰富,农业潜力巨大;工业基础雄厚,服务业发展迅速。罗马尼亚农业生产条件优越,多数资源指标在欧洲各国中都名列前茅。例如,罗马尼亚的农用地面积居欧盟第七位,耕地面积居欧盟第五位,人均耕地面积更是高达0.42公顷,② 超过欧盟人均耕地面积的1倍。罗马尼亚有64%以上的农用地用于种植粮食和油料作物,大田作物生产优势突出,有机农作物种植面积达17.5万公顷,居欧盟第九位。③

(二) 积极吸引投资

　　罗马尼亚政府近年积极吸引外商投资。2017年,政府成立吸引投资和促进出口

---

　　① Z. Stopić, "Croatia and the Chinese Cooperation Framework", *Croatian International Relations Review*, 2020.
　　② 公顷:面积单位,1公顷=10000平方米。
　　③ 康永兴、杨旖旎、严昌宇等:《中国—罗马尼亚农业合作开发前景分析》,载《安徽农业科学》2019年第47卷,第4期,第253-257页。

地区署,该署的职责包括寻找投资机会,宣传投资优惠政策,协助投资者获取所需批文,与相关公用设施连通等。① 劳动力素质相对较高,外语优势明显;高校众多,每年有大量毕业生进入劳动力市场;技术教育发达,IT 和软件人才享誉海内外;与其他欧盟成员国相比,劳动力成本相对较低。② 签证和劳动法规等方面不像西欧那样严格苛刻。罗马尼亚已加入欧盟,但经济结构相对滞后,准入门槛较低,在这里投资、设厂,可用较低成本获得进入欧陆市场的"金钥匙"。

三、中罗经贸合作现状

两国在联合国及其他国际组织中合作良好。随着首次中国—中东欧国家领导人会晤于 2012 年 4 月在波兰华沙举行,③ 两国在各领域的交流与合作富有成果。高层交往对于促进中罗关系发展具有不可替代的重要作用。中国—中东欧国家合作机制为中国同罗马尼亚的高层频繁互访和政治互信提供了坚实的基础。2019 年 10 月两国建交 70 周年,中国国务委员兼外交部部长王毅在钓鱼台国宾馆出席庆祝中国与罗马尼亚等国建交 70 周年招待会。王毅发表题为"继续做友好合作的先行者"讲话。王毅表示,中国与七国的关系正迎来更加广阔的前景,要继续做共建"一带一路"的先行者。中方愿同七国推进基础设施互联互通,提升经贸金融合作水平,通过共建"一带一路"加快各自发展,实现互利共赢。④ 同时,国家主席习近平在同月分别同罗马尼亚等国元首互致贺电,庆祝中国与六国建交 70 周年。习近平指出,罗马尼亚等国是最早承认并同新中国建交的一批国家。建交 70 年来,秉持相互尊重、平等相待、互利共赢原则推动双边关系不断向前发展,给人民带来了实实在在的利益。当前,双方高层交往密切,各领域互利合作成果丰硕,人文交流丰富多彩。⑤ 2019 年 4 月,国务院总理李克强在克罗地亚杜布罗夫尼克会见罗马尼亚总理登奇勒,双方表示愿意加强务实合作,推动中罗两国关系发展。

2018 年 11 月中国—罗马尼亚经济联委会第二十七次例会在北京召开。联委会下设的基础设施工作小组为两国企业间的务实合作创造了良好条件。2019 年 4 月,在第八次中国—中东欧领导人会晤期间,中罗两国签署了《中华人民共和国商务部与罗马尼亚营商环境、贸易和创业部关于设立贸易畅通工作组的谅解备忘录》,两国政

---

① 杨超、祁欣、王志芳等:《罗马尼亚产业投资环境与合作潜力》,载《国际经济合作》2018 年第 7 期,第 72-76 页。
② 《对外投资合作国别(地区)指南》,http://www.mofcom.gov.cn/dl/gbdqzn/upload/luomaniya.pdf。
③ 《中国—中东欧国家领导人会晤》,新华网,2017 年 11 月 24 日。
④ 《王毅出席庆祝中国与中东欧七国建交 70 周年招待会》,外交部,2019 年 10 月 17 日。
⑤ 《习近平同保加利亚、罗马尼亚、捷克、斯洛伐克、匈牙利和波兰六国元首就建交 70 周年互致贺电 李克强同六国总理互致贺电》,新华网,2019 年 10 月 7 日。

府间建立起贸易畅通工作组机制。①

根据商务部、外交部发布的《对外投资国别产业导向目录》,罗马尼亚的家用电器等电子设备制造、纺织服装制造、自行车及零部件制造、木材加工、塑料制品制造和计算机制造是我国对外投资的重要领域。近年来,中罗双边贸易持续快速发展,中国成为罗马尼亚在欧盟之外最重要的贸易伙伴国之一。据中方统计数据,2019年1—12月,中罗贸易额68.9亿美元,同比增长3.3%,罗为中国第70位贸易伙伴。其中,中国对罗出口45.7亿美元,同比增长1.4%,罗为中国第57位出口目的地国,主要出口商品为机电产品、核反应堆和锅炉、音响设备、光学设备等;中国自罗进口23.2亿美元,同比增长7.4%,罗为中国第70位进口来源国,主要进口机电产品和音响设备、核反应堆和锅炉、光学设备、车辆及零件、非针织服装及衣着附件等。②据中国商务部初步统计,2018年当年中国对罗马尼亚直接投资流量2402万美元。截至2017年年末,中国对罗马尼亚直接投资存量3.1亿美元;中国企业在罗马尼亚新签承包工程合同16份,新签合同额1.3亿美元,完成营业额8218万美元;年末在罗马尼亚劳务人员54人。③

随着"一带一路"建设和中国—中东欧国家合作机制的不断深化,中罗双方企业交往日趋活跃,合作领域不断拓宽。截至2016年年底,中国在罗马尼亚累计投资3.92亿美元,罗马尼亚成为中国在中东欧地区投资最多的国家。据罗马尼亚国家商业注册办公室ONRC的数据显示,截至2020年3月,罗马尼亚中资参股的公司数量为12888家,在罗外资来源国中排名19,占比5.51%。④罗马尼亚吸引中国投资前景广阔。⑤

罗马尼亚和中国积极共享着"一带一路"带来的发展契机,合作主要表现在以下6个重点领域。

(一)纺织业

罗马尼亚在历史上具有较好的纺织产业基础,劳动力素质高,目前是东欧最大的服装生产地,从业人数约20万,年出口额约60亿欧元,主要出口到德国、英国、法国、意大利等欧盟国家。由于罗马尼亚纺织原材料缺乏,80%以上的纺织原材料和配件需要进口。中国和罗马尼亚纺织业合作互补性较强,通过直接贸易、建设免税仓储

---

① 数据来自商务部,2019年9月11日,http://ro.mofcom.gov.cn/article/jjgk/201909/20190902898381.shtml。

② 数据来自国家统计局,http://www.stats.gov.cn/tjsj/ndsj/2020/html/C1105.jpg。

③ 数据来自商务部,2019年9月11日,http://ro.mofcom.gov.cn/article/jjgk/201909/20190902898381.shtml。

④ 数据来自罗马尼亚国家商业注册办公室(National Trade Register Office),2020年3月5日,https://www.onrc.ro/index.php/en/statistics?id=254&lg=en。

⑤ 杨超、祁欣、王志芳、刘峻彤:《罗马尼亚产业投资环境与合作潜力》,载《国际经济合作》2018年第7期,第72-76页。

物流区、建立纺织产业园区等形式进行务实合作，发挥各自优势，合作前景广阔。①
2019年5月，由中国纺织工业联合会会长孙瑞哲率领的中纺联代表团访问罗马尼亚，与罗马尼亚同行进行了深入交流，中罗纺织业达成合作意向，构筑双边合作桥梁。中国纺织工业联合会会长孙瑞哲与罗马尼亚纺织服装鞋帽皮革制品行业协会会长 Mihai Pasculescu 签署了中国纺织工业联合会和罗马尼亚纺织服装鞋帽皮革制品行业协会的合作协议。②

（二）能源部门

当前罗马尼亚经济稳步增长，未来国内电力需求将大幅增加。此外，罗马尼亚电力行业监管严格遵循欧盟规范，大部分地区已基本实现电力市场化，允许外资企业与本地公司公平竞争。③ 中国—中东欧国家合作机制为双边合作搭建了可靠、高效的平台，大大推动了罗马尼亚与中国在能源和基础设施等领域的合作。中国电力建设集团成功中标罗马尼亚维护项目，中国基建大企业积极参与罗马尼亚重大项目招标，电信企业全力投身当地通信行业发展建设，在罗中资企业为罗经济社会发展和中罗经贸合作做出积极贡献。④ 根据 Economica. net 报道，2020 年 1 月 16 日罗马尼亚铁路改革局（ARF）证实，中国生产商中车青岛四方机车车辆股份有限公司与罗马尼亚当地客车生产商 Astra Vagoane Calaturi 合作竞标 40～80 列新火车合同，并成功夺标。⑤ 2019年12月9日，中国驻罗马尼亚大使姜瑜会见罗新政府新合并组建的经济、能源和营商环境部部长维尔吉尔·波佩斯库。姜大使祝贺波佩斯库履新，表示愿延续双方良好合作关系，推动双边经贸合作不断向前发展。⑥ 2019年6月11日，罗马尼亚代表团到访中国水利水电第八工程局（以下简称"水电八局"），双方就基础设施建设领域进行了交流。罗马尼亚议会运输和基础设施委员会副主席马吕斯·索林·奥维迪乌·博塔详细询问了水电八局之前在罗马尼亚参与投标的项目情况，介绍了罗马尼亚目前执行项目的几种模式，以及罗马尼亚市场所需求的承包商类型，并且提供了2019年罗马尼亚即将启动招标交通类项目清单。双方在短短的两个小时内，对罗马尼亚承包商市场与水电八局的契合度进行了广泛和深入的交流，代表团一致认为水电八局具备

---

① 《中国与罗马尼亚纺织业达成合作意向》，商务部，2019年5月30日，http://ro.mofcom.gov.cn/article/gzdt/201905/20190502868565.shtml。

② 同上。

③ 刘羽茜、冯一铭、周保中：《罗马尼亚电力市场概况及投资分析》，载《中外能源》2019年第10期，第16–21页。

④ 中华人民共和国商务部，http://ro.mofcom.gov.cn/article/gzdt/201905/20190502868558.shtml。

⑤ 《中国企业获得价值10亿欧元罗马尼亚火车采购合同》，中国投资指南网，2020年1月20日，http://www.fdi.gov.cn/1800000628_5_12218_0_7.html。

⑥ 《驻罗大使会见罗经济、能源和营商环境部部长》，中华人民共和国驻罗马尼亚大使馆经济商务处，2019年12月10日，http://ro.mofcom.gov.cn/article/gzdt/201912/20191202921074.shtml。

优势竞争力,希望水电八局早日进入罗马尼亚市场。① 2019年4月16日,由商务部投资促进事务局、罗马尼亚驻华使馆共同主办的"中国—罗马尼亚清洁能源领域项目对接会"在投资促进事务局举行。在光伏及生物质能等清洁能源领域,罗马尼亚希望通过投资促进事务局与中方企业加强交流,争取实现项目落地。②

2019年1月,中国中铁四局党委书记、董事长张河川在罗马尼亚首都布加勒斯特市继与社会民主党代主席、国会议员尼古拉·莫伽等政府要员会谈后,再次访问该国财政部、交通部、创新研发部、布加勒斯特市政厅等部门,就中铁四局和罗马尼亚国有企业INCERTRANS公司的合作问题争取各方支持。③ 2018年7月7日,中国—中东欧国家领导人索非亚会晤期间,国家发展和改革委员会主任何立峰与罗马尼亚交通部部长索瓦在两国总理见证下共同签署《关于开展交通和基础设施合作的谅解备忘录》。双方拟建立政府间合作机制,加强两国在交通和基础设施领域规划、政策和信息的交流,共同推进两国在基础设施各领域合作。

(三) 农业

罗马尼亚是东南欧面积最大的国家,属四季分明的温带大陆性气候。河湖水面总面积7160平方千米,水网密集且分布均匀,灌溉水源充足,适合发展农业生产。农用土地面积常年维持在1470万公顷,约占国土总面积的61.7%。从农用土地类型来看,耕地、牧场面积分别占农用地总面积的64%和33%。④

2019年5月,首个中国—罗马尼亚农业科技园在罗马尼亚首都布加勒斯特落成。该农业科技园由中国农业科学院农业环境与可持续发展研究所和布加勒斯特农业与兽医大学合作共建。该项目是落实"一带一路"科技创新行动计划、中国—中东欧国家科技创新伙伴计划的重要举措,旨在提升中东欧国家在农业设施等方面的创新能力与产业化水平,实现双方合作共赢。

(四) 科技领域

近几年来,中国的科学技术得到飞跃式的发展,在计算机、航空航天、生物工程、新能源、新材料、激光技术等领域都取得了重大科技成果。中国与罗马尼亚科技交流符合两国人民的利益,合作潜力巨大,深入开展项目对接和技术交流有利于响应中国—中东欧国家合作机制合作框架。2018年4月,中国—罗马尼亚政府间科技合

---

① 《罗马尼亚代表团到访水电八局》,中国电建,2019年6月13日,https://www.powerchina.cn/art/2019/6/13/art_7449_591832.html。

② 《"中国—罗马尼亚清洁能源领域项目对接会"在京召开》,中华人民共和国商务部,2019年4月18日,http://www.mofcom.gov.cn/article/shangwubangzhu/201904/20190402854254.shtml。

③ 《张河川到访罗马尼亚会见政府要员并与INCERTRANS公司签订谅解备忘录》,中国中铁四局,2019年1月10日,http://www.crec4.com/content-1098-27796-1.html。

④ 康永兴、杨旖旎、严昌宇等:《中国—罗马尼亚农业合作开发前景分析》,载《安徽农业科学》2019年47卷,第4期,第253-257页。

作委员会第 43 届例会在罗马尼亚首都布加勒斯特举行。委员会中方主席、科技部副部长黄卫和委员会罗方主席、罗马尼亚研究创新部部长尼古拉·伯尼特共同主持本届例会。双方商定，将积极推进联合研发项目合作，重点领域将聚焦于两国共同感兴趣的生物经济、信息通信、空间、能源、环境和气候变化、生物纳米技术和先进材料、卫生等。会后，双方签署了《中华人民共和国和罗马尼亚共和国科学技术合作委员会第四十三届例会议定书》。①

（五）金融领域

中国银行布加勒斯特分行 2019 年 12 月在罗马尼亚首都布加勒斯特开业。这是中国银行继匈牙利、捷克、波兰和塞尔维亚后，在中东欧地区设立的第五家分支机构。② 2015 年 9 月，阿尔法银行罗马尼亚分行（Alpha Bank Romania）与银联国际签署了协议，成为罗马尼亚第一家在全国 ATM 网络上接受银联卡交易的银行。

（六）旅游业

中罗建交 70 年来，两国人民友好交往的关系，持续发展，早在 2004 年，两国旅游部门就签署了合作谅解备忘录。罗马尼亚有丰富的旅游资源和悠久的历史文化，对中国游客具有吸引力。罗马尼亚国家统计局（NIS）数据显示，2019 年 1—12 月罗马尼亚接待外国游客共 2671708 人，其中中国游客 41873 人，占比 1.6%。③ 中罗旅游往来与中国同罗马尼亚周边国家相比仍有较大差距。在中国—中东欧国家合作机制的平台下，中国与中东欧国家推动深化旅游合作，两国旅游合作潜力巨大，前景可期。2019 年 8 月，驻罗马尼亚大使姜瑜会见罗旅游部部长特里夫，双方就中罗旅游领域交流与合作交换意见，愿积极开展务实合作，推动两国旅游业发展。④

2019 年 4 月，第八次中国—中东欧国家领导人会晤在克罗地亚杜布罗夫尼克举行。与会各方制定和发表了《中国—中东欧国家合作杜布罗夫尼克纲要》。该纲要提出，与会各方支持加强中国—中东欧国家合作机制框架下旅游领域的合作；各方支持中国与中东欧国家旅游业多元化、全方位发展；与会各方支持和欢迎中国与中东欧国家在旅游合作和相关设施投资方面签署更多双边谅解备忘录。⑤ 2018 年 9 月，第四次

---

① 《黄卫副部长主持召开中国—罗马尼亚政府间科技合作委员会第 43 届例会》，中华人民共和国科学技术部，2018 年 5 月 03 日，http://www.most.gov.cn/kjbgz/201805/t20180503%5F139289.htm。

② 《中国银行在罗马尼亚设立分行》，人民网，2019 年 12 月 17 日，http://world.people.com.cn/n1/2019/1217/c1002-31510249.html。

③ 罗马尼亚国家统计局，https://.insse.ro/cms/en/。

④ 《驻罗马尼亚大使姜瑜会见罗旅游部部长特里夫》，外交部，2019 年 8 月 5 日，https://www.fmprc.gov.cn/web/zwbd_673032/wshd_673034/t1686261.shtml。

⑤ 《中国—中东欧国家合作杜布罗夫尼克纲要（全文）》，新华网，2019 年 4 月 13 日，http://www.xinhuanet.com/world/2019-04/13/c_1124363331.htm。

中国—中东欧国家旅游合作高级别会议在克罗地亚南部旅游名城杜布罗夫尼克召开，中国文化和旅游部部长雒树刚和来自 16 个中东欧国家的官员出席了会议。与会各方总结了近年来在中国—中东欧国家合作机制下中国和中东欧国家的旅游合作经验，并就进一步加强交流与合作、促进旅游资源整合与人员交流达成多项共识。①

四、中罗经贸合作面临的主要问题

（一）罗马尼亚经贸环境的短板

总体来说，罗马尼亚的投资环境已明显改善，国际资本对罗马尼亚市场信心增强，外国直接投资出现大幅增长。但是，罗马尼亚相关投资法律法规仍在完善之中，优惠政策的效力和吸引力有待加强。政府更迭造成的政治不稳定也直接影响到投资环境，一些项目和投资遭受更迭的政权摒弃，如中国虽努力参与当地基础设施建设，但几度在罗马尼亚投标高速公路等基础设施项目工程时失败。2020 年 6 月，罗马尼亚国家核电公司正式做出决定，撤销 2019 年 5 月 8 日与中广核签署的一项核电协议。罗马尼亚行政部门官僚作风严重，在一定程度上加大了投资成本。此外，随着外国投资的升温，投资用地等生产成本上涨明显。②

总的来说，中罗经贸投资合作潜力巨大，但政府不稳定、官僚作风、腐败等问题影响着经贸环境的完善。

（二）欧盟和北约的影响

罗马尼亚是欧盟和北约成员国，近十年来其外交政策一直以其成为欧盟和北约成员国的兴趣为主导，奉行经济上依靠欧盟、安全上依靠北约的对外政策。欧盟对中国与中东欧在中国—中东欧国家合作机制下的合作抱有怀疑和防范之心，担心中国利用不断增长的投资活动对中东欧国家施加政治影响，损害欧盟统一决策。③ 美国是北约的领导国。随着中美贸易摩擦持续发酵，美国加强了与中东欧国家的联系与合作。因此，中国与罗马尼亚的合作在一定程度上受到了欧盟和北约的影响。

（三）中罗两国民心互通有待加强

中罗两国所处地理位置、国情、体制、文化不同，导致民心相通交流不足，但近年来，在"一带一路"倡议的背景下，中罗两国人文交流丰富多彩，文化文明互鉴日益加深。尤其是 2019 年是中罗建交 70 年，各种文化交流的纪念活动有序开展。加

---

① 《中国与中东欧国家推动深化旅游合作》，中华人民共和国国务院，2018 年 9 月 20 日，http://www.scio.gov.cn/31773/35507/35514/35522/Document/1638125/1638125.htm。
② 《罗马尼亚投资与经贸风险分析报告》，载《国际融资》2008 年第 4 期，第 65 - 67 页。
③ 胡宗山：《欧盟的多元困境与中国的对欧战略》，载《人民论坛·学术前沿》2019 年第 6 期，第 42 - 52 页。

强民间的文化交流活动不但对促进两国友好关系有积极意义,而且更是中国—中东欧国家合作机制顺利开展的重要体现和有力支撑。

五、结语

(一)结论

在中国—中东欧国家合作的背景下,中国与罗马尼亚的双边关系获得了新的推动力。两国在政治、贸易、投资和人文交流等方面都开展了积极务实的合作,尤其是双边经贸合作取得了一定的成就。随着中国—中东欧国家合作机制在未来继续发挥更大作用,中罗两国只要双方共同努力,积极构建互利共赢合作模式,双边经贸合作将有无限广阔的前景。

(二)启示与展望

首先,利用高层良好互动推进两国产业深度对接。中国与罗马尼亚有着良好的政治关系,但经贸合作成果相比之下略显单薄。应当利用起两国良好的政治关系支撑起大项目的顺利开展,提升两国经贸合作的质量和水平。

其次,与欧洲寻求更多方面的共识。无论是为了应对来自欧美的贸易战还是"中国威胁论",我方都应当建立更多层面的与欧洲的人文合作交流,展示负责任的大国形象,跨越意识形态的差异,提升认同感,消除偏见。同时,应当充分建立对话机制,与其他欧洲国家建立经贸合作,考虑其他国家加入合作机制的可能性,互利共赢,共同发展。

最后,加强民间交流。通过文化、旅游、媒体、人员培训等合作,加强与罗马尼亚的民众之间的交流,拉近国家间的距离,提升亲切感,从而使中国—中东欧国家合作更加畅通无阻地进行。

China-Romania Economic and Trade Cooperation from the Perspective of China-CEE Subregion Cooperation

Zhang Chi

[**Abstract**] The first China-CEEC Summit was held in Warsaw in April, 2012, where "China's Twelve Measures on Promoting Friendly Cooperation with Central and Eastern European Countries (CEECs)" were announced. Looking back on the past, the China-

CEEC cooperation has gone through a nine-year journey. Over the past nine years, China and CEE countries have established a multi-dimensional cooperation framework led by the leaders' summit and covering 20-plus sectors, and achieved early harvests and important outcomes in multiple areas. Nowadays, the China-CEEC cooperation has become a transregional cooperation platform with significant influence.

As a crucial part of the New Eurasian Continental Bridge and Economic Belt, CEE countries have industrial and regional advantages which enable them to play as an important regional pivot in the Belt and Road Initiative (BRI). As the CEE region is located at the junction between the most developed integrated market of the European Union (EU) and major energy producing areas, it has obvious geographical merits of connecting eastern and western continents, serving as an essential entrance of the EU market.

Located in the eastern part of the Balkan Peninsula, Romania, with outstanding natural conditions and abundant resources, is one of the most attractive destinations of investment in the CEE region. As a member state of the EU, Romania is also a vital country along the Belt and Road. In recent years, promoted by the China-CEEC cooperation mechanism and the BRI, economic and trade cooperation between China and Romania has been forging ahead. The bilateral partnership has been established in many areas. The competitive industries of Romania such as pereochemical engineering, mechanical engineering and software engineering are key areas of the economic and trade cooperation with China. This paper makes suggestions on emerging problems based on the review of China-CEE subregion cooperation in recent years and the detailed research on achievements of economic and trade cooperation between China and Romania.

[**Key Words**] China-CEEC cooperation mechanism, Romania, economic and trade cooperation